DIREITO SUMULAR E FUNDAMENTAÇÃO DECISÓRIA NO CPC/2015

COLEÇÃO FÓRUM
Prof.
Edson Prata

GUILHERME LUNELLI

Prefácio
Lenio Luiz Streck

Apresentação
Rita Vasconcelos

Posfácio
Georges Abboud

DIREITO SUMULAR E FUNDAMENTAÇÃO DECISÓRIA NO CPC/2015

1

Belo Horizonte

2016

Coordenadores
Eduardo José da Fonseca Costa
Fernando Rossi
Lúcio Delfino
Conselho Editorial
Carlos Henrique Soares
Georges Abboud
Glauco Gumerato Ramos
Lenio Luiz Streck
Ronaldo Brêtas de Carvalho Dias

© 2016 Editora Fórum Ltda.

É proibida a reprodução total ou parcial desta obra, por qualquer meio eletrônico, inclusive por processos xerográficos, sem autorização expressa do Editor.

Conselho Editorial

Adilson Abreu Dallari
Alécia Paolucci Nogueira Bicalho
Alexandre Coutinho Pagliarini
André Ramos Tavares
Carlos Ayres Britto
Carlos Mário da Silva Velloso
Cármen Lúcia Antunes Rocha
Cesar Augusto Guimarães Pereira
Clovis Beznos
Cristiana Fortini
Dinorá Adelaide Musetti Grotti
Diogo de Figueiredo Moreira Neto
Egon Bockmann Moreira
Emerson Gabardo
Fabrício Motta
Fernando Rossi

Flávio Henrique Unes Pereira
Floriano de Azevedo Marques Neto
Gustavo Justino de Oliveira
Inês Virgínia Prado Soares
Jorge Ulisses Jacoby Fernandes
Juarez Freitas
Luciano Ferraz
Lúcio Delfino
Marcia Carla Pereira Ribeiro
Márcio Cammarosano
Marcos Ehrhardt Jr.
Maria Sylvia Zanella Di Pietro
Ney José de Freitas
Oswaldo Othon de Pontes Saraiva Filho
Paulo Modesto
Romeu Felipe Bacellar Filho
Sérgio Guerra

Luís Cláudio Rodrigues Ferreira
Presidente e Editor

Coordenação editorial: Leonardo Eustáquio Siqueira Araújo

Av. Afonso Pena, 2770 – 15º andar – Savassi – CEP 30130-012
Belo Horizonte – Minas Gerais – Tel.: (31) 2121.4900 / 2121.4949
www.editoraforum.com.br – editoraforum@editoraforum.com.br

L961d	Lunelli, Guilherme Direito Sumular e fundamentação decisória no CPC/2015 / Guilherme Lunelli ; prefácio de Lenio Luiz Streck. – Belo Horizonte : Fórum, 2016. - (Coleção Prof. Edson Prata). 216 p. ISBN: 978-85-450-0152-2 1. Direito Constitucional. 2. Direito Processual Civil. 3. Código de Processo Civil. 4. Súmula. I. Streck, Lenio Luiz. VI. Título. VII. Série.
2016-64	CDD 340.56 CDU 347.9

Informação bibliográfica deste livro, conforme a NBR 6023:2002 da Associação Brasileira de Normas Técnicas (ABNT):

LUNELLI, Guilherme. *Direito Sumular e fundamentação decisória no CPC/2015*. Belo Horizonte: Fórum, 2016. 216 p. ISBN 978-85-450-0152-2.

Coleção Fórum Professor Edson Prata

Lei, doutrina e jurisprudência têm reproduzido irrefletidamente no Brasil que o processo civil é mero "instrumento da jurisdição".

Ora, limitá-lo à sua faceta instrumental implica torná-lo verdadeiro *regnum iudicis*.

Mais: imprime à ciência processual civil uma visão autógena, metodologicamente pobre, que se legitima de dentro para fora.

Não se olvide, entretanto, que a CF-1988 reserva o processo ao rol de direitos e garantias fundamentais (sem distinção — aliás — entre *civil* e *penal*).

Afinal, onde há poder [= jurisdição], deve haver a respectiva garantia [= processo].

Nesse sentido, processo é *garantia* do cidadão contra os desvios e excessos no exercício da função jurisdicional.

Esse é o *missing link* do processo civil com a arquitetura político-institucional subjacente à Constituição.

Colocando-se o processo no centro gravitacional, não a jurisdição, equilibra-se a relação entre juiz e partes: o juiz manejando seu poder; autor e réu, suas garantias.

São elas que possibilitam um controle objetivo-racional do poder, confinando-o a balizas democrático-republicanas.

É preciso frisar: o processo civil serve precipuamente às partes, não ao Estado.

Essas premissas são vitais para uma compreensão do CPC-2015, o qual ainda descura de algumas garantias, alçando o juiz a perigosa condição messiânica.

Daí o relevante papel da *Coleção Fórum Professor Edson Prata*: em boa hora municiar a comunidade forense de marcos teóricos contra os ardis autoritários do sistema positivo de direito processual civil brasileiro vigente.

Eduardo José da Fonseca Costa
Fernando Rossi
Lúcio Delfino
Coordenadores.

Edson Gonçalves Prata

Foi advogado, graduando-se pela primeira turma da recém-implantada Faculdade de Direito do Triângulo Mineiro. Aposentado pelo Banco do Brasil, entidade na qual ingressou em primeiro lugar no concurso público em nível nacional a que se submeteu. Professor de Direito Processual Civil da graduação por mais de duas décadas na Faculdade de Direito do Triângulo Mineiro e da pós-graduação na Universidade Federal de Uberlândia. Professor do curso de Comunicação Social da extinta Faculdades Integradas Santo Tomás de Aquino e, posteriormente, da Faculdades Integradas de Uberaba. Fundador do Jornal da Manhã. Fundador da Editora Vitória, especializada em obras jurídicas. Fundador da Sociedade Rural do Triângulo Mineiro, entidade da qual se originou a Associação Brasileira dos Criadores de Zebu. Autor de diversos ensaios científicos e obras jurídicas. Escritor contista. Fundador da Academia de Letras do Triângulo Mineiro. Participante de palestras, seminários e congressos como palestrante e debatedor. Foi fundador e presidente do Instituto dos Advogados de Minas Gerais da seção de Uberaba.

A ela, que, com uma dose de fofura, fez do "seu" tempo, "nosso" tempo.

AGRADECIMENTOS

Dizem que a gratidão é a memória do coração. Se assim o é, meu coração está cheio de boas memórias. É tempo de agradecer.

Primeiramente, e não poderia ser diferente, agradeço à minha família. Ao meu pai, por ser exemplo de perseverança e de caráter. É em você que me espelho. À minha mãe, pelo amor incondicional, pelo apoio em qualquer dificuldade. Eu não poderia querer uma mãe melhor. À minha irmã, na certeza de que somos parecidos até demais. Amo todos vocês.

Da mesma sorte, não poderia deixar de agradecer à minha princesa. Não existem palavras para descrever essa mulher. Tão minha, sem ela esse estudo jamais teria se concretizado. Agradeço não só pela ajuda, mas também (e principalmente) pelo amor e cumplicidade.

Esta obra é fruto de pesquisa desenvolvida junto ao programa de mestrado em Direito da Pontifícia Universidade Católica de São Paulo. Se hoje ela vem a público é porque sempre contei com auxílio e bons exemplos ao longo de minha trajetória acadêmica. Assim, alguns nomes precisam ser citados.

Primeiramente, agradeço a todos os mestres da graduação em Direito da Pontifícia Universidade Católica do Paraná. Em especial, a professora *Rita de Cassia Corrêa de Vasconcelos*, processualista completa, que sempre estimulou minhas aspirações acadêmicas.

Da mesma sorte, agradeço também a todos os professores do mestrado da PUC-SP com quem tive a honra de aprender: *Nelson Nery Júnior, Eduardo Arruda Alvim, Teresa Arruda Alvim Wambier* e *Cassio Scarpinella Bueno*. Em especial, agradeço a compreensão e confiança em mim depositada pelo professor *Olavo de Oliveira Neto*.

Agradeço ainda ao amigo e professor *Georges Abboud*, por ter me tirado da "zona de conforto", mostrado que o processo pode (e deve) ser mais do que técnicas procedimentais. Também ao amigo *Leonard Schmitz*, pela comunhão de luta.

Aos professores *Lúcio Delfino, Fernando Rossi* e *Eduardo José da Fonseca Costa* por acreditarem na obra e possibilitarem sua publicação.

Aos amigos de uma vida, que não conseguiria nominar.

Finalmente, a Deus, por tudo.

Ninguém pode construir em teu lugar as pontes que precisarás passar para atravessar o rio da vida. Ninguém, exceto tu, só tu. Existem, por certo, atalhos sem-números, e pontes, e semideuses que se oferecerão para levar-te além do rio; mas isso te custaria a tua própria pessoa; tu te hipotecarias e te perderias. Existe no mundo um único caminho por onde só tu podes passar. Onde leva? Não perguntes, segue-o.

(NIETZCHE, Friederich. Assim falou Zaratustra)

SUMÁRIO

PREFÁCIO
Lenio Luiz Streck 19

APRESENTAÇÃO
Rita Vasconcelos 23

INTRODUÇÃO 25

CAPÍTULO 1
NA ANTESSALA DA DISCUSSÃO: ATIVIDADE JURISDICIONAL E A NECESSÁRIA COMPATIBILIZAÇÃO ENTRE EFICIÊNCIA NUMÉRICA E PROVIMENTOS QUALITATIVAMENTE ADEQUADOS 29

1.1 As crises da modernidade e seus reflexos sobre a atuação jurisdicional 29
1.2 A crise do judiciário, do processo e do procedimento 37
1.3 A necessidade de zelarmos pela qualidade das decisões judiciais (ou ainda: como evitarmos que a baixa constitucionalidade também invada o processo) 42

CAPÍTULO 2
FIXANDO PARÂMETROS PARA DECISÕES QUALITATIVAMENTE ADEQUADAS: O DEVER DE FUNDAMENTAR LEVADO A SÉRIO – FUNÇÃO, IMPORTÂNCIA E CONTEÚDO DA FUNDAMENTAÇÃO DECISÓRIA NO ESTADO DEMOCRÁTICO DE DIREITO 49

2.1 Primeira parada: o papel da fundamentação no Estado Democrático de Direito – contenção de arbítrios e voluntarismos 50
2.2 Ainda a questão do arbítrio: fundamentação e indeterminação do direito 53
2.3 Fundamentação e o dever de lealdade do juiz: a demonstração da busca pela resposta correta, coerência e integridade do fenômeno jurídico 64

2.4   O que não queremos nem precisamos: *results-oriented judging*, justiça opinativa e uso estratégico da jurisdição 71
2.5   Levando o contraditório a sério: dialeticidade e sistema comparticipativo 79

CAPÍTULO 3
JURISPRUDÊNCIA E FUNDAMENTAÇÃO DECISÓRIA 89

3.1   Da jurisdição à jurisprudência: função, formação e conformação - o papel das decisões pretéritas na busca pela resposta correta 89
3.2   Jurisprudência, técnicas procedimentais e fundamentação decisória: o que vai mal? 95

CAPÍTULO 4
SÚMULAS E FUNDAMENTAÇÃO DECISÓRIA: ESTADO DA ARTE E CRÍTICAS 105

4.1   Súmula: noções preliminares 105
4.2   A súmula em seu nascedouro: o "método de trabalho" de Nunes Leal e a (já presente) questão da eficiência numérica do Poder Judiciário 108
4.3   Iniciando o debate: por que a proposta da súmula antes do CPC/2015 era equivocada? 111
4.4   Primeiro equívoco teórico no estudo e manejo de súmulas: a súmula não é norma – superando o positivismo jurídico 116
4.4.1 A diferença entre texto e norma – o pós-positivismo jurídico 116
4.4.2 Súmulas, normas e conforto decisório 121
4.5   Segundo equívoco teórico no estudo e manejo de súmulas: a súmula não é precedente e a súmula não aproxima o Brasil do *common law* 125
4.5.1 *Civil law* vs *common law*: fontes e método de trabalho 126
4.5.2 *Binding precedent* 129
4.5.3 O conteúdo vinculante do precedente: a *ratio decidendi* 132
4.5.4 *Courts do not write laws* 137
4.5.5 Súmula e precedente: qualquer (des)semelhança é mera coincidência 141
4.6   As súmulas enquanto entes abstratos facilitadores de julgamentos e seus perigos: confirmação empírica 145
4.6.1 Hiperintegração – o exemplo da Súmula Vinculante nº 5 145
4.6.2 Ofensa a legalidade – o exemplo da Súmula nº 214/STJ 147
4.6.3 Aumento da litigância e (novamente) a questão da legalidade – o exemplo da Súmula nº 259/STJ 150
4.6.4 Discricionariedade, segurança jurídica e isonomia - o exemplo da Súmula nº 385/STJ 152
4.6.5 Ainda a segurança jurídica – o exemplo da Súmula nº 304/STF 154

CAPÍTULO 5
SÚMULAS, FUNDAMENTAÇÃO DECISÓRIA E O RESGATE
DE CONSTITUCIONALIDADE OPERADO PELO CPC/2015..........157
5.1 O dever de fundamentar no CPC/2015 157
5.2 Jurisprudência e fundamentação no CPC/2015: um resgate
 hermenêutico...163
5.3 A súmula colocada no seu devido lugar: a súmula é um índice........167
5.4 Desenvolvendo um método de trabalho com súmulas apropriado
 ao CPC/2015: aplicação discursiva a partir da verificação de três
 elementos 172
5.4.1 Elemento fático 175
5.4.2 Elemento jurídico-dialético 178
5.4.3 Elemento democrático..180
5.5 Fundamentação e o flexível regime de aplicação dos enunciados
 sumulares no CPC/2015: distinção e superação 185
5.5.1 Distinção 186
5.5.2 Superação...188
5.6 Súmulas e sistema comparticipativo 197

CONCLUSÃO 199

POSFÁCIO
LEVANDO AS SÚMULAS A SÉRIO..203

REFERÊNCIAS...209

PREFÁCIO

O assunto mais candente na doutrina brasileira é o dever de fundamentação e a resistência da comunidade jurídica em abrir mão de instrumentos protagonistas como o livre convencimento e o solipsismo nas decisões. Impressiona à doutrina mais aprofundada essa resistência. O Código de Processo Civil, que entrou em vigor em 2016, vem sendo recebido com reservas, exatamente naquilo que é o cerne da democracia: o controle hermenêutico das decisões. Não é sem razão que dispositivos como 371, 489, 926 e 927 têm sido objetos de tanta resistência e críticas. Há até mesmo juízes que "ameaçaram" mudar de país, caso sejam obrigados a não mais decidir conforme sua consciência, isto é, a partir de sua linguagem privada, problemática que pode ser traduzida em uma palavra: o solipsismo que assombra o direito desde Oskar Büllow.

Participei ativamente, em alguns momentos, da introdução e consolidação de mecanismos com o objetivo de institucionalizar aquilo que venho denominando de "constrangimentos epistemológicos". Assim, achei pertinente – na verdade, condição de possibilidade para uma fundamentação efetiva e não cosmética – a retirada do livre convencimento no artigo 371. Impressiona que a dogmática processual não tenha se atentado a esse problema. É paradoxal querer democratizar o judiciário e, ao mesmo tempo, admitir que juízes tenham liberdade de convencimento. Filosoficamente, não tem sentido alguém dizer que a motivação (*sic*) tenha o condão de resolver o problema da fundamentação. Ora, se alguém tem liberdade para escolher, a motivação subsequente não passa de um álibi teórico para justificar aquilo que é resultado de uma teleologia. Parece-me elementar isso. Nesse sentido, aliás, criei o "dilema da ponte", para demonstrar a inadequação da célebre frase "primeiro decido e depois fundamento". Pelo dilema da ponte, a questão é posta do seguinte modo: como é possível atravessar o abismo gnosiológico que me separa das coisas, chegar do outro lado e depois voltar para construir a ponte pela qual eu já passei? Eis a questão. Que só pode ser respondida colocando o processo como questão de possibilidade e não um mero instrumento à disposição do intérprete. Fica claro, assim, que não é possível fazer teoria do processo ou teoria jurídica lato sensu sem filosofia. Filosofia não é ornamento. A filosofia é no direito, como de há muito venho pregando e não do direito. As partículas *no* e *do* fazem a diferença.

Do mesmo modo esforcei-me — e consegui — colocar no Código o dever de a jurisprudência ser integra e coerente (ao lado da estabilidade). Orgulho-me profundamente disso. É o único código processual do mundo que possui, positivado, esse dever, pelo qual se tem fairness (equanimidade). Mais: o dever de coerência e integridade é uma obrigação e não uma alegoria ou adereço. Decisões que quebram a coerência sem apelo à integridade são nulas. Decisões que quebram a integridade devem ser corrigidas em instância superior. Esse dever necessita ser interpretado em consonância com os artigos 10, 371, 489 e 927. Bem aplicado, o artigo 489 contém o esboço de uma criteriologia extremante valiosa para uma teoria da decisão, conforme venho explicitando desde o começo da elaboração do novo Código.

É nesse contexto que se enquadra esse belo livro que tenho a satisfação de prefaciar. Falo de *Direito sumular e fundamentação decisória no CPC/2015*, de Guilherme Lunelli. Um país com demandas multiplicadas demanda efetividades qualitativas, que, uma vez implementadas, podem gerar importantes ganhos no tocante às efetividades quantitativas. Este é um ponto importante: efetividades quantitativas por si só geram decisões estandardizadas. Corre-se o risco de uma aplicação de súmulas de forma mecânica, repristinando posturas dedutivistas já derrotadas pela melhor filosofia decorrente do *linguist turn*.

A aposta de Guilherme Lunelli é no dever de fundamentação. O direito deve ter condições de construir respostas corretas, aquilo que venho denominando, em *Verdade e Consenso* e *Jurisdição Constitucional e Decisão Jurídica*, de Respostas Adequadas a Constituição. Decisão não é escolha. Decisão é um ato de responsabilidade política. E é nesse sentido que o dever de fundamentação, constante no artigo 97 da Constituição do Brasil, demanda a criteriosa observação dos mecanismos constantes no Código de Processo Civil. Como bem denuncia Lunelli, devemos superar "o modo de julgar brasileiro, profundamente enraizado e ensinado já nas faculdades de Direito, [que] é essencialmente opinativo". Tem toda a razão. Por isso, de há muito a Crítica Hermenêutica do Direito, criada no âmbito de minhas pesquisas, faz uma imbricação da teoria integracionista dworkiniana e da hermenêutica filosófica. A CHD não instrumentaliza Dworkin e tampouco gadameriza a teoria do direito. É dessa antropofagia que exsurge algo adaptado à realidade de um país que, como bem denuncia Lunelli, ainda está arraigado às velhas teorias que têm no protagonismo judicial o seu norte epistêmico. Isso tem de mudar. Livros como o de Lunelli são bem-vindos.

Uma muito boa leitura a todos.

> Escrito na dacha de São José do Herval,
> no alto das montanhas da Serra Gaúcha,
> nos estertores do verão de 2016.

Lenio Luiz Streck

Mestre e Doutor em Direito pela Universidade Federal de Santa Catarina. Pós-doutor pela Universidade de Lisboa. Professor titular do Programa de Pós-Graduação em Direito (Mestrado e Doutorado) da UNISINOS. Advogado.

APRESENTAÇÃO

Fiquei feliz e honrada com o convite de Guilherme Lunelli, autor deste primoroso trabalho, para que o apresentasse aos leitores.

Guilherme foi meu aluno no Curso de Graduação em Direito da Pontifícia Universidade Católica do Paraná, e desde aquela época já se podia ver seu enorme potencial acadêmico e que um futuro promissor o aguardava.

Estudioso e questionador, sempre buscou se aprofundar nas questões teóricas, preocupando-se em relacioná-las com a vida em sociedade, na ânsia de encontrar soluções para os problemas práticos pela via do processo.

O trabalho que ora apresento, fruto de cuidadosa pesquisa já no Curso de Mestrado em Direito da Pontifícia Universidade Católica de São Paulo, é exemplo dessa preocupação e, mesmo, da inquietação desse jovem e talentoso processualista.

O autor enfrenta com profundidade o tema da fundamentação das decisões judiciais, tanto as raízes constitucionais do dever de fundamentar quanto as novas regras processuais que o esmiúçam. Nesse contexto analisa a complexa questão da compatibilização entre eficiência numérica e provimentos jurisdicionais de qualidade.

Aborda corajosamente temas densos como a contenção de arbítrios e o dever de lealdade do juiz. Apresenta críticas e aponta soluções para questões relevantes, como a fixação de critérios para que se profiram decisões qualitativamente adequadas e o manejo das súmulas de modo a respeitarem-se os princípios do contraditório e da isonomia.

Recomendo a leitura deste livro com o mesmo entusiasmo com que, certamente, Guilherme o escreveu. Digo, com o orgulho de quem tem acompanhado a trajetória do autor, que a leitura deste seu trabalho é indispensável àqueles que pretendem se debruçar sobre as novidades que se apresentam no campo da fundamentação das decisões, trazidas com o CPC de 2015.

Está de parabéns a Editora Fórum, que sob a coordenação de Lúcio Delfino, Fernando Rossi e Eduardo José da Fonseca Costa, inaugura a *Coleção Fórum Professor Edson Prata* com este riquíssimo trabalho.

Curitiba, março de 2016.

Rita Vasconcelos
Doutora em Direito Processual Civil pela Pontifícia Universidade Católica de São Paulo. Professora da especialização da Pontifícia Universidade Católica de São Paulo e da graduação e especialização da Pontifícia Universidade Católica do Paraná. Advogada.

INTRODUÇÃO

O Código de Processo Civil de 2015 inaugura no plano infraconstitucional um novo marco em matéria de fundamentação das decisões, trazendo critérios mais seguros e rígidos para a contenção de eventuais arbítrios e voluntarismos por parte do órgão judicante.

Nesse ponto, em verdade, o novo diploma somente esmiúça aquilo que, à luz da Constituição, já era evidente, mas muitos dos operadores do Direito se negavam a ver: o ato de fundamentar precisa ser levado a sério.

Ocorre que, ao mesmo tempo em que exige do decisor uma maior preocupação com a qualidade dos provimentos judiciais, o novo código também aposta em mecanismos de uniformização de jurisprudência, vinculação de precedentes e valorização do direito sumulado pelos Tribunais.

Se, por um lado, a preocupação merece extremo louvor (eis que poderá garantir uma maior coerência e integridade no trato jurídico, protegendo ideais como igualdade, previsibilidade e segurança jurídica), por outro nos exige máxima atenção.

Isso pois, tais técnicas de padronização decisória, de forma alguma, poderão implicar uma "facilitação" do dever de fundamentar. A necessidade de nossa jurisprudência manter-se íntegra e coerente não significa que "decisões tipo" (súmulas, decisões proferidas em incidentes de resolução de demandas repetitivas ou em sede de repercussão geral – e por aí vai) possam ser, de forma mecânica e não dialética, simplesmente replicadas a uma infinidade de casos.

A experiência histórica (a exemplo do que já ocorria com a súmula impeditiva de recursos, a rejeição liminar do pedido, o sobrestamento, inadmissão e reapreciação de recursos extraordinários submetidos à verificação de repercussão geral, ou a dinâmica dos recursos especiais repetitivos) nos mostra uma inquietante realidade: uma vez sedimentada uma "tese" jurídica por um Tribunal, visualiza-se, por todo o organograma judiciário, uma verdadeira avalanche de "decisões carimbos" que, sem sequer demonstrar a similitude fática ou jurídica entre o caso sob julgamento e o caso paradigma, colocam termo a um sem número de processos.

Criou-se no Brasil o ideário de que uma súmula, uma ementa ou uma decisão das Cortes Superiores traria, em si, uma resposta pronta e acabada para outros casos "idênticos", dispensando do julgador maiores esforços argumentativos. Não são incomuns decisões que, simplesmente evocando uma súmula ou um precedente (quando não só o seu número!), deixam de dar seguimento ao procedimento, ou mesmo servem como fundamento para a solução de uma lide. Com isso, exorciza-se dos julgamentos (e da fundamentação) qualquer discussão acerca da facticidade em debate e ignora-se a argumentação trazida pelas partes aos autos. É como se o enunciado sumular fosse um conceito universalizante de tal força que, sozinho, pudesse resolver um processo e fundamentar uma decisão.

Assim, é preciso refletir se um provimento judicial pode se dizer devidamente fundamentado simplesmente reproduzindo aquilo que foi dito ou sumulado em outra oportunidade, mediante uma aplicação descontextualizada e despreocupada com o caso concreto ou com os argumentos das partes. É de se indagar: os casos realmente são iguais? A parte trouxe algum argumento jurídico novo, não apreciado quando da formação do "precedente"? O sentido conferido pelo julgador à súmula (ou qualquer outro texto de origem jurisprudencial) é o mesmo que foi conferido para a solução dos casos que lhe deram origem?

Ora, o simples fato de já existir um enunciado tribunalesco que, aparentemente, se assemelha ao caso sob julgamento, não pode eximir o julgador de demonstrar sua pertinência e adequação ao caso e a responder a tais perguntas. Uma "decisão tipo", conforme demonstraremos, não exime o decisor de fundamentar, de forma pormenorizada, porque sua aplicação é pertinente e possível naquele caso.

No Brasil, o assoberbamento de trabalho do Poder Judiciário, a judicialização em massa e o pouquíssimo tempo disponível para cuidar de cada caso concreto vêm fazendo com que abramos mão da qualidade das decisões – e de sua fundamentação – em prol de uma suposta celeridade e eficiência. Não nos parece que esta seja uma solução constitucionalmente adequada.

Assim sendo, dedicaremos nosso estudo ao modo pelo qual os entendimentos sumulados (que, conforme veremos, desde sempre foram vistos como "facilitadores" e "aceleradores" procedimentais) devem ingressar no discurso jurídico e na fundamentação de decisões que se pretendam conforme a Constituição.

A obra será dividida em cinco capítulos.

No primeiro capítulo contextualizaremos o problema da crise numérica do Poder Judiciário e abordaremos a impossibilidade de tal crise legitimar uma perda qualitativa nas decisões.

No segundo capítulo fixaremos os parâmetros que, entendemos, se fazem necessários para que uma decisão possa se dizer qualitativamente adequada, demonstrando a importância de uma séria fundamentação decisória dentro de um Estado Democrático de Direito.

No terceiro capítulo abordaremos a importância da jurisprudência na busca pela resposta correta e dentro da argumentação jurídica.

No quarto capítulo analisaremos criticamente o modo como as súmulas vêm sendo encaradas e utilizadas dentro da ciência jurídica brasileira, em especial, claro, no que toca à maneira pela qual ingressam na fundamentação decisória.

Finalmente, no último capítulo discutiremos o resgate hermenêutico operado pelo Novo Código de Processo Civil em sede de direito sumular, determinando os parâmetros mínimos para que a utilização de súmulas no bojo da fundamentação de uma decisão ocorra de forma constitucional.

Sem maiores delongas, iniciemos a empreita.

CAPÍTULO 1

NA ANTESSALA DA DISCUSSÃO: ATIVIDADE JURISDICIONAL E A NECESSÁRIA COMPATIBILIZAÇÃO ENTRE EFICIÊNCIA NUMÉRICA E PROVIMENTOS QUALITATIVAMENTE ADEQUADOS

1.1 As crises da modernidade e seus reflexos sobre a atuação jurisdicional

A crise pela qual perpassa o Poder Judiciário coloca-se patente para todos aqueles que atuam no foro. O número de processos aumenta diuturnamente sem que, nas mesmas proporções, também cresça a estrutura judicial. Como resultado, cartórios cada vez mais abarrotados de processos, atrasos, dificuldades e má prestação da função jurisdicional.

O fenômeno é complexo, referindo-se a um emaranhado de fatores que, nem de longe, encontram limite ou justificação em aspectos puramente internos ao Poder Judiciário. A situação, em verdade, apresenta-se como desdobramento de um problema que é macro: o Estado contemporâneo, como um todo, encontra-se em crise e não consegue cumprir com as promessas da modernidade.[1]

A Constituição Federal de 1988, de natureza eminentemente dirigente, passou a exigir do Estado brasileiro uma atuação promocional,

---

[1] Expressão de Ovídio A. Baptista da Silva, para quem: "a crise é da modernidade e de seus sonhos, dentro da qual tem curso a chamada crise do Poder Judiciário". SILVA, Ovídio A. Baptista da. Da função à estrutura. São Paulo: *Revista de Processo*, n. 158, 2008.

garantindo ao cidadão patamares mínimos de renda, educação, saúde, habitação etc. Além de garantir os clássicos direitos individuais de cariz liberal, de não intervenção na esfera privada dos particulares, o novo diploma consagrou um amplo leque de (verdadeiros) direitos sociais e coletivos a serem buscados e garantidos pelo Estado. Entretanto, até o presente momento, o Estado brasileiro não conseguiu atingir tal nível de desenvolvimento, fracassando no seu papel provedor-garantidor previsto pela nova Carta da República.

Conforme fundada crítica de José Joaquim Calmon de Passos, nós, brasileiros, constitucionalizamos o mais avançado, ousado e abrangente Estado de Bem-Estar Social que o mundo já conheceu, mas nos limitamos a instituí-lo formalmente, sem criarmos instrumentos ou propiciar recursos para a sua efetivação. Como resultado, enfrentamos um total descompasso entre a Constituição (e suas promessas) e a realidade.[2] Em termos francos, temos que o Estado brasileiro não consegue dar concretude às expectativas geradas pelo texto constitucional.

Com efeito, esse fracasso do Estado em dar cumprimento às exigências constitucionais passou a refletir diretamente na tradicional distribuição tripartite dos poderes, ensejando uma verdadeira hipertrofia do Poder Judiciário,[3] que passou a ser encarado como verdadeiro "guardião das promessas" não cumpridas pelos demais Poderes.[4] Diante da incapacidade do Executivo e do Legislativo em dar eficácia aos direitos sociais, o polo de tensão entre as promessas constitucionais e sua baixa efetividade acabou deslocado para dentro do Poder Judiciário. É o que expõe Boaventura de Souza Santos:

> A Constituição de 1988, símbolo de redemocratização brasileira, foi responsável pela ampliação do rol de direitos não só civis, políticos,

---

[2] PASSOS, J. J. Calmon de. Reforma do Poder Judiciário. In: *Ensaios e Artigos*. Salvador: Juspodivm, 2014.

[3] "No caso brasileiro, a Constituição de 1988, seguindo essas tendências, redefiniu profundamente o papel do Judiciário no que diz respeito a sua posição e a sua identidade na organização tripartite de poderes e, consequentemente, ampliou o seu papel político. Sua margem de atuação foi ainda alargada com a extensa constitucionalização de direitos e liberdades individuais e coletivos, em uma medida que não guarda proporção com textos legais anteriores. Dessa forma, a Constituição de 1988 pode ser vista como um ponto de inflexão, representando uma mudança substancial no perfil do Poder Judiciário, alçando-o para o centro da vida pública e conferindo-lhe um papel de protagonista de primeira grandeza." (SADEK, Maria Tereza. Judiciário: mudanças e reformas. *Estudos avançados*. São Paulo, v. 18, n. 51, p. 79-101. maio-ago 2004 Disponível em: <http://dx.doi.org/10.1590/S0103-40142004000200005>. Acesso em 30. out. 2014).

[4] GARAPON, Antoine. *O juiz e a democracia*: o guardião das promessas. 2. ed. Rio de Janeiro: Revan, 2011.

econômicos, sociais e culturais, como também dos chamados direitos de terceira geração: meio ambiente, qualidade de vida e direitos do consumidor. No caso do Brasil, mesmo descontando a debilidade crônica dos mecanismos de implementação, aquela exaltante construção jurídico- institucional tende a aumentar as expectativas dos cidadãos de verem cumpridos os direitos e as garantias consignadas na Constituição de tal forma que a execução deficiente ou inexistente de muitas políticas sociais pode transformar-se num motivo de recurso aos tribunais (...). A redemocratização e o novo marco constitucional darão maior credibilidade ao uso da via judicial como alternativa para alcançar direitos.[5]

Não por outra razão, Rodolfo de Camargo Mancuso adverte que a crise numérica que assola o Judiciário não é uma situação isolada, mas, sim, está intimamente conectada a variadas outras crises e insatisfações da modernidade, relacionando-se umbilicalmente à carência, recusa, ineficiência ou oferta insatisfatória de direitos por instâncias não jurisdicionais, que acabam desaguando no Poder Judiciário e fomentando a contenciosidade.[6] Nessa senda, também Ovídio Baptista da Silva expressa que:

> Na experiência brasileira, a crise da democracia representativa contribui, seguramente, para a avalanche de demandas transferidas para o Poder Judiciário. Essa crise tem origem, em parte, nas profundas desigualdades sociais existentes em nosso país, fator que embaraça o adequado exercício da democracia.[7]

Trata-se da chamada "judicialização da política", situação que, conforme bem abordado por Clarissa Tassinari, deriva de uma série de fatores (frisemos: originalmente alheios à jurisdição) que possuem como marco inicial o maior e mais amplo reconhecimento de direitos, passam pela ineficiência do Estado em implementá-los e, por fim, deságuam no aumento da litigiosidade.[8] Diante das crises estruturais do Estado, da má atuação e do descrédito dos Poderes democraticamente instituídos, o

---

[5] SANTOS, Boaventura de Sousa. *Para uma revolução democrática da justiça*. 2. ed. São Paulo: Cortez, 2007.
[6] MANCUSO, Rodolfo de Camargo. *Acesso à justiça*: condicionantes legítimas e ilegítimas. São Paulo: Revista dos Tribunais, 2011.
[7] SILVA, Ovídio A. Baptista da. Da função à estrutura. *Revista de Processo*. São Paulo, n. 158, 2008.
[8] TASSINARI, Clarissa. *Jurisdição e ativismo judicial*: limites da atuação do judiciário. Porto Alegre: Livraria do Advogado, 2013.

Poder Judiciário passa a ser, cada vez mais, instigado a tutelar e garantir diretamente os anseios constitucionais. Seguindo semelhante lógica, Mancuso esclarece que o fenômeno tem o seu nascimento marcado pela leniência ou pela oferta insatisfatória de prestações primárias que deveriam ser colocadas à disposição pelo Poder Público ao cidadão. Para o autor, a ineficiência na atuação dos demais Poderes abriria um vazio "a atrair as demandas reprimidas e as insatisfações gerais, as quais, restando sem atendimento no canal de expressão adequado, acabam se voltando para a instância que se apresenta quando as demais falham: o Judiciário".[9]

Não obstante, para bem compreendermos os reflexos dessa "baixa constitucionalidade" sob o número de demandas que assola o Judiciário, devemos também acrescer ao cenário a manifesta (porém injustificável) postura estatal de não resolução administrativa de controvérsias. Conforme relatório emitido pelo Banco Mundial, uma das grandes causas de afogamento do sistema jurisdicional brasileiro relaciona-se ao "excessivo ajuizamento de processos judiciais de natureza administrativa, decorrentes do mau serviço prestado por órgãos do governo (os réus) e da suspeita de que tais órgãos retardem pagamentos devidos a atores privados.[10] Exemplo emblemático dessa situação está no gigantesco número de feitos previdenciários ajuizados diariamente que, sem sombra de dúvida, seria drasticamente reduzido mediante uma simples atuação mais zelosa por parte da Administração Pública.

Nessa esteira, o próprio Estado, eis que prefere não assumir administrativamente qualquer responsabilidade que lhe traga algum ônus, acaba por alimentar e estimular a litigiosidade, não deixando outra alternativa para o cidadão a não ser recorrer ao Judiciário para a tutela dos seus direitos. Não causa estranheza, portanto, o fato de, no Brasil, o Poder Público ocupar o topo do *ranking* dentre os que mais litigam.[11] A Administração é a maior responsável pela crise numérica dos processos e, conforme tão logo demonstraremos, utiliza-se dessa crise em seu favor.

---

[9] MANCUSO, Rodolfo de Camargo. *Acesso à justiça*: condicionantes legítimas e ilegítimas. São Paulo: Revista dos Tribunais, 2011.

[10] BANCO MUNDIAL. Brasil: fazendo com que a Justiça conte – medindo e aprimorando a Justiça no Brasil. Disponível em: <www.amb.com.br/docs/bancomundial.pdf>. Acesso em 30. out. 2014.

[11] Conselho Nacional de Justiça (CNJ). *100 maiores litigantes*. 2012. Encarte. Disponível em: <http://www.cnj.jus.br/images/pesquisas-judiciarias/Publicacoes/100_maiores_litigantes.pdf>. Acesso em 30. out. 2014.

Mas não é só.

A deficiência do Estado em cumprir suas promessas também acaba por criar um verdadeiro vácuo de constitucionalidade, dentro do qual os influxos econômicos passam a ganhar espaço e a ditarem regras. A Constituição, não efetivada pelo Estado, acaba subjugada por ilegítimas influências externas de poder, de maneira que o fantasma de Ferdinand Lassalle ainda nos assombra. Tal fato fica claro, por exemplo, quando nos lembramos da insistente inefetividade das Agências Reguladoras ou do Banco Central na proteção do consumidor e no balizamento da atuação de megacompanhias, situação que também acaba por assoberbar a atividade jurisdicional. O Executivo não consegue cumprir seu papel e, novamente, a jurisdição é chamada a fazê-lo.

As grandes companhias (telefônicas, bancos etc.), por não conhecerem freios por parte do Poder Público, "correm soltas no mercado", desrespeitando abertamente as amarras jurídico-constitucionais. Apostam, então, em uma lógica de custo e benefício: como são raras as sanções estatais e somente uma mínima parcela dos consumidores lesados efetivamente judicializa suas irresignações, desrespeitar direitos vale a pena.[12]

A situação se coloca patente quando percebemos os altos índices de condenação enfrentados por tais empresas. A título de exemplo, em pesquisa realizada pelo Tribunal de Justiça do Rio de Janeiro, constatou-se que as concessionárias de telefonia enfrentaram um percentual de 66% de condenação nas demandas em que foram partes, os fornecedores de bens e serviços 83%, e as instituições financeiras 84%.[13] O tema é objeto de estudo de Rodolfo de Camargo Mancuso, que, dividindo os litigantes habituais e eventuais, expõe que:

---

[12] Sobre o tema, bem pontua Lenio Streck que: "As grandes companhias (telefônicas, etc.) confiam em uma espécie de "cidadania atuarial": atendem mal, mas mal mesmo, ao máximo de pessoas e apostam em um cálculo de custo e benefício... Não mais que 5% entram em juízo. Destes, alguns desistirão. Além disso, quem quiser reclamar deve enfrentar as filas dos Juizados Especiais." (STRECK, Lenio Luiz. *Compreender Direito*: desvelando as obviedades do mundo jurídico. 2. ed. São Paulo: Revista dos Tribunais, 2014, v.1).

[13] Perfil das maiores demandas do TJERJ. DGJUR – Diretoria-Geral de Apoio ao Segundo Grau de Jurisdição, sob a coordenação do Desembargador Jessé Torres. Disponível em: <http://www.tjrj.jus.br/documents/10136/54792/riger_1_2004_stf.pdf>. Acesso em 11. abr. 2015.

Não raro se torna cômodo e interessante para os litigantes habituais do Judiciário (v.g., Poder Público, empresas de seguro-saúde, entidades de crédito ao consumidor, administradoras de cartões de crédito, empresas de telefonia) deixar que as pendências se judicializem e permaneçam *sub judice* o maior tempo possível: isso dispensa tais litigantes de investir em recursos humanos e materiais na organização de serviços de atendimento ao público, que, bem manejados preveriam pendências e resolveriam aquelas já instaladas. Dado que este vasto segmento trabalha em economia de escala na sua relação com a justiça estatal, o custo do acompanhamento do processo não pesa significativamente, sendo antes um modo inteligente de repassar ao Estado o encargo de gerenciar tais pendências.[14]

Recente pesquisa realizada pelo Conselho Nacional de Justiça aponta que, tanto na Justiça Federal quanto na Justiça Estadual, os bancos e o setor público (municipal, estadual e federal) representaram o maior percentual de processos novos entre 1º de janeiro e 31 de outubro de 2011.[15] A mesma pesquisa aponta, sem qualquer margem para dúvidas, que os maiores litigantes da justiça brasileira são o Poder Público, os bancos e instituições de crédito, as companhias telefônicas e outros grandes prestadores de serviços.[16] Da mesma sorte, em estudo empírico dedicado especificamente à litigiosidade dentro do Supremo Tribunal Federal, chegou-se à conclusão de que o maior responsável pela grande quantidade de recursos naquela Corte não é o cidadão comum, que litigaria em excesso, mas, sim, o Poder Executivo, especialmente o Federal.[17]

Sob tais premissas, parece-nos totalmente acertada a alegação de Maria Tereza Sadek no sentido de que o sistema judicial brasileiro,

---

[14] MANCUSO, Rodolfo de Camargo. *Acesso à justiça*: condicionantes legítimas e ilegítimas. São Paulo: Revista dos Tribunais, 2011.

[15] A título de exemplo, na Justiça Federal, "o setor público federal e os bancos apresentaram os maiores percentuais de processos em relação ao total ingressado no período, com, respectivamente, 68,8% e 13,4% no 1º Grau e 92,3% e 72% nos Juizados Especiais." (Conselho Nacional de Justiça (CNJ). *100 maiores litigantes*. 2012. Encarte. Disponível em: <http://www.cnj.jus.br/images/pesquisas-judiciarias/Publicacoes/100_maiores_litigantes.pdf>. Acesso em 30 out. 2014).

[16] Conselho Nacional de Justiça (CNJ). *100 maiores litigantes*. 2012. Encarte. Disponível em: <http://www.cnj.jus.br/images/pesquisas-judiciarias/pesquisa_100_maiores_litigantes.pdf>. Acesso em 30. out. 2014.

[17] FALCÃO, Joaquim. CERDEIRA, Pablo de Camargo. ARGUELHES, Diego Werneck (coords). I *Relatório Supremo em Números. O Múltiplo Supremo*. FGV. Disponível em: <http://www.fgv.br/supremoemnumeros/relatorios/i_relatorio_do_supremo_em_numeros_0.pdf>. Acesso em 11. abr. 2015.

nos moldes em que se encontra, expressa um paradoxo: *demandas de menos* e *demandas de mais*. Isto, pois:

> de um lado, expressivos setores da população acham-se marginalizados dos serviços judiciais, utilizando-se, cada vez mais, da justiça paralela, governada pela lei do mais forte, certamente menos justa e com altíssima potencialidade de desfazer todo o tecido social. De outro, há os que usufruem em excesso da justiça oficial, gozando das vantagens de uma máquina lenta, atravancada e burocratizada.[18]

Conforme afirma a cientista política, existem setores da sociedade brasileira que, efetivamente, extraem vantagens das deficiências e lentidão do Poder Judiciário e que, por isso, seriam responsáveis pela grande maioria dos processos em curso. Entrariam nessa situação tanto os órgãos estatais como os grandes grupos empresariais. Trata-se, nas palavras de Lenio Streck, de uma espécie de "cidadania atuarial": para alguns, na ponta do lápis, a judicialização vale a pena.[19]

Daí nos parecer que a alegação de que no Brasil existiria uma "cultura da litigiosidade" exige certa cautela.[20] É que, para o litigante eventual, para o cidadão comum, regra geral, demandar sempre será a última opção: a judicialização de qualquer questão exige dispêndio financeiro (custas, advogado etc.) ou, no mínimo, de tempo (deslocar-se ao Juizado Especial ou à Defensoria Pública, comparecer em audiências etc.). A realidade é que o demandante eventual só procurará o Poder Judiciário após lhe serem ceifadas todas as esperanças de solução extrajudicial do conflito, não havendo como falarmos que, dentro de tal grupo, realmente exista uma "cultura da litigiosidade". Destarte, se existente, tal "cultura de litigiosidade" estaria muito mais restrita aos ditos litigantes habituais, ou seja, àqueles que, com escoro em estudos de riscos financeiros e econômicos, acabam por preferir (ou ao menos aceitar) o litígio. Para estes, entretanto, a litigiosidade não se dá por razões propriamente culturais, mas, sim, deriva de questões

---

[18] SADEK, Maria Tereza. Judiciário: mudanças e reformas. *Estudos avançados*. São Paulo, v. 18, n. 51, p. 79-101. maio-ago. 2004. Disponível em: <http://dx.doi.org/10.1590/S0103-40142004000200005>. Acesso em 30. out. 2014.

[19] STRECK, Lenio Luiz. *Compreender Direito*: desvelando as obviedades do mundo jurídico. 2. ed. São Paulo: Revista dos Tribunais, 2014. v.1.

[20] Situação sustentada por, entre outros, Rodolfo de Camargo Mancuso. (MANCUSO, Rodolfo de Camargo. *Acesso à justiça*: condicionantes legítimas e ilegítimas. São Paulo: Revista dos Tribunais, 2011).

econômicas, seguindo uma lógica de custo-benefício. Nesse contexto, parecer-nos-ia mais acertado dizer que, no Brasil, não vige uma *cultura da litigiosidade*, mas, sim, uma *aposta* na litigiosidade, a qual, por sua vez, acaba por gerar uma *instigação* à litigiosidade.

Assim, diante desse macro contexto, passa a ficar claro por que Calmon de Passos sempre sustentou inexistir no Brasil uma crise judiciária propriamente dita. Dizia o jurista baiano:

> Minha primeira e sólida convicção é a de que inexiste uma crise específica do Poder Judiciário. A crise do Judiciário é consequência de uma infecção externa. Suas causas são estranhas à função jurisdicional no que é mais significativo. Sua origem fundamental é a nossa excessiva constitucionalização. A crise do Estado brasileiro como institucionalizado constitucionalmente em 1988.[21]

Obviamente, nossa pretensão aqui não fora esgotar as razões ou as concausas da crise (numérica) da jurisdição brasileira (até porque tal empreita, por si só, seria digna de um trabalho monográfico próprio), mas, tão somente, demonstrarmos sua íntima relação com um cenário de baixa constitucionalidade. Procuramos evidenciar não ser possível falarmos em uma crise jurisdicional sem notarmos que *o problema é contingencial*, atingindo o Estado como um todo. Daí poder se concluir que a crise do Poder Judiciário encontra suas origens muito mais em fatores externos – reflexo da própria fragilidade do Estado, que não consegue resolver e gerenciar os conflitos sociais que (e da maneira como) deveria –,[22] do que em fatores internos. O colapso do Poder Judiciário não se resume a fatores *intra muros* ou, muito menos, a uma simples "crise dos processos". Isso precisa ficar claro.

---

[21] PASSOS, J. J. Calmon de. Reforma do Poder Judiciário. In: *Ensaios e Artigos*. Salvador: Juspodivm, 2014, v.1.

[22] "É lamentável, no Brasil, portanto, que as entidades estatais, com frequência, violem o direito dos cidadãos e atinjam, principalmente, os mais desprotegidos. Esquecem-se os gestores da coisa pública que tal proceder desmoraliza o princípio da autoridade encarnado pelo Poder Executivo, avilta o Poder Legislativo, porta-voz dos anseios de liberdade da sociedade, e desmoraliza o Judiciário, lento que se torna na solução dos conflitos que lhe são submetidos a julgamento." RIBEIRO, Antonio de Pádua. A reforma do Poder Judiciário. Palestra. *In*: ENCONTRO NACIONAL DOS PRESIDENTES DE TRIBUNAIS DE JUSTIÇA EM MANAUS (AM). Disponível em: <http://www.researchgate.net/publication/28766022_A_reforma_do_Poder_Judiciario_e_a_Sociedade>. Acesso em 15. nov. 2014.

1.2 A crise do judiciário, do processo e do procedimento

No ponto anterior prestamo-nos a demonstrar que a crise enfrentada pelo Poder Judiciário é decorrência de fenômenos correlatos à falência da própria engenharia constitucional brasileira. É dizer: o esvaziamento das promessas constitucionais pela leniência estatal, em última medida, acaba desembocando no Poder Judiciário, que enfrenta uma crise numérica sem precedentes.

Tais anotações foram tecidas para que, já de início, não percamos de vista que, enquanto estudiosos da ciência processual, até podemos dedicar-nos ao aperfeiçoamento do processo e dos procedimentos, com vistas a uma melhor, mais rápida, mais célere ou mais efetiva atuação jurisdicional. Todavia, de maneira alguma, podemos esquecer que a crise que assola o Poder Judiciário é de base, afeta à incapacidade do Estado em garantir as promessas da modernidade. Nesse contexto, qualquer solução que, em sede processual-procedimental, pretensamente encontremos será sempre (e meramente) paliativa. Vale aqui o alerta de Nelson Nery Junior:

> As pregações feitas por setores especializados em direito constitucional e processual, assim como também por setores leigos, no sentido de que são necessárias mudanças da legislação processual para "acabar-se" com a morosidade da justiça, não deixam de ser um tanto quanto dissociadas das verdadeiras causas, e, portanto, não são adequadas soluções para esses problemas por eles apontados.[23]

A verdade é que o Estado falhou: falhou em garantir direitos fundamentais, falhou em proteger o cidadão contra os influxos econômicos, falhou em prestar serviços públicos de qualidade. Tal fator, conforme visto, ensejou o deslocamento de tais questões para dentro da jurisdição que, atulhada, também dá sinais de exaustão.

Como resposta, cada vez mais a ciência processual vem buscando soluções procedimentais que, sob questionáveis premissas gerenciais, buscam desafogar o sistema.[24] As palavras de ordem são celeridade e eficiência.[25]

Daí a razão de ser da Emenda Constitucional nº 45, de 8.12.2004, que inseriu no catálogo dos direitos fundamentais a razoável duração do

---

[23] NERY JUNIOR, Nelson. *Princípios do Processo na Constituição Federal*: processo civil, penal e administrativo. 9. ed. São Paulo: Revista dos Tribunais, 2009.
[24] NUNES, Dierle José Coelho. *Processo jurisdicional democrático*. 4. reimp. Curitiba: Juruá, 2012.
[25] PASSOS, J. J. Calmon de. Instrumentalidade do processo e devido processo legal. *In*: *Ensaios e Artigos*. Salvador: Juspodivm, 2014, v.1.

processo e a celeridade de sua tramitação.[26] Poderia a referida emenda também ter declarado que os atendimentos do SUS teriam a mesma qualidade daqueles prestados pelo Hospital Sírio-Libanês: o efeito prático de tais disposições seria equivalente.[27] Em verdade, referida emenda é reflexo daquilo que Lenio Streck costuma chamar de "fetiche da (e na) lei". É como se uma modificação legislativa (ou constitucional) pudesse, por si só, resolver um problema que é estrutural.

De toda sorte, parece ser ponto pacífico que a atual crise da jurisdição exige, por parte dos operadores do Direito e gestores públicos, a busca por meios necessários (leia-se: possíveis) para a concretização da garantia constitucional de uma célere e efetiva tramitação processual. Para isso, desafogar o sistema coloca-se essencial.

Nessa senda, para muitos, a solução do problema teria sido apontada pela própria Emenda 45, ao incluir no texto constitucional que "o número de juízes na unidade jurisdicional será proporcional à efetiva demanda judicial e à respectiva população". A resposta à crise do Poder Judiciário, assim, se daria pelo aumento do número de magistrados.

Sem sombra de dúvidas, seria utópico pensar que a crise estrutural que afeta o Estado brasileiro como um todo não atingiria o Poder Judiciário na mesma medida. Falta ao estado jurisdicional aparato logístico suficiente para dar cumprimento ao comando constitucional, capacitação técnica dos juízes e servidores, bem como elementos materiais necessários ao bom desempenho das funções dos magistrados e dos auxiliares da justiça.[28]

Entretanto, cumpre-nos indagar se a solução para a crise numérica dos processos se daria pelo simples aumento da estrutura judicial.

Tal conclusão recebe críticas de alguns setores da doutrina, sustentando-se que o aumento da oferta no número dos juízes jamais alcançaria o nível das necessidades atuais e, ao contrário, acabaria por realimentar a demanda.[29]

---

[26] (Art. 5.º, LXXXVIII): "a todos, no âmbito judicial e administrativo, são assegurados a razoável duração do processo e os meios que garantam a celeridade de sua tramitação".

[27] Não por outra razão, João Batista Lopes afirma que: "A referência ao direito à razoável duração do processo (art. 5º, LXXVIII) constitui mera promessa, sem qualquer ressonância prática". LOPES, João Batista. Reforma do Judiciário e efetividade do processo civil. In: WAMBIER, Teresa Arruda Alvim et al. (coord.). *Reforma do Judiciário*. São Paulo: Revista dos Tribunais, 2005.

[28] NERY JUNIOR, Nelson. *Princípios do Processo na Constituição Federal*: processo civil, penal e administrativo. 9. ed. São Paulo: Revista dos Tribunais, 2009.

[29] Sobre o tema, Mancuso: "O crescimento desmesurado da estrutura judiciária - oferta de mais do mesmo sob a óptica quantitativa - com a incessante criação de novos órgãos

Ainda, por detrás da questão também existiria o aspecto orçamentário, eis que o aumento do número de magistrados e/ou da estrutura judiciária necessitaria de (já escassas) fontes fiscais de custeio.[30] Parece-nos que a preocupação é extremamente válida. Afinal, já esclarecemos nessa obra que a atual Crise do Judiciário não é pontual, mas, sim global, atingindo o Estado como um todo. O afogamento da jurisdição, em verdade, coloca-se como ponto de estofo de um problema muito maior e muito mais complexo. Assim, seria difícil justificar um maior investimento no Poder Judiciário do que em políticas públicas ou na boa prestação dos serviços públicos. Tal aposta não seria profilática e, sem dúvida, não atingiria a raiz do problema.[31]

Nesse contexto, passam a ficar claras as razões pelas quais a crise jurisdicional vem sendo, regra geral, enfrentada por intermédio de modificações nos procedimentos jurisdicionais: o custo de tais inovações para o orçamento é mínimo e, por consequência, qualquer resultado auferido já será um enorme lucro para a administração da justiça. Talvez seja por esse motivo que as reformas processuais, conforme fundada e corriqueira crítica de Barbosa Moreira, sejam muitas vezes realizadas sem escoro em quaisquer dados empíricos, sob uma lógica simplista de "acerto e erro".[32]

Devemos ter em mente que a preocupação com a adequação do processo e dos procedimentos à realidade e as necessidades do

---

singulares e colegiados, e correspondentes recursos humanos e materiais, engendrando o atual gigantismo que, sobre exigir parcelas cada vez mais expressivas do orçamento público, induz a que esse aumento da oferta contribua para retroalimentar demanda. (MANCUSO, Rodolfo de Camargo. *Acesso à justiça*: condicionantes legítimas e ilegítimas. São Paulo: Revista dos Tribunais, 2011. Na mesma senda: ASSIS, Araken de. *Duração razoável do processo e reformas da lei processual civil*. Processo e Constituição. Estudos em Homenagem ao Professor Barbosa Moreira, São Paulo - SP, p. 195-204, 2006).

[30] ASSIS, Araken de. Duração razoável do processo e reformas da lei processual civil. *Revista Jurídica*, Porto Alegre, v. 372, p. 11-27, 2008.

[31] Frisamos que não negamos que investimentos na estrutura judiciária ou na contratação de novos magistrados trarão benefícios e celeridade na prestação judiciária. Nossa insurgência, sim, volta-se ao paradoxo por detrás de tal aposta.

[32] Diz o grande mestre: "A correta valoração das reformas, aqui como alhures, exigiria que dispuséssemos de dados objetivos sobre o impacto por elas produzido no quotidiano forense. Para avaliar o que realmente vêm significando, precisaríamos saber como estava a situação antes delas e como passou a estar depois. Infelizmente, estatísticas judiciárias não são o nosso forte: ou simplesmente inexistem, ou, quando existem, nem sempre se mostram acessíveis e fidedignas. Ficamos constrangidos, assim, a emitir juízos fundados em meras impressões. Ora, o impressionismo, que produziu obras-primas na arte, em direito nada produz senão chavões sem compromisso com a realidade e cientificamente imprestáveis." (MOREIRA, José Carlos Barbosa. Reformas Processuais e Poderes do Juiz. *Revista da EMERJ*, Rio de Janeiro, v. 6, n. 22, p. 58-72. 2003).

direito material tutelado não é fenômeno recente, já tendo a questão sido amplamente debatida por Mauro Cappelletti e Bryan Garth em sua clássica obra "Acesso à Justiça".[33] A esta quadra da história, parece desnecessário sustentarmos que os procedimentos devem encontrar aderência às necessidades do direito material.[34] Da mesma sorte, despiciendo dizer que a prestação jurisdicional deve ser tão célere quanto for possível. Já dizia Rui Barbosa que a justiça tardia nada mais é do que injustiça institucionalizada.

Ocorre que, no bojo de grande parte das reformas processuais brasileiras, a questão tomou novos ares, conferindo-se à técnica processual um novel (porém questionável) papel: diminuir o número de demandas. Em termos simples, podemos dizer que, diante da crise no número de processos, as reformas procedimentais passaram a apostar na lógica do "menos um" (processo). Ou, tanto melhor, do "menos muitos". O procedimento, assim, deixa de ser visto como um mero instrumento a serviço da boa tutela do direito material e passa a ser encarado, também, como um instrumento de combate da crise (numérica) da jurisdição. A crítica é trazida, entre outros,[35] por Rodolfo de Camargo Mancuso:

> A praxis de "resolver problemas com (mais) normas" – nomocracia – se estende às técnicas e propostas preordenadas a enfrentar a crise numérica de processos que assola o Judiciário, mediante o implemento de uma *política legislativa focada mais em propósitos pragmáticos, de corte restritivo*

---

[33] "Tornou-se lugar-comum observar que a atuação positiva do Estado é necessária para assegurar o gozo de todos esses direitos sociais básicos. Não é surpreendente, portanto, que o direito ao acesso à justiça tenha ganhado particular atenção na medida em que as reformas do *welfare state* têm procurado armar os indivíduos de novos direitos substantivos em sua qualidade de consumidores, locatários, empregados e, mesmo, cidadão. De fato, o direito ao acesso efetivo tem sido progressivamente reconhecido como sendo de importância capital entre os novos direitos individuais e sociais, uma vez que a titularidade de direitos é destituída de sentido, na ausência de mecanismos para a sua efetivação." (CAPPELLETTI, Mauro; GARTH, Bryant. *Acesso à Justiça*. Tradução de Ellen Gracie Northfleet. Porto Alegre: Fabris, 1988. p. 11).

[34] Sobre o tema, ver: MARINONI, Luiz Guilherme. *Técnica processual e tutela dos direitos*. São Paulo: Revista dos Tribunais, 2004.

[35] Conferir também: ABBOUD, Georges. *Discricionariedade administrativa e judicial*: o ato administrativo e a decisão judicial. São Paulo: Revista dos Tribunais, 2014; DIAS, Ronaldo Brêtas de Carvalho. *Processo Constitucional e Estado Democrático de Direito*. 2. ed., rev. e ampl. Belo Horizonte: Del Rey, 2012; NUNES, Dierle José Coelho. *Processo Jurisdicional Democrático*. 1. ed. 4. reimp. Curitiba: Juruá, 2012. PASSOS, J. J. Calmon de. *Ensaios e Artigos*. Salvador: Juspodivm, 2014. MOTTA, Francisco José Borges. *Levando o direito a sério*: uma crítica hermenêutica ao protagonismo judicial. 2. ed. rev. e ampl. Porto Alegre: Livraria do Advogado, 2012.

ou obstativo, do que no aperfeiçoamento das categorias e institutos processuais: trancamento ou obstaculização de certos recursos e eliminação de outros; potencialização dos poderes do Relator em detrimento da colegialidade; eficácia expansiva panprocessual à jurisprudência dominante e ao direito sumular, como forma de sumarização de processos e julgamentos; fomento a tutelas calcadas em cognição parcial e sumária.[36] (grifo nosso)

A nova premissa encontra-se presente, por exemplo, na reforma que aumentou os poderes monocráticos do relator (9.756/1998), na que alterou o regime de agravos (Lei nº 11.187/05), na que instituiu a súmula impeditiva de recursos (Lei nº 11.276/06) e o julgamento liminar da demanda (Lei nº 11.277/06), na que forjou a sistemática dos recursos repetitivos no âmbito do STJ (Lei nº 11.672/08), na que substitui o agravo de instrumento para as Cortes Superiores pelo agravo nos próprios autos (Art. 544, Lei nº 12.322/10). Sem falar nas alterações constitucionais com o fito de instituir a súmula vinculante e a exigir repercussão geral para o conhecimento de recursos extraordinários (EC 45/2004). Exemplos esses que, em sua grande maioria, repetem-se ou ganham nova roupagem no Novo Código de Processo Civil.

Trata-se daquilo que Dierle Nunes vem denominando de *neoliberalismo processual*, dentro do qual as reformas procedimentais tomam como ponto de partida uma lógica de produtividade, massificação, e sumarização da cognição. A Jurisdição passa a ser encarada enquanto um serviço, devendo seguir critérios de produção em série, larga escala e menor tempo.[37] Os procedimentos não são mais, conforme sugeria Cappelletti, moldados simplesmente com vistas à sua simplificação ou à melhor realização do direito material. O escopo passa a ser, também, a diminuição do número de demandas, recursos e julgamentos.

A questão, todavia, é saber qual preço estamos dispostos a pagar para tanto. É dizer: precisamos tomar cuidado para que o déficit de constitucionalidade que ensejou o abarrotamento do Poder Judiciário não seja, no bojo do processo, o álibi necessário para, aqui também, se legitimar o escoamento ou a flexibilização das garantias constitucionais processuais.[38]

---

[36] MANCUSO, Rodolfo de Camargo. *Acesso à justiça*: condicionantes legítimas e ilegítimas. São Paulo: Revista dos Tribunais, 2011.
[37] NUNES, Dierle José Coelho. *Processo Jurisdicional Democrático*. 4. reimp. Curitiba: Juruá, 2012.
[38] A Preocupação é trazida por Calmon de Passos, enfático ao expor que: "Distorção não menos grave, outrossim, foi a de se ter colocado como objetivo a alcançar com as reformas preconizadas apenas uma solução, fosse qual fosse, para o problema do sufoco em que

Não temos a menor dúvida de que, parafraseando João Batista Lopes, a adequação procedimental se coloca como o "fio de esperança"[39] para a crise de um judiciário que, sejamos francos, não será tão cedo melhor aparelhado ou, muito menos, deixará de figurar como *ultima ratio* para o cidadão desassistido pelos demais Poderes. Todavia, as novas técnicas procedimentais, sob a pretensão de desafogamento do sistema, em hipótese alguma poderão ofender as garantias processuais mínimas do cidadão.[40] Diante das crises estruturais, institucionais e fiscais pelas quais passamos, não nos parece necessário que se institua mais uma crise (de constitucionalidade): a do processo e dos procedimentos.

1.3 A necessidade de zelarmos pela qualidade das decisões judiciais (ou ainda: como evitarmos que a baixa constitucionalidade também invada o processo)

Em colóquio promovido pela Associação Internacional de Direito Processual e realizado na Universitat de València, em 2008, Michele Taruffo teve a oportunidade de debater acerca da dificuldade em se definir o que seria um sistema legal *eficiente* ou, ainda, o que seriam remédios procedimentais *eficientes*.[41]

---

vive o Poder Judiciário, dado o inadequado, antidemocrático e burocratizante modelo de sua institucionalização constitucional. A pergunta que cumpria fosse feita – quais as causas reais dessa crise – jamais foi formulada. Apenas se indagava – o que fazer para nos libertarmos da pletora de feitos e de recursos que nos sufoca? E a resposta foi dada pela palavra mágica "instrumentalidade", a que se casaram outras palavras mágicas – "celeridade", "efetividade", "desformalização" etc. E assim, de palavra mágica em palavra mágica, ingressamos num processo de produção do direito que corre o risco de se tornar pura prestidigitação. Não nos esqueçamos, entretanto, que todo espetáculo de mágica tem um tempo de duração e a hora do desencantamento. Instrumentalidade do processo e devido processo legal." (PASSOS, J. J. Calmon de. Instrumentalidade do processo e devido processo legal. *In*: *Ensaios e Artigos*. Salvador: Juspodivm, 2014, v. 1).

[39] LOPES, João Batista. Reforma do Judiciário e efetividade do processo civil. *In*: WAMBIER, Teresa Arruda Alvim *et al* (coord.). *Reforma do Judiciário*. São Paulo: RT, 2005.

[40] Sobre o tema, também já se manifestou Calmon de Passos: "Partindo, agora, para o mais específico, desejo afirmar que se bem pouca importância dou ao procedimento, enquanto rito, empresto fundamental relevância às garantias processuais, exigência imperiosa de todo e qualquer verdadeiro Estado de Direito Democrático, que não comportam restrições. Podemos elencá-las, sinteticamente, como sendo as seguintes: a) do juiz natural, b) do contraditório, c) da publicidade, d) da fundamentação substancial das decisões e, e) do controle dessas decisões. Nenhum procedimento, para ser aceitável, pode minimizar qualquer dessas garantias, seja em nome de que celeridade for, ou de qualquer efetividade, informalidade ou o que mais se possa imaginar e arguir." (PASSOS, J. J. Calmon de. Avaliação crítica das últimas reformas do processo civil. *In*: *Ensaios e Artigos*. Salvador: Juspodivm, 2014, v.1).

[41] TARUFFO, Michele. *Orality and Writing as factors of efficiency in civil litigation*. Palestra. *In*: ORALIDAD Y ESCRITURA EN UN PROCESO CIVIL EFICIENTE, 2008, Valencia,

Para o jurista, em qualquer campo do saber, a ideia de eficiência encontra-se umbilicalmente ligada ao atendimento de expectativas. É dizer: algo só poderá ser considerado eficiente quando conseguir garantir, no menor tempo e custo possível, exatamente os resultados que daquilo se espera. A entrega de resultados outros, diversos dos almejados, mesmo que de forma rápida e barata, de nada servirá para fins de cálculo de eficiência.

O Direito não foge à regra: para falarmos que um sistema legal ou processual é eficiente, primeiramente, temos de nos perguntar o que dele esperamos, quais são as nossas expectativas. Obviamente, medir a eficiência de um sistema jurisdicional no qual o resultado buscado seja estritamente numérico será bastante diferente de medir a eficiência de um modelo que busca decisões de qualidade.[42]

Sob tal premissa, Taruffo afirma que a diferença entre dois modelos de atuação jurisdicional poderá residir, exatamente, nos escopos ou resultados que deles se espera: (a) a mera solução da disputa; ou (b) a solução da disputa por intermédio de uma decisão justa e consistente.

Na primeira hipótese, a prestação jurisdicional se bastaria com o simples encerramento do litígio entre as partes. Quanto mais lides encerradas, mais eficiente o sistema. Nesse caso, o conteúdo e a qualidade do provimento jurisdicional não seriam relevantes, eis que uma decisão equivocada, ilegal ou mal fundamentada teria tanta aptidão para colocar fim ao conflito quanto uma decisão correta e coerente. Com efeito:

> it seems consistent to believe that efficiency should be defined basically in terms of *speed and low costs*. The quicker and cheaper the resolution of the dispute, the more efficient the litigation. (...) *the fact is that if the*

Associação Internacional de Direito Processual/Universitat de València. Disponível em: <http://www.uv.es/coloquio/coloquio/ponencias/8oratar.pdf>. Acesso em 26. jan. 2015.

[42] No cenário nacional, em sentido idêntico, já ponderava Calmon de Passos: "Eficácia, efetividade e eficiência implicam sempre a pergunta - *de quem e para quê?* Isso precisamente é o que cumpre enfatizar e por isso é que devemos propugnar enquanto cidadãos e enquanto juristas operado numa ordem político-democrática. Falar-se, pois, pura e simplesmente, em efetividade do processo exigiria que previamente houvéssemos demonstrado ser o processo *valioso em si mesmo*, donde batalharmos por sua efetividade. O processo, entretanto, não é jamais valioso em si mesmo, mas se integra no próximo *ser* do direito, que é por ele *produzido*, tendo sua existência condicionada, inclusive, a esta produção, donde a valiosidade referir-se ao direito, enquanto produto, não ao processo de sua produção." (PASSOS, J.J. Calmon de. Cidadania e efetividade do processo. *In*: *Ensaios e Artigos*. Salvador: Juspodivm, 2014, v.1).

quality of the solution is not relevant, because the real goal is to end up the dispute, then the most efficient methods are those that maximize the advantages in terms of time and money. These should be the only values deserving to be implemented.⁴³ (grifo nosso)

De diferente sorte, na segunda hipótese, a atividade jurisdicional não se contentaria com a mera solução numérica (rápida e barata) do litígio, ganhando enfoque, então, o conteúdo e a qualidade do provimento jurisdicional. Logo, a meta da jurisdição não poderia se limitar ao encerramento da disputa, sendo fulcral que a solução da controvérsia também ocorra por intermédio de decisões consistentes, corretas, precisas e justas. Não sendo assim, não haveria como sustentarmos que a atividade jurisdicional foi eficiente, eis que não teria verdadeiramente cumprido com o seu papel. Logicamente, adotando-se tal premissa,

> things are much more complex: on the one hand, even in this case the time and the money required to arrive at the resolution of the dispute are important, since the waste of time and money is counter efficient in any judicial proceeding; on the other hand, factors concerning the quality and the contents of the final decision should also be considered. *In order to be just, a decision has to be based upon a proper, complete and fair presentation of the legal aspects of their case by both parties, and an accurate, complete, and possibly truthful decision about the facts in issue, based upon a fair assessment of the evidence.* Then a system of litigation is efficient when it is reasonably quick and inexpensive, but also when it is structurally oriented to reach fully informed, accurate and reliable decisions on the whole merits of the case.⁴⁴(grifo nosso)

Sob tal ótica, o conteúdo e a qualidade da decisão passam a ser extremamente relevantes, uma vez que determinam o verdadeiro propósito da jurisdição, devendo orientar e determinar o funcionamento de todos os mecanismos judiciais.

A distinção entre os dois métodos de solução de conflitos propostos por Michele Taruffo (buscando, de um lado, decisões rápidas e

---

[43] TARUFFO, Michele. *Orality and Writing as factors of efficiency in civil litigation. Palestra. In*: ORALIDAD Y ESCRITURA EN UN PROCESO CIVIL EFICIENTE, 2008, Valencia, Associação Internacional de Direito Processual/Universitat de València. Disponível em: <http://www.uv.es/coloquio/coloquio/ponencias/8oratar.pdf>. Acesso em 26. jan. 2015.

[44] TARUFFO, Michele. Orality and Writing as factors of efficiency in civil litigation. *Palestra. In*: ORALIDAD Y ESCRITURA EN UN PROCESO CIVIL EFICIENTE, 2008, Valencia, Associação Internacional de Direito Processual/Universitat de València. Disponível em: <http://www.uv.es/coloquio/coloquio/ponencias/8oratar.pdf>. Acesso em 26. jan.2015.

baratas e, de outro, decisões consistentes, lastreadas nas peculiaridades do caso e preocupadas com as alegações das partes), somada àquilo que sustentamos no ponto anterior acerca da nova feição esperada do processo em solo brasileiro (lógica de produtividade), nos confere os elementos necessários para iniciarmos discussão que retroalimentará todas as fases do presente estudo: afinal, no Brasil, o que esperamos da atividade jurisdicional e dos nossos remédios processuais? Não estaríamos, por aqui, resumindo a ideia de eficiência na solução de conflitos a aspectos puramente numéricos, descuidando-nos da questão qualitativa de nossos provimentos?

Em essência, cumpre-nos saber qual modelo de atuação jurisdicional buscamos e, ainda mais importante, qual desses modelos encontra espaço dentro da nossa estrutura constitucional.

Isto, pois, parece-nos que as reformas processuais mais recentes vinham apostando em uma noção de eficiência tendente a parâmetros de produtividade e eficácia numérica, seguindo essencialmente o primeiro modelo jurisdicional proposto por Taruffo. Não é outra a irresignação de Calmon de Passos que, abordando as reformas do CPC/73, enfaticamente expôs:

> Destarte, assim como a "instrumentalidade" serviu para justificar o que foi feito, também duas palavras mágicas foram utilizadas – *celeridade e efetividade*. Efetividade vincula-se à eficácia, produzir efeitos, concretizar-se em consequências faticamente verificáveis. Ora, tanto se dá eficácia ao bom quanto ao ruim, ao justo quanto ao injusto, ao belo quanto ao feio. A efetividade, portanto, é algo neutro, capaz do bem e do mal, arma na mão de arcanjos e também na mão de demônios. A eficácia, consequentemente a efetividade, não é um valor em si, apenas é tecnicamente algo valioso, não eticamente valioso. *A ênfase deve ser finalística e buscar sua justificativa na "qualidade" do produto final alcançado. Descartou-se a qualidade e deu-se absoluta primazia ao resultado em si mesmo, qual o diminuir o número de processos empilhados em cartórios e em gabinetes. Donde denunciar o discurso sobre eficácia pura e simples, como uma forma perversa de alienação, a serviço de um determinado tipo de dominação.*[45] (grifo nosso)

---

[45] Em outra oportunidade, o jurista baiano também se manifestou no sentido de que: "Cumpre, portanto, não se pugnar pela efetividade do processo, como se fosse ele um "fim" bem determinado e valioso a ser alcançado. Prévia é a questão de definir-se, inclusive, qual a sua função sócio-política do próprio processo, o seu valor. Se por efetividade traduzirmos a pura e simples solução do conflito, logrando-se a pacificação social (péssimo modo de dizer, pois em verdade o que há é a sujeição do vencido mediante a chamada violência simbólica, não necessariamente seu convencimento, que pacificaria)

Com efeito, conforme juízo de Dierle Nunes, a concepção de processo ideal acaba deixando de ser aquele que, dentro de um espaço-tempo suficiente para a implementação da participação de todos os envolvidos atende a todos os princípios processuais constitucionais, desembocando em uma decisão consistente e adequada ao caso, passando a ser, sim, aquele que se encerra o mais rápido possível.[46] [47]

Nesse contexto, o cidadão-jurisdicionado passa a ser um mero consumidor da prestação jurisdicional à espera de uma decisão massificada e pautada em metódicas de produtividade empresariais. Ao mesmo tempo, pouca importância se dá aquilo que, à luz da Constituição, deveria ser mais importante: a qualidade dos provimentos e o respeito mínimo às garantias processuais.[48]

Evidentemente, essa forma de se encarar a função processual (e, por consequência, a própria função da atividade jurisdicional) não encontra respaldo constitucional. A adoção de técnicas muito mais pautadas na redução quantitativa dos processos do que na qualidade da prestação jurisdicional (e, no mais das vezes, abertas a métodos de estandardização do direito, afastamento do caso concreto e fundamentações de mera aparência)[49] não pode ou deve ser encorajada. Ao consagrar as garantias do devido processo legal, da ampla defesa, do contraditório e do dever de fundamentação das decisões, a Constituição não garantiu ao cidadão simplesmente o direito de ter o seu litígio

---

pouco importando a que preço e com que consequências, essa efetividade está maculada em sua origem e sua destinação." (PASSOS, J.J. Calmon de. Cidadania e efetividade do processo. In: Ensaios e Artigos. Salvador: Juspodivm, 2014).

[46] NUNES, Dierle José Coelho. Processo Jurisdicional Democrático. 4. reimp. Curitiba: Juruá, 2012.

[47] Aqui, vale também a crítica de Ronaldo Brêtas de Carvalho Dias: "Efetivamente, é necessário que a sociedade, os legisladores e os operadores ou práticos do direito entendam, de uma vez por todas, que a questão da morosidade da atividade jurisdicional e da demora da solução decisória pretendida nos processos não pode ser resolvida sob a concepção esdrúxula de uma cogitação jurisdicional instantânea ou de uma jurisdição relâmpago, o que é impossível existir em qualquer lugar do planeta, pois alguma demora na solução decisória sempre haverá nos processos, sobretudo naqueles de maior complexidade. É preciso que haja um tempo procedimental adequado, a fim de que possam ser efetivados os devidos acertamentos das relações de direito e de fato controvertidas ou conflituosas entre os envolvidos, sob a reconstrução cognitiva do caso concreto, por meio da demora e inafastável estrutura normativa (devido processo legal) e dialética (em contraditório) do processo, não havendo outro modo substitutivo racional e democrático de fazê-lo." (DIAS, Ronaldo Brêtas de Carvalho. Processo Constitucional e Estado Democrático de Direito. 2. ed., rev. e ampl. Belo Horizonte: Del Rey, 2012. p. 165).

[48] NUNES, Dierle José Coelho. Processo Jurisdicional democrático. 4. reimp. Curitiba: Juruá, 2012, p. 163. PASSOS, J. J. Calmon de. Cidadania e efetividade do processo. In: Ensaios e Artigos. Salvador: Juspodivm, 2014.

[49] Questões essas que serão aprofundadas ao longo da obra.

solucionado. Conferiu ao jurisdicionado, sim, o direito de receber uma decisão qualitativamente adequada, que leve em conta as especificidades do seu caso, dialogue com seus argumentos e se encontre suficientemente maturada.

Com Mancuso, cumpre-nos verificar que o manejo de processos sob a ótica singelamente quantitativa arrisca degenerar a solução de litigiosos a um *simulacro de jurisdição*, no qual as pretensões ventiladas em juízo (e suas particularidades e individualidades), em verdade, não são propriamente julgadas, sendo, tão somente, arbitrariamente encerradas.[50] Conforme bem pontua o jurista:

> A questão que se coloca, nesse contexto restritivo-sumarizante, não é tanto da legitimidade formal (por certo o legislador ordinário federal tem competência para legislar em matéria processual – CPC, art. 22, I), mas o da *legitimidade substancial*, isto é, saber *até que ponto* se justifica a compactação de um rito, a restrição do âmbito da defesa, a eliminação de um recurso ou a supressão do direito de ser citado, sem avançar perigosamente sobre o *núcleo duro* do devido processo legal que, por definição, abrange o "contraditório e a ampla defesa, com os meios de recursos a ela inerentes" (CF/1988, art.5º, LV).[51]

É dizer: um modelo simplesmente quantitativo de atuação jurisdicional não atente ao modelo processual proposto por nossa Carta da República, que demanda soluções céleres, mas, também, respostas adequadas e consistentes. E não poderia ser diferente, afinal, "se o Estado avoca a distribuição da justiça (e criminaliza a que é feita pelas próprias mãos), *ipso facto* assume, perante o jurisdicionado, o dever de ofertar uma resposta de qualidade, e não qualquer resposta".[52] É também o que nos recorda Barbosa Moreira:

> Se uma Justiça lenta demais é decerto uma Justiça má, daí não se segue que uma Justiça muito rápida seja necessariamente uma Justiça boa. O que todos devemos querer é que a prestação jurisdicional venha a ser melhor do que é. Se para torná-la melhor é preciso acelerá-la, muito bem: não, contudo, a qualquer preço.[53]

---

[50] MANCUSO, Rodolfo de Camargo. *Acesso à justiça*: condicionantes legítimas e ilegítimas. São Paulo: Revista dos Tribunais, 2011, p. 183.

[51] MANCUSO, Rodolfo de Camargo. *Acesso à justiça*: condicionantes legítimas e ilegítimas. São Paulo: Revista dos Tribunais, 2011, p. 291.

[52] MANCUSO, Rodolfo de Camargo. *Acesso à justiça*: condicionantes legítimas e ilegítimas. São Paulo: Revista dos Tribunais, 2011, p. 38-39.

[53] MOREIRA, José Carlos Barbosa. O futuro da Justiça: alguns mitos. In: *Temas de Direito Processual*: 8ª série, São Paulo: Saraiva, 2004.

Daí a nossa insistência pela impossibilidade de transmutarmos a baixa constitucionalidade que propiciou o atafulhamento da jurisdição para dentro do processo e dos procedimentos. Não há como aceitarmos que a crise de constitucionalidade que propiciou a saturação produtiva do Poder Judiciário sirva para legitimar, também no âmbito processual, o esvaziamento das garantias constitucionais. Incêndios não são combatidos com pólvora. Não podemos combater as consequências do déficit de constitucionalidade da modernidade com ainda menos constitucionalidade.

Não por outra razão, adotaremos como fio condutor do nosso estudo um instituto que, sem a devida filtragem constitucional, pode (e vem) oportunizando exatamente aquilo que não entendemos conveniente: um modelo jurisdicional estritamente numérico. Conforme demonstraremos, a grande maioria dos juristas pátrios (e, muitas vezes, o próprio legislador) encara as súmulas enquanto um verdadeiro facilitador do dever jurisdicional, capaz de, por si só, fundamentar uma decisão ou possibilitar cortes obstativos no procedimento.

Logicamente, não se desconsidera o relevante papel que a adoção de súmulas pode trazer ao Direito enquanto um todo íntegro e coerente. Ocorre que, sem o devido cuidado, o instituto pode servir, tão somente, como legitimador de uma criticável lógica produtiva, de "menos um". Compreensível, portanto, a necessidade de uma urgente releitura do tema.

CAPÍTULO 2

FIXANDO PARÂMETROS PARA DECISÕES QUALITATIVAMENTE ADEQUADAS: O DEVER DE FUNDAMENTAR LEVADO A SÉRIO – FUNÇÃO, IMPORTÂNCIA E CONTEÚDO DA FUNDAMENTAÇÃO DECISÓRIA NO ESTADO DEMOCRÁTICO DE DIREITO

Tudo aquilo abordado no capítulo anterior conduz à conclusão de que, em nosso Estado Constitucional, não podemos abrir mão da qualidade dos provimentos jurisdicionais. Necessário, então, esclarecermos o que uma decisão precisa para ser constitucionalmente adequada e por que isso importa tanto.

É evidente que a qualidade de um provimento não pode ser medida tão somente tomando em conta os atos decisórios em si, sendo decorrência lógica de todo um *iter* procedimental de igual qualidade. Entretanto, nosso estudo será pautado especificamente na questão na fundamentação das decisões. Isto, pois, um procedimento não dialético, que não respeite a ideia de contraditório amplo, jamais desembocará em uma decisão de qualidade. Daí podermos sustentar que a maneira pela qual as decisões judiciais são fundamentadas (sendo a decisão uma decorrência necessária do procedimento) funciona como verdadeiro termômetro qualitativo de um processo.

Assim sendo, o presente capítulo possui um duplo objetivo: (i) demonstrar a gigantesca importância da fundamentação decisória na contenção de arbítrios e voluntarismos do julgador; (ii) determinar alguns critérios imprescindíveis para que uma decisão se coloque qualitativamente, constitucionalmente e democraticamente apropriada.

Tais anotações se mostram imperiosas para que, na sequência, possamos entender o perigo e os riscos em aceitarmos qualquer "atalho" mecanicista ao dever de fundamentar. Tudo aquilo que será abordado no presente capítulo servirá como subsídio para que, posteriormente, possamos demonstrar que (e como) a utilização de súmulas no bojo da fundamentação de uma decisão deve ocorrer dentro de parâmetros constitucionalmente seguros. Isso, sob pena do ferramental tornar-se um risco para o próprio Estado Democrático.

2.1 Primeira parada: o papel da fundamentação no Estado Democrático de Direito – contenção de arbítrios e voluntarismos

O dever de fundamentação das decisões judiciais constitui legítimo direito fundamental do cidadão, previsto expressamente no artigo 93, IX da Constituição Federal de 1988.[54] Refere-se à necessidade de que qualquer decisão judicial seja motivada, explicada, justificada e contextualizada dentro do sistema jurídico vigente, garantindo assim transparência na atividade jurisdicional.[55]

Considerando que o juiz exerce verdadeiro poder, podendo seus atos afetar a esfera jurídica de outrem, o dever de fundamentação apresenta-se enquanto uma necessária "prestação de contas da atuação jurisdicional".[56] Com efeito, somente uma fundamentação idônea

---

[54] SILVA, Beclaute Oliveira. *A garantia fundamental à motivação da decisão judicial*. Salvador: Juspodivm, 2007.

[55] Quando falamos *qualquer* decisão, logicamente, queremos dizer qualquer decisão *com conteúdo decisório relevante*, passíveis de substituírem a vontade das partes. Assim sendo, em nosso sistema jurídico, somente as decisões interlocutórias e sentenças (e suas correspondentes no âmbito dos tribunais) necessitam de fundamentação. Isso bem explica Olavo de Oliveira Neto: "Então se pode afirmar que nos despachos não há verdadeiramente o traço da substitutividade, inerente ao exercício da jurisdição, na medida em que nada se decide. Por isso não há necessidade de fundamentar tal tipo de decisão. O mesmo não acontece, entretanto, com as decisões interlocutórias e as sentenças. Na medida em que possuem conteúdo decisório, torna-se imperioso que tais tipos de atos sejam devidamente fundamentados, permitindo que todos possam conhecer as razões pelas quais o magistrado foi levado a decidir da maneira pela qual optou por deliberar. Essas são as espécies apropriadas, portanto, para tratar da fundamentação das decisões judiciais." (OLIVEIRA NETO, Olavo de. Princípio da fundamentação das decisões judiciais. *In*: LOPES, Maria Elizabeth de Castro; OLIVEIRA NETO, Olavo de (coords). *Princípios processuais civis na Constituição*. Rio de Janeiro: Elsevier, 2008, p. 204).

[56] BUENO, Cassio Scarpinella. *Curso sistematizado de direito processual civil*: teoria geral do direito processual civil. 6. ed., rev. e atual. São Paulo: Saraiva, 2012, v. 1. p.171-172.

permitirá que controlemos o conteúdo e legitimidade democrática dos atos decisórios.[57]

Classicamente, a doutrina costuma apontar uma dupla função para o dever de fundamentar (ou motivar – usaremos aqui as expressões como sinônimas). Primeiramente, sob o ponto de vista endoprocessual, a fundamentação registra gigantesca importância no âmbito recursal. Isso, pois, é somente conhecendo as razões de decidir do magistrado que a parte poderá individualizar os erros por ele cometidos e, assim, impugnar de forma efetiva o ato. De outra monta, agora sob uma ótica extraprocessual, é a fundamentação que permitirá (não somente as partes envolvidas, mas toda a sociedade) o controle conteudístico do provimento, obrigando o juiz a sempre atuar segundo o sistema jurídico em que se encontra inserido, pautando suas decisões e em parâmetros democráticos e impessoais.[58] É o que nos recorda Olavo de Oliveira Neto:

> Realmente, para que se possa falar em exercício da democracia, torna-se necessário conceber mecanismos por meio dos quais o povo possa participar da atuação do poder. Se as atividades executiva e legislativa são legitimadas pelo voto direto, o mesmo não acontece com a atividade judiciária, já que em nosso País os juízes não são eleitos, como ocorre em alguns Estados americanos, mas recrutados mediante concursos públicos de provas e títulos. Por isso se torna fundamental permitir que o povo possa fiscalizar a atuação dos seus juízes, sendo a fundamentação das decisões o meio encontrado para tal finalidade.[59]

Conforme coerente juízo de Teresa Arruda Alvim Wambier, a perfeita compreensão do conteúdo intrínseco à garantia de motivação demanda sua leitura conjunta com outros dois princípios constitucionais: o princípio da publicidade dos atos emanados pelo Poder Público e o princípio da legalidade.[60]

---

[57] Nesse sentido, J. J. Calmon de Passos enfaticamente expôs que: "Decidir sem fundamentar é incidir no mais grave crime que se pode consumar num Estado de Direito Democrático. Se a fundamentação é que permite acompanhar e controlar a fidelidade do julgador tanto à prova dos autos como às expectativas colocadas pelo sistema jurídico, sua ausência equivale à prática de um ilícito e sua insuficiência ou inadequação causa de invalidade." (PASSOS, J. J. Calmon de. O magistrado, protagonista do processo jurisdicional? *Revista brasileira de direito público*, Belo Horizonte: Fórum, v. 24, p. 14, jan.-mar. 2009).

[58] Sobre essa dupla função do dever de motivar, ver: TARUFFO, Michele. La motivazione della sentenza. Genesis: *Revista de Direito Processual Civil*. v.1. n.1. jan.-abr. 1996.

[59] OLIVEIRA NETO, Olavo de. Princípio da fundamentação das decisões judiciais. *In*: LOPES, Maria Elizabeth de Castro; OLIVEIRA NETO, Olavo de (coords.). *Princípios processuais civis na Constituição*. Rio de Janeiro: Elsevier, 2008, p.202.

[60] WAMBIER, Teresa Arruda Alvim. *Recurso especial, recurso extraordinário e ação rescisória*. São Paulo: Revista dos Tribunais, 2008, p. 29-30.

Ora, se ninguém pode ser obrigado a fazer ou deixar de fazer algo senão em virtude de lei, somente com base em critérios democraticamente instituídos poderá o magistrado fundamentar validamente suas decisões. A lei vincula a todos, inclusive os juízes.[61]

Mas não basta que o juiz decida conforme o Direito posto. É necessário, também, que o conteúdo dos provimentos seja público, acessível a toda coletividade (ou, no mínimo, as partes do processo). Caso contrário, como poderíamos controlar as bases democráticas da decisão?

Assim, é o conjunto dessas garantias que guarnecerão o cidadão contra o arbítrio e contra a influência de pontos de vista pessoais do decisor, possibilitando o controle do raciocínio do juiz e um maior grau de previsibilidade no trato jurídico.[62]

A jurisdição não se apresenta enquanto um poder absoluto, mas, sim, mero poder decorrente da própria democracia.[63] Não por outra razão, deve ser exercido de forma transparente, racional, controlável e em sintonia com o ideal de Estado Democrático de Direito.[64]

Por consequência, uma fundamentação adequada sempre deverá decorrer de premissas impessoais, democraticamente consolidadas, expurgando voluntarismos indevidos do ato decisório.

Em um Estado Democrático, regido pelo império do Direito, a garantia de motivação assume o imprescindível papel de demonstrar, para as partes e para o público em geral, que a decisão adotada pelo magistrado é, sob uma ótica intersubjetiva, a melhor e mais adequada à luz do sistema jurídico vigente.

---

[61] ZIMMERMANN, Augusto. How Brazilian Judges Undermine the Rule of Law: a Critical Appraisal. *International Trade and Business Law Review*, v. 11. 2008. p. 179-217.

[62] WAMBIER, Teresa Arruda Alvim. *Recurso especial, recurso extraordinário e ação rescisória*. São Paulo: Revista dos Tribunais, 2008, p. 29-30.

[63] "L'obbligo costituzionale di motivazione nasce infatti dalla crisi dello Stato persona, autocratico ed estraneo rispetto alla società civile, e dal conseguente affermarsi del principio per cui la sovranità spetta al popolo. Sul piano della giurisdizione, cià significa che la giustizia non è piu una manifestazione della volontà del sovrano, o del Führerprinzip, ma risulta dall'esercizio di un potere che il popolo ha delegato al giudice." (TARUFFO, Michele. Il significato costituzionale dell'obbligo di motivazione. *In*: GRINOVER, Ada Pellegrini; DINAMARCO, Cândido Rangel; WATANABE, Kazuo (coord). Participação e processo. São Paulo: Revista dos Tribunais, 1988, p. 41).

[64] TARUFFO, Michele. Il significato costituzionale dell'obbligo di motivazione. *In*: GRINOVER, Ada Pellegrini; DINAMARCO, Cândido Rangel; WATANABE, Kazuo (coord). Participação e processo. São Paulo: Revista dos Tribunais, 1988, p.41-42.

2.2 Ainda a questão do arbítrio: fundamentação e indeterminação do direito

Por mais elucidativo que uma lei possa parecer, enquanto dado linguístico, sempre estará sujeita a diferentes interpretações. Textos são (e sempre serão) interpretáveis.[65]

Tal constatação não é uma verdadeira novidade dentro da ciência jurídica, já tendo sido há muito percebida por Hans Kelsen no capítulo oitavo de sua "Teoria Pura do Direito", em que a plurissignificação dos textos legais é expressamente admitida.[66]

Ali, Kelsen expõe que a lei, enquanto texto que é, sempre comportaria diferentes sentidos, cabendo ao aplicador (dentre todas as possibilidades interpretativas semanticamente admissíveis para uma mesma lei – o que vem a chamar de "moldura da norma")[67] a *escolha* da interpretação que julgue melhor ou mais adequada. Por sua importância e elucidação, transcrevemos aqui as palavras do autor:

> Se por "interpretação" se entende a fixação por via cognoscitiva do sentido do objeto a interpretar, o resultado de uma interpretação jurídica somente pode ser a fixação da moldura que representa o Direito a interpretar e, consequentemente, o conhecimento das várias possibilidades que dentro desta moldura existem. Sendo assim, a interpretação de uma lei não deve necessariamente conduzir a uma única solução como sendo a única correta, mas possivelmente a várias soluções que - na medida em que apenas sejam aferidas pela lei a aplicar - têm igual valor, se bem que apenas uma delas se torne Direito positivo no ato do

---

[65] GRAU, Eros Roberto. *Por que tenho medo dos juízes*. São Paulo: Malheiros, 2013, p.78.
[66] Para o jurista, "a interpretação jurídico-científica tem de evitar, com o máximo cuidado, a ficção de que uma norma jurídica apenas permite, sempre e em todos os casos, uma só interpretação: a interpretação correta". E arrebata: "Isto é uma ficção de que se serve a jurisprudência tradicional para consolidar o ideal da segurança jurídica. Em vista da plurissignificação da maioria das normas jurídicas, este ideal somente é realizável aproximativamente". (KELSEN, Hans. *Teoria pura do direito*. 6. ed. São Paulo: Martins Fontes, 1998. p. 251).
[67] Narra Kelsen que: "O ato jurídico que efetiva ou executa a norma pode ser conformado por maneira a corresponder a uma ou outra das várias significações verbais da mesma norma, por maneira a corresponder à vontade do legislador - a determinar por qualquer forma que seja - ou, então, à expressão por ele escolhida ou por forma a corresponder a uma ou a outra das duas normas que se contradizem ou por forma a decidir como se as duas normas em contradição se anulassem mutuamente. O Direito a aplicar forma, em todas essas hipóteses, uma moldura dentro da qual existem várias possibilidades de aplicação, pelo que é conforme ao Direito todo ato que se mantenha dentro deste quadro ou moldura, que preencha esta moldura em qualquer sentido possível." (KELSEN, Hans. *Teoria pura do direito*. 6. ed. São Paulo: Martins Fontes, 1998. p. 247).

órgão aplicador do Direito - no ato do tribunal, especialmente. Dizer que uma sentença judicial é fundada na lei não significa, na verdade, senão que ela se contém dentro da moldura ou quadro que a lei representa - não significa que ela é a norma individual, mas apenas que é uma das normas individuais que podem ser produzidas dentro da moldura da norma geral.[68]

Com efeito, da mesma forma que, tomando por base certa Constituição, poderia o legislador produzir um sem número de leis constitucionalmente adequadas, o aplicador do direito, frente a um texto legal, dele também poderia extrair variadas interpretações, em um processo de verdadeira *escolha política*:[69]

> A questão de saber qual é, de entre as possibilidades que se apresentam nos quadros do Direito a aplicar, a "correta", não é sequer - segundo o próprio pressuposto de que se parte – uma questão de conhecimento dirigido ao Direito positivo, não é um problema de teoria do Direito, mas um problema de política do Direito. A tarefa que consiste em obter, a partir da lei, a única sentença justa (certa) ou o único ato administrativo correto é, no essencial, idêntica à tarefa de quem se proponha, nos quadros da Constituição, criar as únicas leis justas (certas). Assim como da Constituição, através de interpretação, não podemos extrair as únicas leis corretas, tampouco podemos, a partir da lei, por interpretação, obter as únicas sentenças corretas.[70]

Diante das duas transcrições supra, podemos perceber que o positivismo kelseniano aceita e afirma a existência de variados sentidos possíveis para um mesmo texto, mas relega o problema da aplicação do direito ao solipsismo do julgador, *não se preocupando verdadeiramente com uma teoria da decisão*.[71] Dentro dos variados sentidos semânticos comportados por um dispositivo legal (moldura da norma), o intérprete

---

[68] KELSEN, Hans. *Teoria pura do direito*. 6. ed. São Paulo: Martins Fontes, 1998. p. 247.
[69] Nessa esteira, leciona Friedrich Müller que, em Kelsen, a interpretação "é concluída por meio de um ato de geração da norma, que aparece como um mero ato de vontade, cujas medidas não propõem nenhum problema de teoria jurídica ou genericamente de direito positivo, mas apenas um problema de política judiciária." (MÜLLER, Friedrich. *Teoria estruturante do direito*. São Paulo: Revista dos Tribunais, 2011, p. 30).
[70] KELSEN, Hans. *Teoria pura do direito*. 6. ed. São Paulo: Martins Fontes, 1998. p. 249.
[71] Friedrich Müller chega a afirmar que, por resumir o ato interpretativo a uma questão de política judiciária, "a teoria pura não pode dar nenhuma contribuição para uma teoria aproveitável da interpretação". (MÜLLER, Friedrich. *Teoria estruturante do direito*. São Paulo: Revista dos Tribunais, 2011).

teria ampla e livre possibilidade de movimentação, tornando o ato interpretativo um simples ato individual de escolha pelo "melhor" sentido.[72]

Não por outra razão, diz-se que Kelsen foi um pessimista em relação a aplicação do Direito, considerando o relativismo algo inescapável.[73] Frente à pluralidade de sentidos de uma lei, caberia ao aplicador, em um ato político equiparado àquele exercido pelo legislador, a opção pelo sentido que melhor lhe aprouvesse. Assim, ao fim e ao cabo, a interpretação seria um ato solitário e subjetivista, pautado unicamente nas convicções do intérprete. Dividir-se-ia em uma etapa puramente cognitiva (de definição da moldura da norma), seguida de uma etapa estritamente volitiva (de escolha pelo melhor significado).

A essa altura de nossa explanação, talvez o interlocutor esteja se perguntando como, afinal, a questão da plurissignificação dos textos legais e da interpretação jurídica se relacionaria à questão da fundamentação das decisões judiciais. Por quais motivos realizar esses aportes que, concordamos, remetem muito mais à teoria geral do Direito do que à dogmática processual?

A questão, entretanto, é muito mais simples do que parece. A concepção de interpretação jurídica e decisão judicial adotada no Brasil ainda encontra estrita consonância com o método voluntarista proposto por Kelsen[74] e isso traz inúmeros efeitos sob a forma como

---

[72] O fato de Hans Kelsen pouco ter se preocupado em desenvolver propriamente uma teoria da decisão, relegando a interpretação jurídica a um ato de vontade do aplicador, possui uma justificativa consideravelmente lógica: o propósito do teórico, como o próprio nome de sua tese sugere, foi desenvolver uma teoria pura do Direito, totalmente desvinculada de elementos valorativos ou axiológicos. Isso, entretanto, não significa dizer que Kelsen negava a inter-relação entre Direito e valores como Justiça ou Moral, ou entre o Direito e outras áreas do saber. Significa, tão somente, que, para a construção de uma "teoria pura", o jurista buscou dentro da ciência jurídica o único elemento que poderia ser teorizado de forma indiferente (e, portanto, descontaminada) a tais influências. Assim, como sabia que no momento da aplicação prática jamais conseguiria desvincular o Direito de elementos valorativos, Kelsen voltou toda a sua atenção ao *ordenamento jurídico*, sua *estruturação* e *legitimação interna*. Conforme pontua Streck: "No fundo, Kelsen estava convicto de que não era possível fazer ciência sobre uma casuística razão prática. Com efeito, não é sem razão que a interpretação judicial é tratada como um apêndice em sua Teoria Pura do Direito e apenas apresenta interesse para auxiliar a diferenciação entre a interpretação que o cientista do direito realiza e aquela que os órgãos jurídicos proferem em suas decisões. Visível a importância secundária dada à aplicação do direito pelos juízes." (STRECK, Lenio Luiz. *Contra o neoconstitucionalismo*. Constituição, Economia e Desenvolvimento: Revista da Academia Brasileira de Direito Constitucional. Curitiba, 2011, n. 4, jan-jun, p. 16).

[73] STRECK, Lenio Luiz. Contra o neoconstitucionalismo. Constituição, Economia e Desenvolvimento: *Revista da Academia Brasileira de Direito Constitucional*. Curitiba, n. 4, p. 16. jan.-jun, 2011.

[74] Nesse sentido, ver: STRECK, Lenio Luiz. *Verdade e Consenso*: constituição, hermenêutica e teorias discursivas. 4. ed. São Paulo: Saraiva, 2011; STRECK, Lenio Luiz. Aplicar a "letra da lei" é uma atitude positivista? *Novos estudos jurídicos*, v. 15, n. 1, p. 158-173, jun. 2010.

nossas decisões são (mal) fundamentadas.[75] No Brasil, ainda se acredita que o sentido dos textos legais se encontra à disposição do intérprete, para que este "pince" ou escolha o sentido que mais lhe parece acertado. Pior: sem que tal escolha seja devidamente fundamentada no ato decisório. A problemática foi magistralmente explorada por Ovídio Baptista:

> Supõe o sistema que aos magistrados baste fundamentar o julgado, dizendo que assim o fazem por haver incidido tal ou qual norma legal. Sabendo, porém, que a norma comporta duas ou mais compreensões; sabendo igualmente que o sentido originário do texto – se é que, em algum momento, ele existiu – pode transformar-se com o tempo, a conclusão será de que, quando o juiz disser que julga de tal ou qual modo porque esse é o sentido da norma aplicável, ele ainda não forneceu nenhum fundamento válido da sentença. Escolhendo "livremente" o sentido que lhe pareceu adequado, sem justificá-lo, o julgador não teria ido além do raciocínio formulado por alguém proibido de explicitar os fundamentos da decisão. (...)
> Admitindo que a norma pode oferecer – e normalmente oferece – mais de um sentido, caberia indagar qual o sentido a que ele dera preferência; e por quê. Por que rejeitara as demais interpretação igualmente legítimas?[76]

Facilmente perceptível, portanto, a gigantesca inter-relação entre o ato interpretativo e o dever de fundamentação das decisões judiciais. Trata-se de tema que comporta variadas abordagens, sendo que, de pronto, podemos apontar três.[77] Primeira: possuindo o texto mais de um significado, uma decisão que se limite à indicação, à reprodução ou à paráfrase de ato normativo jamais estará suficientemente

---

[75] SCHMITZ, Leonard Ziesemer. *Fundamentação das decisões*: a crise na construção de respostas no processo civil. São Paulo: Revista dos Tribunais, 2015 (Coleção Liebman).

[76] SILVA, Ovídio A. Baptista da. *Fundamentação das sentenças como garantia constitucional*. In: Direito, Estado e Democracia. Entre a realidade e o imaginário social. Porto Alegre: instituto de hermenêutica jurídica, v. 1, n. 4, 2006.

[77] A discussão ganhará gigantesca importância também em momento posterior desse estudo, quando abordamos a utilização de súmulas como parâmetro de julgamento para casos novos. Isto, pois, seja qual for a natureza da fonte jurisprudencial (sentença, súmula, acórdão...) invocada para fundamentar um caso, tal qual a lei, ela nunca perderá a sua qualidade de texto. E, sendo texto, sua aplicação, da mesma forma que acontece com a lei, nunca prescindirá de interpretação. Significa dizer: uma súmula, sentença ou acórdão jamais se bastará para, por si e sem a necessidade de maiores esforços interpretativos, solucionar um caso. A questão, por demais intrigante, será amplamente debatida em momento oportuno.

fundamentada.[78] Segunda: uma decisão na qual a interpretação de um texto seja, aos melhores moldes kelsenianos, realizada de forma solipsista e encarada enquanto uma mera escolha pessoal do julgador, sem qualquer justificativa jurídica, não restará adequadamente fundamentada. Terceira: para se mostrar legítima, a fundamentação de uma decisão sempre demandará que o julgador demonstre que a sua opção interpretativa, à luz do ideal de integridade e coerência do direito, é a melhor escolha possível.

É evidente: não podemos, em pleno Estado Constitucional, continuar encarando com normalidade o ato interpretativo enquanto um (desmotivado) ato de vontade do julgador. Muito menos aceitarmos que a mera compilação de dispositivos de lei se preste a fundamentar uma decisão.

O problema ganha ainda maior relevância quando estamos diante de textos normativos compostos por cláusulas abertas e conceitos jurídicos indeterminados que, por sua própria natureza semântica mais fluída, acabam conferindo ao julgador uma margem ainda maior de manobra interpretativa.[79] A mesma inquietação ao trabalharmos com princípios jurídicos, cujo conteúdo normativo dificilmente é historicamente reconstruído pelo aplicador, de forma que, no dia a dia forense, parecem ter seu sentido e alcance transmudado conforme as preferências de cada magistrado.[80]

Em todos esses casos a definição do jurídico vem sendo relegada a fatores ideológicos e políticos do próprio julgador.[81] Mas, cabe-nos indagar: tal modo de aturar encontra guarida dentro de um Estado Democrático?

Conforme bem expõe Ronaldo Brêtas de Carvalho Dias, a concepção de Estado Democrático de Direito tem por marca a *legitimação popular do poder político* (democracia) somada à *limitação do poder estatal*

---

[78] Tal posicionamento, inclusive, foi adotado expressamente pelo NCPC/15, art. 489: §1º Não se considera fundamentada qualquer decisão judicial, seja ela interlocutória, sentença ou acórdão, que: I - se limitar à indicação, à reprodução ou à paráfrase de ato normativo, sem explicar sua relação com a causa ou a questão decidida;

[79] Conferir: WAMBIER, Teresa Arruda Alvim. *Recurso especial, recurso extraordinário e ação rescisória*. São Paulo: Revista dos Tribunais, 2008.

[80] Ver: OLIVEIRA, Rafael Thomaz de. *Decisão judicial e o conceito de princípio*. Porto Alegre: Livraria do Advogado, 2008.

[81] Sobre o tema ver: NERY JUNIOR, Nelson. ABBOUD, Georges. *Ativismo judicial como conceito natimorto para consolidação do Estado Democrático de Direito*: as razões pelas quais a justiça não pode ser medida pela vontade de ninguém. *In*: DIDIER JR, Freddie; José NALINI Renato; RAMOS Glauco Gumerato; LEVY Wilson. (Org.). *Ativismo Judicial e Garantismo Processual*. 1. ed. Salvador: Juspodivm, v. 1, p. 525-546, 2013.

pela normatividade constitucional e infraconstitucional (Estado de Direito).[82] De se concluir, então, que, no bojo de um Estado Democrático de Direito, a atuação jurisdicional, eis que não detentora de legitimação democrática, jamais poderá ser encarada enquanto poder político propriamente dito. Ainda, tratando-se do exercício de um poder estatal, a atividade jurisdicional deverá sempre ser limitada e balizada por critérios jurídicos.

Fique claro que, com isso, de maneira nenhuma estamos negando o desempenho de um *papel* político por parte do judiciário. É lógico que os juízes integram o sistema Estatal de poder e, nessa condição, suas decisões poderão trazer inúmeras consequências no âmbito político. A própria Constituição Federal de 1988 ampliou consideravelmente o campo de ingerência política do Poder Judiciário, consagrando a possibilidade de controle de constitucionalidade das leis. Da mesma sorte, ao atribuir ao Estado um amplo leque de obrigações (ou promessas) sociais, eivando-as de normatividade, possibilitou a judicialização de questões que, anteriormente, não o seriam.[83]

Assim sendo, diante do modelo constitucional vigente, é certo que a atuação do Poder Judiciário poderá gerar grandes efeitos no campo político – essa não é a nossa inquietação. Nossa insurgência, sim, dirige-se, à aceitação (ou equiparação) do momento interpretativo-aplicativo do Direito a um ato de escolhas políticas do julgador e ao seu insistente descompasso com a necessidade de fundamentação de tais escolhas. No bojo de um Estado Democrático, cumpre-nos indagar *sob quais bases* deverão ser tomadas as decisões jurisdicionais: sob argumentos jurídico-democráticos ou sob argumentos político-voluntaristas.[84]

Isto, pois, após toda a luta da humanidade contra o arbítrio do poder político (no Brasil, em especial, contra os regimes ditatoriais, resultando na própria promulgação da Constituição Federal de 1988), parece-nos padecer de qualquer coerência lógica persistir concordando com a concepção de decisão jurídica enquanto um simples ato subjetivo

---

[82] DIAS, Ronaldo Brêtas de Carvalho. *Processo Constitucional e Estado Democrático de Direito*. 2 . ed., rev. e ampl. Belo Horizonte: Del Rey, 2012.
[83] Vide capítulo 1.
[84] A razão de ser de tal inquietação é magistralmente sintetizada por Dworkin: "A democracia supõe igualdade de poder político, e se decisões genuínas são tiradas do legislativo e entregue aos tribunais, então o poder político dos cidadãos individuais, que elegem legisladores mas não juízes, é enfraquecido, o que é injusto" (DWORKIN, Ronald. *Uma Questão de Princípio*. Tradução de Luis Carlos Borges. 2. ed. São Paulo: Martins Fontes, 2005).

do julgador. Pior: no mais das vezes, sem que sequer seja devidamente fundamentada a escolha feita.[85]

Aceitar esse tipo de voluntarismo significa anuir com o mero realocamento do poder político que, se outrora era concentrado nas mãos de regimes autoritários-ditatoriais, agora passa a tomar assento dentro da atividade jurisdicional. Nas palavras de Streck, Tassinari e Lima, tal situação acaba por criar

> apenas um deslocamento da vontade: se antes de 1988, com o Judiciário enfraquecido, prevalecia a vontade (arbitrária) do Executivo, a partir de 1988, por um desvio do que está previsto na Constituição, passa a valer a vontade (discricionária) dos juízes, os quais, muitas vezes, decidem por critérios políticos. Volta-se, portanto, ao grande dilema da relação Direito e Política.[86]

Queremos com isso dizer que uma maior atuação e importância conferida pela Constituição de 1988 ao Poder Judiciário deve trazer consigo também um aumento da responsabilidade democrática de quem exerce a função jurisdicional.[87] Da mesma sorte que, no passado, o personalismo do poder político fragilizou as Constituições e a Democracia, atualmente, o personalismo judicial desmedido também pode prejudicar a nova Constituição e a nova Democracia.[88] Com efeito,

> a discussão alcança o patamar da democracia. Não teria sentido que, neste período da história, depois da superação dos autoritarismos/totalitarismos surgidos no século XX e no momento em que se alcançou

---

[85] Daí se sustentar que "a história da exigência da fundamentação da decisão judicial é a história da contenção do arbítrio do julgador". (RAMIRES, Maurício. *Crítica à Aplicação de Precedentes no Direito Brasileiro*. Porto Alegre: Livraria do Advogado, 2010).

[86] STRECK, Lenio Luiz. TASSINARI, Clarissa. LIMA, Daniel Pereira. A relação direito e política: uma análise da atuação do Judiciário na história brasileira. Pensar, Fortaleza: v. 18, n. 3, p.737-758, set.-dez. 2013.

[87] "Em um regime democrático, o magistrado faz escolhas apenas em sua vida privada; já no âmbito do Poder Judiciário, suas decisões devem lançar argumentos de integridade e coerência, que emanam da própria comunidade política. É preciso compreender que a redefinição do papel exercido pelo Poder Judiciário não elevou sua posição institucional a uma atuação totalmente arbitrária, livre de qualquer controle democrático. Portanto, impedir a manifestação de ativismos judiciais contribui para a institucionalização de uma verdadeira blindagem contra os predadores da autonomia do Direito." (STRECK, Lenio Luiz. TASSINARI, Clarissa. LIMA, Daniel Pereira. A relação direito e política: uma análise da atuação do Judiciário na história brasileira. Pensar, Fortaleza: v. 18, n. 3, p. 737-758, set.-dez. 2013).

[88] STRECK, Lenio Luiz. TASSINARI, Clarissa. LIMA, Daniel Pereira. A relação direito e política: uma análise da atuação do Judiciário na história brasileira. Pensar, Fortaleza: v. 18, n. 3, p.737-758, set.-dez. 2013.

esse (elevado) patamar de discussão democrática do Direito, se viesse a depender da discricionariedade dos juízes na discussão dos assim denominados "casos difíceis". Dito de outro modo, isso significa substituir a democracia pela "vontade do poder" (entendido como o último princípio epocal da modernidade) dos juízes. A produção democrática do Direito – que é esse plus normativo que caracteriza o Estado Democrático de Direito – é um salto para além do paradigma subjetivista.[89]

É sabido que o traço mais marcante da atividade jurisdicional é a sua inerente possibilidade de ingerência na esfera alheia, é dizer, a sua qualificação enquanto um exercício de poder estatal. Diz a doutrina processual clássica que a jurisdição fará atuar a vontade concreta do direito objetivo; dentro de uma concepção pós-positivista do direito, a atividade jurisdicional construirá a norma jurídica para o caso concreto levado à sua apreciação. Entretanto, sob qualquer dessas óticas, a atuação jurisdicional, enquanto verdadeiro desdobramento do Poder Estatal, far-se-á impor, de forma coercitiva, sobre a vontade do jurisdicionado.

É exatamente sob essa perspectiva que a discussão quanto aos balizamentos democráticos para a atuação do poder judiciário impõem-se fundamental. É de se questionar se, em pleno Estado Democrático de Direito, poderia o Estado, legitimamente, ingerir na esfera alheia com base em desmotivadas posições voluntaristas de seus agentes.[90]

Enquanto permanecermos arraigados à concepção de decisão jurídica como um ato individual pelo qual o julgador, mesmo que limitado pelas fronteiras semânticas do texto, possa livremente escolher o sentido que mais lhe apeteça, estaremos aceitando que, mesmo sob

---

[89] STRECK, Lenio Luiz. Hermenêutica, Constituição e autonomia do Direito. *Revista de Estudos Constitucionais, Hermenêutica e Teoria do Direito* (RECHTD) v. 1, n. 1, p. 65-77. jan.-jun 2009.

[90] A mesma preocupação é aventada por Ronaldo Brêtas de Carvalho Dias, que, com o fito de combater o subjetivismo judicial, aposta na valorização do devido processo legal e, em especial, na ideia de amplo e efetivo contraditório. Vejamos: "O estado só pode agir, se e quando chamado a exercer a função jurisdicional, dentro de uma estrutura metodológica construída normativamente (devido processo legal), de modo a garantir adequada participação dos destinatários na formação do seu ato decisório imperativo. Com essa metodologia afasta-se qualquer subjetivismo ou ideologia do agente público decisor (juiz), investido pelo Estado no poder de julgar, sem espaço para a discricionariedade ou utilização hermenêutica canhestra fundada no prudente ou livre arbítrio do julgador ou prudente critério do juiz, incompatível com os postulados do Estado Democrático de Direito." (DIAS, Ronaldo Brêtas de Carvalho. *Processo Constitucional e Estado Democrático de Direito*. 2 . ed., rev. e ampl. Belo Horizonte: Del Rey, p. 36. 2012).

a égide de um Estado Democrático, manifestações do Poder estatal possam escorar-se na subjetividade de um único agente público (pior: sem nenhuma credencial democrática).[91] Se qualquer interpretação, desde que comportável pelo texto, poderá ser válida, "fazer valer o direito no caso concreto" (utilizando-nos da tradicional conceituação de jurisdição) colocar-se-ia absolutamente sinônimo de "fazer valer a vontade do julgador no caso concreto". Sintomático aqui o alerta de Lenio Streck no sentido de que, "quando o intérprete decide conforme lhe convém, não há direito; há, apenas, o direito dito pelo intérprete".[92]

Nessa senda, aceitar que o ato decisório é uma simples questão de preferência pessoal, sem exigir-se uma válida, justificável e intersubjetiva fundamentação para tanto, significa, em última medida, sustentar que a função do Poder Judiciário é dar coercibilidade a um ato individual de vontade do julgador. Isto, sem falarmos da total impossibilidade de controle de uma decisão proferida nesses termos.[93]

Não por outra razão, muito nos assustam alguns recentes posicionamentos doutrinários que, sem qualquer preocupação com uma teoria constitucionalmente adequada da decisão jurídica, tendem a alocar toda carga de definição do jurídico nas mãos de nossas Cortes Superiores. É claro que, dentro de nossa estrutura constitucional, as decisões de nossos órgãos de cúpula possuem gigantesca importância no processo de construção normativa. Entretanto, dizer que cabe ao STF e ao STJ a última palavra em matéria constitucional e infraconstitucional

---

[91] Nesse diapasão, com a excelência que lhe é peculiar, Georges Abboud elucida o tema: "Desse modo, de nada adianta a Constituição e o processo democrático se admitirmos que as questões jurídicas possam ser julgadas por parâmetros extrajurídicos, em regra, correspondentes à consciência e à vontade do julgador. Nesse contexto, o círculo democrático não fecha. A ponta da decisão judicial, na qual o jurisdicionado deve(ria) ter seu direito tutelado e reparado, continua aberta porque admite o uso da discricionariedade. Quando a questão jurídica do cidadão é examinada por um juízo discricionário, na realidade, está sendo-lhe conferida uma resposta não jurídica". (ABBOUD, Georges. *Discricionariedade administrativa e judicial*: o ato administrativo e a decisão judicial. São Paulo: Revista dos Tribunais, p. 484. 2014). No mesmo sentido, ver também: PASSOS, J. J. Calmon de. Avaliação crítica das últimas reformas do processo civil. *In*: *Ensaios e Artigos*. v. 1. Salvador: Juspodivm, p. 127, 2014.

[92] STRECK, Lenio Luiz. *Compreender Direito*: desvelando as obviedades do mundo jurídico. 2. ed. São Paulo: Revista dos Tribunais, 2014, v.1.

[93] É o que arremata Abboud: "(...) não bastasse a clara perda democrática para o cidadão que teria sua questão jurídica solucionada com base na discricionariedade, a esse jurisdicionado também seria negado a possibilidade de realizar qualquer avaliação qualitativa da decisão jurídica, uma vez que, no contexto da discricionariedade, há uma multiplicidade de respostas corretas para o mesmo caso jurídico, ainda que contraditórias entre si." (ABBOUD, Georges. *Discricionariedade administrativa e judicial*: o ato administrativo e a decisão judicial. São Paulo: Revista dos Tribunais, 2014).

é dizer muito pouco. Primeiramente, coloca-se necessário discutir seriamente *como* esta última palavra deverá ser proferida.[94]

Em termos simples: aos Tribunais Superiores cabe o papel constitucional de pacificação de divergências, mas, por igual imposição constitucional, essa pacificação deverá encontrar-se fundamentada sob parâmetros intersubjetivos. Uma coisa sem a outra desembocará em puro arbítrio.

Raciocínios simplistas de que, diante de dúvidas interpretativas na aplicação do direito, caberia às Cortes Superiores a escolha do melhor sentido da lei ou da Constituição, sem uma prévia preocupação com a qualidade e o DNA democrático das decisões ali proferidas, implicaria uma perigosa aproximação àquilo que outrora fora sustentado dentro do realismo jurídico. O Direito nada mais seria do que aquilo que os Tribunais dissessem que ele é! Eis o motivo pelo qual, antes de discutirmos a importância que deve ser conferida às decisões dos tribunais superiores, mostra-se necessário discutirmos a qualidade das decisões ali proferidas.[95]

Quando falamos em voluntarismo interpretativo, falamos em poder em sentido próprio, chegando-se a sustentar que "adquirir poder é adquirir discricionariedade; perder poder é perder discricionariedade".[96] Nesse ponto, diante do seu brilhantismo, as palavras de Calmon de Passos criticando as reformas processuais no Brasil merecem registro:

---

[94] Já tivemos a oportunidade de escrever sobre o tema, levantando as seguintes indagações: "Enquanto não combatermos o imaginário de que a interpretação é uma questão de escolha, de vontade, de que adianta falarmos em precedentes? Ou será que precedentes fixados com base em posturas ativistas por parte das Cortes Superiores, resolverão todo problema? É dizer: a definição do que é o Direito dependerá da vontade, das convicções e das ideologias de alguns ministros sem qualquer credencial democrática? Ao fim e ao cabo, não estaríamos reduzindo o Direito ao "senso de justiça" dos nossos julgadores?". (LUNELLI, Guilherme. ABBOUD, Georges. *Ativismo judicial e a instrumentalidade do processo*: diálogos entre discricionariedade e democracia. RePro. v. 242. ano 40. p. 19-45. São Paulo: Revista dos Tribunais, abril 2015).

[95] Trata-se da mesma preocupação de Dierle Nunes: "Perceba-se que a tendência moderna do papel das Cortes de sobreposição é o de sua atuação como "Corte de Precedentes", mas para que tal seja viável e legítima é necessário analisar se em nosso país nossos Tribunais superiores constroem, aplicam e interpretam adequadamente precedentes ou se nós apenas formamos julgados (decisões isoladas e mal dimensionadas) e a elas atribuímos força de padrão decisório para resolver um problema quantitativo de nosso sistema." (NUNES, Dierle. Precedentes, padronização decisória preventiva e coletivização. Paradoxos do sistema jurídico brasileiro: uma abordagem Constitucional democrática. *In*: *Direito Jurisprudencial*. WAMBIER, Teresa Arruda Alvim (coord.) São Paulo: Revista dos Tribunais, 2012, p. 267).

[96] PICARDI, Nicola. *Jurisdição e processo*. Rio de Janeiro: Forense, 2008, p. 15.

Onde há poder há o risco efetivo de arbítrio. Se é fundamental limitar-se o arbítrio do legislador e do administrador, mais fundamental limitar-se o arbítrio do juiz. Só ele tem condições de tornar o arbítrio irreversível. E há arbítrio sempre que se atribui poder a alguém sem efetiva determinação de limites e sem institucionalização de mecanismos que assegurem a efetivação da responsabilidade dos detentores do poder atribuído. Toda a reforma foi feita em favor da ampliação do poder do juiz sem nenhum cuidado com precisar os seus limites nem com institucionalizar os meios de efetivar a responsabilidade. E isso foi feito sob a falsa motivação de se estar perseguindo a efetividade e celeridade da tutela jurisdicional. A arguição do que se cuida do possível, enquanto não se pode ter o desejável.[97]

Ora, a concretização da função jurisdicional se apresenta enquanto um ato estatal imperativo, manifestação do poder do Estado. Assim, jamais poderá ser arbitrário, mas, sim, poder constitucionalmente organizado, delimitado, exercido e controlado conforme as diretivas do princípio do Estado Democrático de Direito.[98] Daí a urgente necessidade de criarmos condições de controle sobre o ato interpretativo-decisório e primarmos por uma concepção conteudística de norma jurídica, democraticamente estruturada e devidamente fundamentada.[99]

Não por outra razão, a resposta para o voluntarismo encontra estreita relação com a própria questão da fundamentação das decisões. É na fundamentação que o julgador deverá demonstrar o como e o porquê a opção decisória que adotou é a melhor possível.[100] Só assim uma decisão restará devidamente fundamentada; só assim uma decisão será controlável. Necessário, portanto, impormos aos nossos julgadores

---

[97] PASSOS, J.J. Calmon de. Avaliação crítica das últimas reformas do processo civil. In: Ensaios e Artigos. v.1. Salvador: Juspodivm, 2014, p. 127.
[98] DIAS, Ronaldo Brêtas de Carvalho. Processo Constitucional e Estado Democrático de Direito. 2. ed., rev. e ampl. Belo Horizonte: Del Rey, 2012, p. 35.
[99] MÜLLER, Friedrich. Teoria Estruturante do Direito. São Paulo: Revista dos Tribunais, 2008
[100] Isto, pois: "conceder aos juízes o poder de livre atribuição sobre o Direito deve ser considerado uma postura autoritária, capaz de acarretar graves prejuízos ao regime democrático. Desse modo, a atuação do Judiciário deve ser limitada não por meio de um controle político de seus atos normativos, mas por um controle hermenêutico. Isso é fundamental para quem continua compreendendo o constitucionalismo como uma técnica de limitação do poder, trabalhando sempre sob uma perspectiva de defesa da autonomia do Direito frente às constantes investidas do poder político. O constitucionalismo contemporâneo aposta na autonomia do Direito para delimitar a transformação das relações jurídico-institucionais, protegendo-as do constante perigo das arbitrariedades políticas. (STRECK, Lenio Luiz. TASSINARI, Clarissa. LIMA, Daniel Pereira. A relação direito e política: uma análise da atuação do Judiciário na história brasileira. Fortaleza: Pensar, 2013 v. 18, n. 3, set.-dez. 737-758, p. 749).

o ônus de demonstrar, motivada e dialeticamente, que a sua resposta jurídica é, sob premissas intersubjetivas, *a correta*.

2.3 Fundamentação e o dever de lealdade do juiz: a demonstração da busca pela resposta correta, coerência e integridade do fenômeno jurídico

Finalizamos o tópico anterior falando que, em um Estado Democrático, caberia ao juiz demonstrar, na fundamentação, que a sua resposta para o caso é a correta. A assertiva merece especial atenção.

É evidente que, no atual estágio do conhecimento jurídico, não podemos sustentar existir uma fórmula mágica capaz de, livre de erros, garantir que uma decisão, absolutamente e indiscutivelmente, será a correta. Se isso existisse, não tardaríamos a substituir nossos juízes por programas de computador, definitivamente menos suscetíveis a equívocos.

Entretanto, a ausência de tal 'fórmula' não pode significar que, no momento de decidir, possua o julgador plena liberdade de ingerência sobre a lei, sobre a realidade e, em última medida, sobre o próprio conteúdo do Direito. A ausência de demonstração empírica quanto à efetiva possibilidade de atingirmos respostas "comprovadamente" corretas não pode ser encarada como um álibi teórico capaz de reafirmar o ato decisório enquanto um ato de simples escolha, atrelado às preferências pessoais do julgador. Tal modo de encarar a realidade jurídica não se mostra condizente com a ideia de Estado Democrático e não se sustenta perante o paradigma pós-positivista do Direito.[101]

Hoje, para grande parcela dos juristas de nosso país, todo e qualquer ato decisório ou interpretativo, desde que "fundamentado de forma plausível", seria juridicamente aceitável. Assim, a interpretação e a decisão judicial acabam sendo, com naturalidade, encaradas como verdadeiros atos volitivos do aplicador, em um reinado do subjetivismo

---

[101] Para maior aprofundamento sobre a busca pela resposta correta, ver: DWORKIN, Ronald. *O império do Direito*. Tradução de Jefferson Luiz Camargo. São Paulo: Martins Fontes, 1999; DWORKIN, Ronald. *Uma Questão de Princípio*. Tradução de Luis Carlos Borges. 2. ed. São Paulo: Martins Fontes, 2005. ABBOUD, Georges. *Discricionariedade administrativa e judicial*: o ato administrativo e a decisão judicial. São Paulo: Revista dos Tribunais, 2014. STRECK, Lenio Luiz. *Verdade e Consenso*: constituição, hermenêutica e teorias discursivas. 4. ed. São Paulo: Saraiva, 2011. MOTTA, Francisco José Borges. *Levando o direito a sério*: uma crítica hermenêutica ao protagonismo judicial. 2. rev. e ampl. Porto Alegre: Livraria do Advogado.

e da discricionariedade. Nesse contexto, o Direito acaba perdendo sua razão de ser, se prestando, quando muito, a corrigir excentricidades. Daí a razão pela qual sustentarmos que o Direito, fenômeno complexo que é, não pode se resumir a um ato individual de vontade, não estando o julgador (e nem podendo estar) livre para decidir e interpretar da maneira que melhor lhe aprouver. Devemos ter em mente que:

> o juiz não pode ser um "solista", e nem haverá "grau zero" na interpretação dos textos constitucionais e dos casos que os interpretam. O trabalho do juiz é um "trabalho de equipe" com os demais juízes do presente e com aqueles do passado. Mais do que isso, é um trabalho construído em conjunto com (e através d)os argumentos trazidos pelos participantes do processo particularmente considerado, não haverá jurisdição democrática sem que isso seja assegurado.[102]

De fato, sustentar a existência de respostas corretas em Direito não se mostra tarefa fácil, mas a dificuldade enfrentada em tal empreita não pode ser superada por convenientes fatalismos, simplesmente relegando os parâmetros decisórios ao solipsismo ou à consciência do aplicador. Em que pese inexista uma fórmula que garanta que certa resposta jurídica será a correta, não pode o julgador se furtar de, ao menos, *empreender todos os esforços possíveis na busca por tal resposta*.[103] Não por outra razão, a ideia de resposta correta deve ser vista enquanto uma *metáfora*: o que vale é a sua busca, a tentativa, o compromisso para com ela. Conforme expõe Georges Abboud, os ganhos democráticos advindos de tal postura já seriam imensuráveis:

> (...) quando impomos a obrigatoriedade de haver uma resposta correta, não estamos exigindo do julgador que ele forneça uma decisão que contenha uma verdade anistórica e imutável que deverá ser aceita por todos os participantes do processo interpretativo. A resposta correta é,

---

[102] MOTTA, Francisco José Borges. *Levando o direito a sério*: uma crítica hermenêutica ao protagonismo judicial. 2. ed. rev. e ampl. Porto Alegre: Livraria do Advogado, 2012, p. 38.

[103] É dizer: "A tese da resposta correta não combate a possibilidade de uma pluralidade de respostas que possam ser esgrimidas no campo do direito, combate, isto sim, o vazio ou carência de respostas a um dado problema que possa ser justificativa em prol da discricionariedade do julgador à falta de instrumentos jurídicos suficientes para a solução do problema posto. Sendo assim, as teses que sustentam uma crítica à chamada tese da resposta correta, ao embasar seus ataques na suposta ideia de uma concepção de uma só e inequívoca forma correta de decidir juridicamente um caso, partem de uma premissa incorreta." (CADEMARTORI, Luiz Henrique Urquhart. *Hermenêutica e argumentação neoconstitucional*. São Paulo: Atlas, 2009).

antes de tudo, uma veemente negação do relativismo, mais precisamente da utilização da discricionariedade para solução das questões jurídicas. Quando colocamos para o julgador a necessidade de buscar a resposta correta, em verdade, impomos a ele a obrigação de evidenciar por que a solução alcançada por ele é a que melhor se adéqua ao direito, mais precisamente, é aquela que está em consonância com a Constituição, com as leis, com os precedentes e, enfim, com a doutrina. Ou seja, por que essa solução alcançada é a que respeita a coerência e a integridade do direito. Ato contínuo, é a resposta de por que aquela decisão é a melhor em relação às outras soluções trazidas pelas partes no caso concreto e outras que por ventura existam em outros tribunais ou tão somente em sede teórico-doutrinária.[104]

E, nesse ponto, tudo faz sentido, já que é exatamente por intermédio da fundamentação que o juiz demonstrará ter se desincumbido (ou não) de tal ônus. Somente por intermédio de uma fundamentação adequada o juiz conseguirá evidenciar ter empreendido todos os esforços para atingir a melhor solução do caso levado à sua apreciação.

Assim, sob tal ótica, o dever de fundamentar passa a ser encarado também enquanto um dever de *lealdade* do juiz para com o jurisdicionado e para com o próprio sistema jurídico. É por via da fundamentação que o magistrado poderá demonstrar que, na solução do caso, os parâmetros decisório-interpretativos por ele utilizados repousam sobre critérios intersubjetivos (que superam o "seu querer"), que levou em conta todas as especificidades fáticas da situação posta a julgamento, bem como todas as alegações ventiladas pelas partes. Nesse ponto, novamente, a lição de Abboud mostra-se bastante elucidativa:

> O dever de fundamentação somente estará devidamente preenchido se o julgador evidenciar as razões jurídicas pelas quais a decisão que proferiu é superior à apresentada por uma das partes quando ele acolhe a decisão apresentada pela parte contrária. Ou, ainda, caso tenha julgado com base em matéria de ordem pública, proferindo decisão que não acolhe nem o ponto de vista do autor, nem do réu, ao julgador torna-se obrigatória a demonstração do porquê a solução que ele alcançou é a mais correta, ou seja, é a superior àquela apresentada pelas partes ou outras contidas em precedentes judiciais ou manifestações doutrinárias.[105]

---

[104] ABBOUD, Georges. *Discricionariedade administrativa e judicial*: o ato administrativo e a decisão judicial. São Paulo: Revista dos Tribunais, 2014, p. 469.
[105] ABBOUD, Georges. *Discricionariedade administrativa e judicial*: o ato administrativo e a decisão judicial. São Paulo: Revista dos Tribunais, 2014, p. 484.

Destarte, percebemos que a busca pela resposta correta não se refere só a modo de interpretar um texto legal, mas, sim, ao próprio modo de decidir e de fundamentar aquilo que foi decidido (afinal: interpretar é aplicar e aplicar é interpretar[106]).

Para atingir a resposta correta, mostra-se essencial que o juiz assuma o seu papel de sujeito integrante de uma comunidade, de uma tradição e de uma historicidade. A solução de uma crise jurídica não nasce dela mesma, muito menos exclusivamente daquilo que pensa o decisor.[107] O primeiro ponto relevante na busca pela resposta correta é a assunção de uma responsabilidade por aquele que julga: o de trabalhar intersubjetivamente, compreendendo que o fenômeno jurídico demanda integridade e coerência. E essa integridade e coerência precisarão ser, de forma fundamentada, refletidas no ato decisório.

Trata-se de concepção forjada por Ronald Dworkin e (por sugestão de Lenio Streck) adotada expressamente pelo Código de Processo Civil de 2015 que, em seu artigo 926, enuncia: "Os tribunais devem uniformizar sua jurisprudência e mantê-la estável, íntegra e coerente". Com Dworkin, aprendemos que:

> Temos de insistir num verdadeiro princípio de poder, uma ideia contida no próprio conceito de direito: a ideia de que quaisquer que sejam suas convicções acerca da justiça e da imparcialidade, os juízes têm também de aceitar um princípio superior e independente - o princípio da integridade.[108]

Para o jusfilósofo, ao decidir um caso, o juiz deverá assumir sua condição de ser no mundo, portando-se como parceiro de um complexo empreendimento em cadeia, do qual as inúmeras decisões pretéritas, manifestações doutrinárias e princípios jurídicos consolidados na

---

[106] Aqui, vale o alerta de Lenio Streck: "compreender é, pois, aplicar. Filosoficamente, ao menos depois da invasão da filosofia pela linguagem, não é possível separar interpretação e aplicação. O sentido não se descola do âmbito da compreensão. Aqui parece não ter sido bem compreendida a tese gadameriana da *applicatio*, pela qual interpretar é aplicar, que sempre aplicamos, que não interpretamos por etapas e que, enfim, em toda leitura tem lugar uma aplicação." STRECK, Lenio Luiz. *Verdade e Consenso*, 4. ed., SP: Saraiva, 2011. p. 119.

[107] Com efeito, se levada a sério a premissa, o juiz, frequentemente, poderá encontrar soluções que não se ajustem àquelas de sua preferência pessoal. (MOTTA, Francisco José Borges. *Levando o direito a sério*: uma crítica hermenêutica ao protagonismo judicial. 2. ed. rev. e ampl. Porto Alegre: Livraria do Advogado, 2012, p. 78-79).

[108] DWORKIN, Ronald. *O Direito da Liberdade*: A leitura moral da Constituição Norte-Americana. São Paulo: Martins Fontes, 2006, p. 133.

nação fazem parte dessa história.[109] O seu trabalho é dar continuidade ao enredo que vem sendo produzido dentro do fenômeno jurídico, mantendo-o coerente e íntegro.[110]

Não por outra razão, a resposta correta só pode ser encontrada quando o Direito é compreendido enquanto um fenômeno complexo. Nessa perspectiva, a decisão jurídica deve ser produzida a partir do todo no qual o juiz se insere (tomando em conta leis, súmulas, doutrina, julgados anteriores, a comunidade de princípios e até os argumentos das partes) e exigindo-lhe lealdade para com esse todo. Com efeito, no momento decisório, é o todo (integridade) que condicionará a parte (decisão). E nunca o contrário – a decisão subjugando o todo.[111]

Para explicar o papel do juiz nessa busca por integridade e coerência, Dworkin se vale de outra interessante metáfora: a ideia do romance em cadeia. Sob tal perspectiva, cada juiz passaria a ser um dos romancistas de uma obra produzida por variadas mãos. A postura do decisor, assim, se equipararia aquela assumida por alguém que recebe um romance ainda não finalizado, no estado em que se encontra, devendo dar-lhe continuidade da melhor maneira o possível. Ora, qual seria essa melhor maneira? Evidentemente, aquela que, tomando em conta tudo que já aconteceu até aquele momento da trama, manterá a integridade e coerência do conjunto. Vejamos as palavras do autor:

---

[109] Diz o jurista que: "Qualquer estratégia de argumentação constitucional com pretensões à integridade constitucional total deve buscar respostas que combinem bem com nossas práticas e tradições – que se apoie firmemente em nossa continuidade histórica, bem como no texto da Constituição – para que essas respostas possam, de maneira aceitável, ser consideradas como descrições de nossos compromissos como nação." DWORKIN. Ronald. *A justiça de toga*. Tradução de Jefferson Luiz Camargo. São Paulo: Martins Fontes, 2010, p. 174-175.

[110] Com efeito, "o direito como integridade pede que os juízes admitam, na medida do possível, que o direito é estruturado por um conjunto coerente de princípios sobre a justiça, a equidade e o devido processo legal adjetivo, e pede-lhes que os apliquem nos novos casos que se lhes apresentem, de tal modo que a situação de cada pessoa seja justa e equitativa segundo as mesmas normas. Esse estilo de deliberação judicial respeita a ambição que a integridade assume, a ambição de ser uma comunidade de princípios." (DWORKIN, Ronald. *O império do Direito*. Tradução de Jefferson Luiz Camargo. São Paulo: Martins Fontes, 1999).

[111] A questão é bem explicada por Francisco Motta: "Agora sim, atingimos o ponto: o 'Direito como integridade'- tese de Dworkin que é especialmente cara aos propósitos do nosso estudo- supõe que as pessoas têm direito a uma extensão coerente, e fundada em princípios, das decisões políticas do passado, mesmo quando os juízes divergem profundamente sobre seu significado. Trata-se de compreender o Direito como "totalidade" ou como "completeza", sustentando que as pessoas têm como pretensões juridicamente protegidas todos os direitos que são patrocinados pelos princípios que proporcionam a melhor justificativa da prática jurídica como um todo." (MOTTA, Francisco José Borges. *Levando o direito a sério*: uma crítica hermenêutica ao protagonismo judicial. 2. ed. rev. e ampl. Porto Alegre: Livraria do Advogado, 2012, p.103-104).

Cada juiz, então, é um romancista na corrente. Ele deve ler tudo o que outros juízes escreveram no passado, não apenas para descobrir o que disseram, ou seu estado de espírito, quando o disseram, mas para chegar a uma opinião sobre o que esses juízes fizeram coletivamente, na maneira como cada um de nossos romancistas formou uma opinião sobre o romance escrito até então. Qualquer juiz obrigado a decidir uma demanda descobrirá, se olhar nos livros adequados, registro de muitos casos plausivamente similares, decididos há décadas ou mesmo séculos por muitos outros juízes, de estilo e filosofias judiciais e políticas diferentes em períodos nos quais o processo e as convenções judiciais eram diferentes. Ao decidir o novo caso, cada juiz deve considerar-se como parceiro de um complexo empreendimento em cadeia (...); é seu trabalho continuar essa história no futuro por meio do que ele faz agora.[112]

O dever de um juiz, portanto, é de interpretar e continuar a história jurídica-institucional na qual se encontra inserido e, jamais se prestar a, com base em posturas voluntaristas, inventar uma história melhor.[113] Com isso não estamos dizendo que o juiz não poderá promover mudanças interpretativas visando a uma maior aderência do Direito à realidade. Os textos legais ou jurisprudenciais nada representam sem a facticidade e a historicidade do momento em que serão interpretados. Logicamente, a interpretação poderá (e deverá) variar em diferentes momentos históricos, cabendo ao juiz essa percepção.[114] Entretanto, qualquer "reviravolta" no enredo precisa ser explicada e justificada, sob pena da narrativa perder sua integridade e coerência. Imaginemos um romance no qual, de repente, sem maiores explicações, a personagem principal seja substituída por outra. Sem dúvidas isso deixaria o leitor "perdido", rompendo com qualquer coerência da história. O mesmo ocorre com o Direito institucionalmente posto, que não pode "ser ignorado" sem suficiente justificação. Qualquer reviravolta em sua trama (por exemplo, a superação de um entendimento

---

[112] DWORKIN, Ronald. *Levando os direitos a sério*. Tradução de Nelson Boeira. 3. ed. São Paulo: Martins Fontes, 2010. p. 235-236.
[113] MOTTA, Francisco José Borges. *Levando o direito a sério*: uma crítica hermenêutica ao protagonismo judicial. 2. ed. rev. e ampl. Porto Alegre: Livraria do Advogado, 2012, p. 108.
[114] "A atividade interpretativa é sempre histórica, porque o texto somente é abordável a partir da historicidade do intérprete. Portanto, o jurista não se torna um ser histórico apenas quando se desdobra sobre o produto da cultura no estudo da disciplina 'história', mas, mesmo quando efetua uma interpretação no nível de um campo, como é o do direito, ali também operam com ele os efeitos da história" (ABBOUD, Georges. *Discricionariedade administrativa e judicial*: o ato administrativo e a decisão judicial. São Paulo: Revista dos Tribunais, 2014, p. 77).

jurisprudencial, a modificação do conteúdo normativo de um texto) precisa ser devidamente fundamentada, para que a parte não perca sua coerência e integridade com o todo.[115]

Todas essas constatações tecidas acercas da metáfora da resposta correta e do romance em cadeia (e, com efeito, do papel do juiz de zelar pela integridade e coerência do fenômeno jurídico) se refletem diretamente no importantíssimo papel conferido à fundamentação das decisões em um Estado Democrático. É por intermédio dela que o decisor se desincumbirá da obrigação de demonstrar que dessumiu todos os esforços possíveis para chegar à resposta correta do caso (ou seja, considerou toda cadeia produtiva do direito que o antecedia - seja jurisprudencial, principiologica ou doutrinária -, tomou em conta todos os argumentos trazidos pelas partes e adentrou às especificidades da facticidade sendo julgada).

Ao lançar o julgador dentro de uma historicidade, Dworkin lhe impõe um ônus impensável dentro do positivismo: o de trabalhar intersubjetivamente. No momento em que retira o decisor do inatingível baluarte interpretativo que se encontrava, imergindo-o na realidade, lhe é imposta a condição de ser histórico. Com isso, as suas concepções de mundo, ideais ou opiniões pessoais passam a ter pouca importância para o processo de construção decisória, que só será legítimo enquanto zelar pela coerência e integridade do Direito.

É por isso que a fundamentação de uma decisão nunca poderá se escorar em uma única fonte (seja legal, jurisprudencial ou doutrinária), devendo, sim, considerar a totalidade do fenômeno jurídico. Por consequência, mesmo no âmbito de um sistema de *civil law* como o nosso, a mera referência à lei ou à Constituição não se coloca suficiente para fundamentar uma decisão. O que dizer, então, de simples remissões a súmulas ou ementas! A construção da resposta correta sempre será um trabalho artesanal que terá por ponto de partida a legalidade positiva (o que é evidente em uma democracia), mas, obrigatoriamente, também tomará em conta as demais formas de manifestação do jurídico, em especial a principiologia constitucional, a doutrina e a jurisprudência. Caso isso não seja feito, não haverá como se pretender que a decisão jurídica se diga intersubjetiva.

---

[115] Tal premissa, inclusive, foi adotada pelo CPC/2015, ao prever que não se considerará fundamentada a decisão que deixar de seguir enunciado de súmula, jurisprudência ou precedente invocado pela parte, sem demonstrar a existência de distinção no caso em julgamento ou a superação do entendimento (art. 489, §1º, VI). Em outras palavras: qualquer rompimento com o romance precisa ser esclarecido e fundamentado, para que assim o todo se mantenha íntegro e coerente.

Assim, é na fundamentação que o juiz continuará, de forma íntegra e coerente, o romance desse fenômeno chamado Direito. Que levemos a sério, pois, o dever de fundamentar.

2.4 O que não queremos nem precisamos: *results-oriented judging*, justiça opinativa e uso estratégico da jurisdição

No tópico anterior, analisamos o dever de fundamentação enquanto um dever de lealdade do juiz para com o jurisdicionado e para com o sistema jurídico (assim considerado enquanto um todo coerente). Desse modo, a essa altura de nossa explanação, alguém poderia pensar: "Ora, mas isso já é feito no Brasil. Fora situações teratológicas e excepcionais, o juiz sempre demonstra com argumentos doutrinários e jurisprudenciais o acerto de suas decisões". Responderíamos categoricamente: não, não é. Não raras vezes, o que é feito hoje no Brasil se resume a um simulacro de fundamentação.

Isto, pois, por aqui decisões pretendem-se fundamentadas simplesmente compilando argumentos de autoridades (sejam doutrinárias, jurisprudenciais ou até mesmo legislativas). E quanto mais autoridades, melhor.[116] Com isso, tenta-se revestir com uma (falsa) capa de legitimidade decisões que, sem qualquer compromisso com o ideal de integridade e coerência do direito, depreendem um verdadeiro *esforço persuasivo-numérico* na tentativa de confirmar a posição pessoal do julgador. Pior: no mais das vezes sem qualquer amarração com o caso concreto posto à prova. A insurgência não é nova, já tendo sido debatida por Ovídio A. Baptista da Silva que, com veemência, considerava totalmente ilegítimas

> as usuais fundamentações de sentença elaboradas a partir da referência à doutrina e a textos legais. Por esta via, jamais se terão em contas as "circunstâncias" do caso concreto. De resto, não devemos confundir fundamentação das sentenças com a maneira como o juiz costuma explicar os motivos de seu convencimento.[117]

---

[116] Sobre o tema, ver: RODRIGUEZ, José Rodrigo. *Como decidem as cortes?* Para uma crítica do direito (brasileiro). Rio de Janeiro: FGV, 2013, p. 71.

[117] SILVA, Ovídio A. Baptista da. Fundamentação das sentenças como garantia constitucional. *Revista do Instituto de Hermenêutica Jurídica: RIHJ*, Belo Horizonte, v. 1, n. 4, jan.-dez. 2006, p. 337-338

Com acerto o jurista gaúcho: fundamentar é diferente de explicar. E completamos: fundamentar também é diferente de persuadir. A explicação tem caráter superficial, opera-se de dentro para fora, tenta persuadir pela aparência. Fundamentar, por sua vez, tem conotação conteudística, o movimento é de fora pra dentro, do todo para a parte; não pretende persuadir, mas, sim, tomando em conta a integralidade, comprovar e demonstrar o acerto. Só uma fundamentação séria condiz com a ideia de resposta correta.

No contexto norte-americano, expressão muito utilizada ao se tratar do ativismo judicial[118] é a ideia de "results-oriented judging". O termo (cuja melhor tradução para o português parece ser "decisões orientadas para um resultado") designa situações em que o julgador, tendo previamente escolhido o resultado que melhor expressa as suas convicções pessoais e o seu senso de justiça, passa a buscar uma maneira de justificar sua decisão. Primeiro decide-se (ou, para sermos mais claros, "escolhe-se") o resultado almejado e só depois são buscados elementos para sustentar as escolhas feitas.[119] Frank B. Cross e Stefanie A. Lindiquist explicam o fenômeno, expondo, sua total inadequação com uma séria postura judicante:

> The opposite of acting "like a judiciary" is often called "results-oriented judging". The primary reason why justices would not act like a judiciary and instead engage in inappropriate judicial activism is in order to reach their preferred results. The notion of such preferred results is usually described in ideological terms – a liberal justice would prefer liberal policy outcomes, while a conservative justice prefers conservative outcomes. Thus, a liberal justice would rule in favor of criminal defendants' rights, which a conservative justice would oppose, out of their ideological predispositions. This has been called "the essence of judicial activism". (...)
> Considerable additional research has confirmed these findings. The empirical evidence confirms the commonplace belief that certain justices

---

[118] Ativismo este que, por lá, é entendido enquanto um problema hermenêutico, de invasão da vontade dos julgadores no desfecho das decisões jurisdicionais (e, portanto, enquanto um problema democrático). Para um maior aprofundamento, ver: WOLFE, Christopher. *Judicial activism*: bulwark of freedom or precarious security? New York: Rowman & Littlefield Publishers, Inc., 1997. No cenário nacional: TASSINARI, Clarissa. *Jurisdição e ativismo judicial*: limites da atuação do judiciário. Porto Alegre: Livraria do Advogado, 2013

[119] Já escrevemos sobre o tema em outra oportunidade. Ver: LUNELLI, Guilherme; ABBOUD, Georges. Ativismo judicial e instrumentalidade do processo: diálogos entre discricionariedade e democracia. *RePro*. v. 242. ano 40. p. 19-45. São Paulo: Revista dos Tribunais, abril 2015.

are "conservative" or "liberal" and systematically reach decisions that conform to those ideological preferences.[120]

Vale ressaltar, entretanto, que tal modo de agir não se refere, obrigatoriamente, a uma má-fé ou a uma postura autoritária do julgador. Muitas vezes um resultado pré-concebido é fruto de um processo subconsciente do decisor, que sequer percebe a sua ocorrência:

> Even a sincere judge might prove results-oriented due to the psychological concept known as motivated reasoning, a concept grounded in psychological research. This concept means that when individuals have a subconscious desire to reach a particular outcome, this desire influences their cognitive processes in a "biased" manner. Motivated reasoning has been used to explain ideological patterns in judicial decision making. The process of judicial interpretation may occur "so quickly that the judge never consciously considers the reasons for the choice and therefore believes that the decision was compelled by objective, external sources". The foremost adherents of claims of ideological judicial decisionmaking have observed that this could explain their findings.[121]

Assim, é exatamente por ser essa influência subconsciente, muitas vezes imperceptível até para o próprio magistrado, que só uma fundamentação séria, que tome em conta todos os argumentos trazidos pelas partes e analise o Direito enquanto um todo coeso, íntegro e coerente, dará contar de (tentar) expurgar esse mal do momento decisório. Em termos simples: só o trabalho intersubjetivo poderá demonstrar, ao próprio juiz, se o seu ponto de vista (não importando se bom ou ruim, eis que não democrático) encontra ou não aderência ao Direito enquanto integridade.

Nesse contexto, a necessidade de se buscar a resposta correta deixa de ser uma garantia somente para o jurisdicionado, passando a ser também uma garantia para o próprio julgador. A garantia de que suas decisões estão sendo conduzidas por elementos jurídicos e não por uma acidental (ou deliberada) "cegueira" moral ou ideológica, antecedente a sua compreensão.

---

[120] CROSS, Frank; LINDQUIST, Stefanie. *The scientific study of judicial activism*. Minnesota Law Review, Forthcoming; Vanderbilt Law and Economics Research Paper No. 06-23; Univeristy of Texas Law, Law and Economics Research Paper No. 93.

[121] CROSS, Frank; LINDQUIST, Stefanie. *The scientific study of judicial activism*. Minnesota Law Review, Forthcoming; Vanderbilt Law and Economics Research Paper N. 06-23; Univeristy of Texas Law, Law and Economics Research Paper N.93.

Frisamos: sob esta perspectiva, a busca pela resposta correta, a ser demonstrada na fundamentação, não serve tão somente para demonstrar externamente, para as partes ou a coletividade, o acerto do *decisum*. Mais do que isso, serve para demonstrar ao próprio magistrado o DNA democrático de sua decisão.

Qualquer pessoa minimamente afeta à realidade decisória brasileira sabe que esse tipo de preocupação com a fundamentação nem sempre existe por aqui. Não raras vezes, o modo utilizado pelos juízes para fundamentar suas decisões muda muito pouco do método argumentativo-persuasivo adotados pelos advogados ao elaborarem suas petições iniciais. No que toca ao advogado, a dinâmica é velha conhecida: (i) verifica-se qual a tese jurídica (ou interpretação) melhor atende aos interesses do cliente; (ii) desenvolve-se a tese; (iii) reforça-se a tese com o maior número possível de argumentos de autoridade (legislação, doutrina, súmulas, ementas etc.).

Quando falamos do ato decisório, não tomado o devido cuidado, o procedimento pode acabar sendo basicamente o mesmo. Com uma única diferença: o método não se iniciaria na tese que melhor se adéqua aos interesses do cliente, mas, sim, na tese que mais se adéqua ao solipsismo assujeitador do julgador.[122]

A questão foi objeto de interessantíssimo estudo recentemente publicado por José Rodrigo Rodriguez, intitulado "Como decidem as cortes? Para uma crítica do Direito (Brasileiro)". Na obra, o autor demonstra, inclusive analisando variadas decisões de nossos tribunais, que o método decisório adotado em nosso país é essencialmente opinativo e personalíssimo. Opinativo porque o modo de fundamentação resume-se à mera agregação de opiniões, não se preocupando em promover qualquer reconstrução sistemática e coerente do fenômeno jurídico. Personalista porque admite e estimula os juízes a emitirem opiniões (voluntaristas) e não decisões bem fundamentadas (congruentes com o todo).[123]

---

[122] "A estrutura textual utilizada na argumentação por autoridade é sempre muito parecida: elabora-se uma tese, de saída, a partir de uma autoridade qualquer (legislação, doutrinador, caso julgado). Em seguida, são invocadas autoridades para corroborá-la, pouco importando a coerência entre leis, casos julgados ou citações de doutrina utilizados. Por fim, é proposta uma solução para o caso como se ela fosse absolutamente óbvia, por ter sido, justamente, sustentada por absolutamente "todos", todas as autoridades relevantes sobre o assunto. Uma argumentação que é pura manipulação, no sentido pejorativo da palavra, das fontes de direito." (RODRIGUEZ, José Rodrigo. *Como decidem as cortes?* Para uma crítica do direito (brasileiro). Rio de Janeiro: FGV, 2013, p. 81).

[123] RODRIGUEZ, José Rodrigo. *Como decidem as cortes?* para uma crítica do direito (brasileiro). Rio de Janeiro: FGV, 2013, p. 108.

Em momento anterior deste trabalho falamos sobre o positivismo kelseniano e, dentro de tal linha científica, contextualizamos o momento interpretativo enquanto um ato de escolha política. Após, tentamos demonstrar que o solipsismo interpretativo, inerente ao positivismo jurídico, não pode possuir espaço dentro de um Estado Democrático Direito. Finalmente, desenvolvemos a ideia de resposta correta, integridade e coerência como mecanismos que garantiriam a intersubjetividade no momento decisório e que, portanto, devem integrar qualquer fundamentação que se pretenda legítima.

Ocorre que, o modo como muitas sentenças vêm sendo "explicadas" no Brasil não chega nem perto daquilo que poderíamos chamar de uma séria fundamentação decisória. Frequente, por aqui, que decisões sejam orientadas para um resultado (pré-definido pelo decisor). Pior: isso é feito abertamente, eis que ainda não superamos o voluntarismo positivista e continuamos apostando na discricionariedade.[124]

A Constituição impõe ao julgador que a decisão seja "fundamentada". Mas a "vontade" de quem julga não pode aparecer na fundamentação – é necessário lhe conferir uma aparência de legitimidade. Daí tentar-se neutralizar o personalismo opinativo do decisor por intermédio da agregação de tantas outras opiniões "idênticas" quanto for possível.[125]

O problema é que, por regra, a fundamentação das decisões acaba se restringindo a um emaranhado de textos legais, súmulas, ementários e transcrições doutrinárias sem qualquer contextualização ou confronto com posicionamentos divergentes ou mesmo com o próprio caso concreto.[126]

Parte-se da premissa de que, quanto mais opiniões forem agregadas, quanto mais pessoas concordarem com ela, mais correta ela

---

[124] STRECK, Lenio Luiz. Aplicar a "letra da lei" é uma atitude positivista?. Novos estudos jurídicos, v 15, n. 1, p. 158-173, jun. 2010.

[125] RODRIGUEZ, José Rodrigo. *Como decidem as cortes?* Para uma crítica do direito (brasileiro). Rio de Janeiro: FGV, 2013, p. 108.

[126] Seguindo o mesmo posicionamento ora empossado: "Não podemos mais tolerar as simulações de fundamentação nas quais o juiz repete o texto normativo ou a ementa de julgado que lhe parecer adequado ou preferível, sem justificar a escolha. Devemos patrocinar uma aplicação dinâmica e panorâmica dessa fundamentação que gere inúmeros benefícios, desde a diminuição das taxas de reformas recursais, passando pela maior amplitude e profundidade dos fundamentos determinantes produzidos nos acórdãos e chegando até mesmo a uma nova prática decisória na qual os tribunais julguem menos vezes casos idênticos em face da consistência dos julgamentos anteriores." (THEODORO JÚNIOR, Humberto. NUNES, Dierle. BAHIA, Alexandre Melo Franco. PEDRON, Flavio Quinaud. *Novo CPC - Fundamentos e sistematização*. Rio de Janeiro: Forense, 2015, p. 262).

será.[127] Eventuais opiniões contrárias, entretanto, acabam ignoradas, pois de nada ajudarão no convencimento do interlocutor. José Rodrigo Rodriguez esclarece que este modo de fundamentação, baseado em simples argumentos de autoridade, é problemático pois:

> não tem o dever de demonstrar a coerência entre leis, casos e doutrinadores que cita. Com efeito, ela não se sente limitada por nenhum ônus argumentativo. Seu único compromisso é com a eficácia de convencer o destinatário, podendo-se utilizar para este fim qualquer argumento, qualquer elemento, qualquer estratagema. O que importa é a obtenção de uma solução, de uma decisão e não o padrão argumentativo que a fundamenta. (...)
>
> De qualquer forma, o objetivo da autoridade não é, nesse registro, argumentar em nome da melhor solução possível para o caso, mas sim apresentar as razões pelas quais formou sua opinião pessoal sobre qual deva ser a melhor solução para o caso. Esta nuance é fundamental para compreendermos o que se passa no Brasil.[128]

Com efeito, o objetivo das variadas citações textuais trazidas à fundamentação é simplesmente reforçar a tese defendida pelo autor do texto, dando a ela uma aparência de unanimidade.[129] Com isso, facilita-se, e muito, a possibilidade de "results-oriented judging", decidindo-se e, posteriormente, justificando-se.[130] O problema é que, enquanto em outros países a prática é vista como um problema democrático, no Brasil a situação é raramente colocada à prova.

Uma advertência para que não sejamos mal compreendidos. Não estamos dizendo que o juiz não possa ou não deva se valer na fundamentação daquilo que vem sendo decidido por outros tribunais ou esboçado pela doutrina (afinal, já falamos nesse trabalho: o dever de fundamentar deve partir do todo para a parte). O problema não reside no uso, em si, de argumentos de autoridades, mas, sim, no

---

[127] RODRIGUEZ, José Rodrigo. *Como decidem as cortes?* Para uma crítica do direito (brasileiro). Rio de Janeiro: FGV, 2013, p. 77.

[128] RODRIGUEZ, José Rodrigo. *Como decidem as cortes?* Para uma crítica do direito (brasileiro). Rio de Janeiro: FGV, 2013, p. 73-74.

[129] RODRIGUEZ, José Rodrigo. *Como decidem as cortes?* Para uma crítica do direito (brasileiro). Rio de Janeiro: FGV, 2013, p.100.

[130] Sobre o tema, vale o alerta de Streck: "O intérprete não "decide" para depois "fundamentar". Se isso fosse verdadeiro, seria possível alcançar o outro lado do abismo gnosiológico do conhecimento e depois construirmos a ponte pela qual "já teríamos passado". (STRECK, Lenio Luiz. *Verdade e Consenso*: constituição, hermenêutica e teorias discursivas. 4. ed. São Paulo: Saraiva, 2011, p. 407).

fato de, no mais das vezes, nenhuma das citações trazidas à baila ser contextualizada e confrontada (seja com o caso, seja com a "cadeia do romance").

Conforme denuncia Rodriguez, o julgador brasileiro raramente elucida o jurisdicionado acerca da posição das citações evocadas no debate doutrinário ou demonstra a sua pertinência para o caso julgando e para a reconstrução coerente do direito posto à prova.[131] O escopo é outro e bem definido: convencer pela quantidade e qualidade das autoridades evocadas (e não pela qualidade do argumento!).[132]

Tal modo de decidir (e fundamentar) nasce e morre com pés bem cravados no positivismo jurídico. Nasce positivista, pois advém de um ato voluntarista, de verdadeira escolha do conteúdo decisório. Morre positivista, pois aposta em transcrições textuais descontextualizadas da facticidade que pretendem resolver, esquecendo-se de que não há interpretação (seja da lei, súmulas ou citações doutrinárias) sem facticidade.[133]

Mas não é só.

Já tivemos a oportunidade de verificar que todo texto comporta mais de um sentido. Leis, súmulas, ementas, julgados, proposições doutrinárias: ontologicamente todos são iguais.[134] Daí que uma compilação de argumentos de autoridade (leia-se: textos), sem qualquer amarra com a realidade que pretendem resolver e com a cadeia do romance, por si, nada dizem, nada justificam.

A técnica, nesse contexto, acaba abrindo margem para aquilo que se vem chamando de uso estratégico da jurisdição. O juiz, para justificar

---

[131] RODRIGUEZ, José Rodrigo. *Como decidem as cortes*? Para uma crítica do direito (brasileiro). Rio de Janeiro: FGV, 2013, p. 100.

[132] Aqui, mostra-se bastante elucidativa a lição de Maurício Ramires: "A aplicação desse "raciocínio distorcido" amiúde se dá da seguinte forma: o juiz escolhe "livremente" (leia-se arbitrariamente) uma das interpretações trazidas pelas partes, e a seguir a "confirma" com uma rápida e simples busca em algum dos vários repertórios eletrônicos de jurisprudência, selecionando julgados que convém à tese (e que passam a constar da decisão) e ignorando os que infirmam (e que não são sequer mencionados). O resultado dessa operação é uma decisão não fundamentada e, portanto, nula do ponto de vista constitucional". (RAMIRES, Maurício. *Crítica à aplicação de precedentes no direito brasileiro*. Porto Alegre: Livraria do Advogado, 2010, p. 46).

[133] MÜLLER, Friedrich. *Teoria estruturante do direito*. São Paulo: Revista dos Tribunais, 2011.

[134] STRECK, Lenio Luiz. *Verdade e Consenso*: constituição, hermenêutica e teorias discursivas. 4. ed. São Paulo: Saraiva, 2011. Ver também o nosso: ABBOUD, Georges. LUNELLI Guilherme. SCHIMITZ, Leonard Ziesemer. *Como trabalhar- e como não trabalhar- com súmulas no Brasil*: um acerto de paradigmas. In: MENDES Aluísio Gonçalves de Castro, MARINONI Luiz Guilherme, WAMBIER Teresa Arruda Alvim. *Direito Jurisprudencial*. v. 2. São Paulo: Revista dos Tribunais, 2014, 2014.

sua decisão (voluntarista), pode acabar (mesmo involuntariamente) manipulando o discurso, decidindo como e quais argumentos utilizará para convencer o seu auditório. O tema é bem elucidado por Leonard Schmitz:

> O uso estratégico é, resumidamente, a utilização de subterfúgios argumentativos para optar (no sentido de escolher livremente) em quais situações determinados elementos normativos possuem ou não relevância para solucionar um caso concreto. Trata-se de o julgador, com base na sua preferência subjetiva por um determinado resultado, aplicar ou não um enunciado de súmula, ou interpretar de uma ou outra forma um dispositivo legal, sem a devida justificação para tanto. (...)
> A "escolha" de argumentos já pressupõe, por si só, uma estratégia de convencimento. Aí reside o grande problema do uso estratégico da jurisdição: via de regra, a fundamentação será aparentemente legítima, escondendo por trás de si mesma um ato velado de discricionariedade. A verificação desse ato de vontade é difícil, e somente poderá ocorrer com a compreensão de o que significa verdadeiramente fundamentar uma decisão judicial.[135]

É dizer: para justificar sua decisão, o magistrado acaba apostando somente naqueles argumentos que lhe agradam, sem sequer manifestar-se sobre argumentos que eventualmente contradigam sua tese. Não obstante, o próprio sentido dos argumentos aventados, quando descontextualizados, poderá sofrer distorções e conduzir a conclusões muito diferentes do seu sentido originário. Os argumentos de autoridade invocados passam a "valer por si", sem a necessidade de sua contextualização no debate acadêmico ou jurisprudencial. A questão é que, no momento que se desligam do todo, o seu sentido passa a ser facilmente manipulável pelo aplicador.

A situação se coloca patente em emblemático exemplo empírico apresentado por Rodriguez. Analisando os votos proferidos pelos Ministros do Supremo Tribunal Federal quando do julgamento da Ação Direta de Inconstitucionalidade 345, percebeu o autor que:

> Dentre os ministros que citaram doutrinadores como fundamento de suas decisões, é interessante perceber que Celso de Mello e Moreira Alves fizeram referência aos mesmos doutrinadores (Flávia Ribeiro e José

---

[135] SCHMITZ, Leonard Ziesemer. *Fundamentação das decisões*: a crise na construção de respostas no processo civil. São Paulo: Revista dos Tribunais, 2015 (Coleção Liebman).

Afonso da Silva) e transcreveram trechos idênticos destes autores, apesar de os ministros defenderem posicionamentos opostos nesse julgamento. Esta característica mostra que as citações não são contextualizadas ou mesmo discutidas como parte do argumento da decisão. São tratadas como fonte de autoridade cujo nome bastaria por si só para dar força a qualquer posicionamento.[136]

Cristalina, assim a razão pela qual argumentamos que esse modo de fundamentar, sob qualquer ótica que se olhe, não passa de pura manipulação do discurso e, de forma alguma, encontram congruência com a ideia de Direito enquanto integridade. Uma fundamentação qualitativamente adequada nunca se bastará com a compilação de diversos argumentos (textuais) sem que estes sejam contextualizados dentro do debate jurídico e dentro da facticidade do caso em análise.

2.5 Levando o contraditório a sério: dialeticidade e sistema comparticipativo

Já é lugar-comum em nosso estudo a afirmação de que, para fundamentar seriamente um ato decisório, o juiz deve tomar em conta a história institucional do Direito, formulando, com isso, uma resposta intersubjetiva para o caso concreto posto a sua apreciação. Para tanto, com escoro em Dworkin, já nos valemos de duas metáforas: a da *resposta correta* e do *romance em cadeia*.

Nesse ponto, invocaremos a última metáfora presente na obra do jusfilósofo: a figura do *juiz Hércules* – um jurista de capacidade, sabedoria, paciência e sagacidade sobre-humanas, que aceita e conhece o direito enquanto um todo coerente. Só o *juiz Hércules* teria plenas condições de atingir a resposta correta, eis que somente ele conseguiria conhecer e compreender a inteireza do fenômeno jurídico (doutrina, jurisprudência, legislação, princípios etc.), decidindo conforme sua integridade.[137]

Trata-se, obviamente, de uma figura de linguagem. Não existe qualquer juiz humano que possa realmente preencher todas as características do juiz imaginário proposto por Dworkin.

---

[136] RODRIGUEZ, José Rodrigo. *Como decidem as cortes?* Para uma crítica do direito (brasileiro). Rio de Janeiro: FGV, 2013, p. 97.

[137] DWORKIN, Ronald. *Levando os direitos a sério*. Tradução de Nelson Boeira. 3. ed. São Paulo: WMF Martins Fontes, 2010.

Contudo, em que pese inatingível, o *juiz Hércules* deve ser encarado enquanto um ideal a ser seguido por todo magistrado, que deverá sempre buscar compreender a totalidade do Direito (institucionalmente posto) para, assim, atingir a resposta correta.[138] Nesse contexto, a concepção do *juiz Hércules*, tal qual a ideia de resposta correta, se apresenta como um esforço a ser perseguido (novamente: o que vale é a sua busca). Caberá ao decisor tentar, com todas as suas forças, aproximar sua atuação da dessa figura mítica.

É dizer: o fato de ser impossível a total compreensão e conhecimento do fenômeno jurídico não impede que o magistrado empreenda todos os esforços tangíveis para tanto. E, logicamente, demonstre isso na decisão – retomamos aqui ao dever de lealdade supra narrado.

Pois bem. Dissemos que o juiz não tem condições de conhecer toda a história institucional do direito. Dissemos, também, que isso não lhe retira a obrigação de mover todos os esforços possíveis para tanto. Ora, então como atingir tal ideal? Por onde começar?

Evidente: pelo mais simples! Por aquilo que o magistrado já possui em mãos e já se encontra a seu alcance: tudo o que lhe foi trazido pelas partes.

É a própria dialeticidade processual, o exercício do contraditório, que, minimamente, dará conta de nortear o caminho a ser seguido pelo decisor para a compreensão integral de uma questão fático-jurídica. É das alegações (fáticas, doutrinárias, jurisprudenciais, legais, principiológicas) trazidas pelas partes que o juiz deve retirar os elementos mínimos para conhecer as peculiaridades do tema sob julgamento e, com isso, tentar se aproximar do *juiz Hércules*.[139]

---

[138] Esclarece Motta que: "A sua "extraordinária capacidade" não é voltada à instrumentalidade, mas a compreensão do Direito como totalidade, e isso implica, necessariamente, tomar em consideração o que fizeram (com acerto) os demais juízes do passado e do presente, além da produção legislativa. Mais do que tudo, implica prestar contas ao conjunto principiológico irradiado a partir da Constituição. E isso fará com que Hércules encontre no Direito, frequentemente, soluções que não se ajustem àquelas de sua preferência pessoal." (MOTTA, Francisco José Borges. *Levando o direito a sério*: uma crítica hermenêutica ao protagonismo judicial. 2. ed. rev. e ampl. Porto Alegre: Livraria do Advogado, 2012, p. 78-79).

[139] Não concordamos, portanto, com posicionamentos como: "Antes da Constituição de 1988, o magistrado brasileiro assumia a figura de "Júpiter", tendo a lei como única base, limitado à utilização da subsunção para as soluções do caso concreto. Era um magistrado de atuação mais contida, legalista. Com a Constituição de 1988 e as inúmeras reformas processuais, além do fenômeno do ativismo judicial, acabamos por iniciar a criação do magistrado "Hércules", que, sozinho, tentará resolver todos os problemas da sociedade. Não funcionou, pois há o perigo da concessão de excesso de poderes para um dos três Poderes. Questiona-se: esse modelo funcionou até o momento porque a magistratura tem acompanhado os anseios da sociedade, mas, se esta iniciar a se desvirtuar da sua função,

Com efeito, uma fundamentação de qualidade passa a se encontrar umbilicalmente atrelada à garantia do contraditório. Não há como o "juiz-posso-ser-Hércules" atingir uma resposta correta para o caso sem ao menos tomar em consideração todos os argumentos trazidos pelas partes, demonstrando o seu acerto e erro.[140] O julgador pode até não conhecer a inteireza do Direito, mas não pode desconhecer os elementos já trazidos aos autos. Daí porque as alegações dos envolvidos no processo não podem ser ignoradas por aquele que decide.

Nesse contexto, a ideia de contraditório passa a tomar traços completamente diversos de suas feições originais. Se, outrora, a essência do instituto se resumia à garantia de bilateralidade dos atos e termos do processo, com a possibilidade de manifestação sobre (e dentro) destes, hoje o princípio deve ganhar uma nova conotação: a garantia de influência e participação no resultado do provimento final.[141]

Assim sendo, a concepção de contraditório deixa de ter um caráter meramente formal-performático, de direito de manifestação, passando a deter cunho verdadeiramente conteudístico, englobando também o direito de resposta quanto às alegações feitas.[142] Sob esse prisma, o contraditório deixa de ser uma simples condição formal para a prolação da sentença, passando a ser verdadeira garantia institucional

---

como combater uma ditadura do Judiciário, após a concessão de todos os Poderes à figura de "Hércules"?" (PEIXOTO, Ravi. Rumo à construção de um processo cooperativo. *Revista de Processo*, v. 219, p. 89, mai. 2013.). Trata-se de uma leitura extremamente equivocada da metáfora de Dworkin. *O juiz Hércules*, apesar do que a expressão pode sugerir, nada de tem de protagonista! Bem pelo contrário, representa aquele juiz que se compreende enquanto integrante de um todo coerente e se propõe a assim mantê-lo. Sobre o tema, ver: STRECK, Lenio Luiz. O (pós-) positivismo e os propalados modelos de juiz (hércules, júpiter e Hermes). *Revista de Direitos e Garantias Fundamentais*, Vitória, n. 7, p. 15-45, jan.-jun. 2010.

[140] Já dizia Ovídio: "A exigência de que a motivação seja "completa", abrangendo tanto a versão aceita pelo julgador, quanto as razões pelas quais ele recusara a versão oposta, é fundamental para que o convencimento judicial alcance o nível de racionalidade exigido pela lei." (SILVA, Ovídio A. Baptista da. Fundamentação das sentenças como garantia constitucional. *Revista do Instituto de Hermenêutica Jurídica: RIHJ*, Belo Horizonte, v. 1, n. 4, jan.-dez. 2006).

[141] FAZZALARI, Elio. *Instituzioni di Diritto Processuale*. VIII ed. Padova: Cedam, 1996. Na doutrina nacional, ver: GONÇALVES, Aroldo Plínio. *Técnica processual e teoria do processo*. 2. ed. Belo Horizonte: Del Rey, 2012.

[142] "Mais, tendo em vista a natureza dialógica do processo, é necessário que o julgador assegure o contraditório efetivo a ambas as partes, compreendido nesse princípio o direito, reconhecido a ambos os litigantes, não apenas de alegar e provar suas alegações, mas, fundamentalmente, o direito, reconhecido tanto ao vencedor quanto ao vencido, de obter "respostas" para suas alegações e provas." (SILVA, Ovídio A. Baptista da. Fundamentação das sentenças como garantia constitucional. *Revista do Instituto de Hermenêutica Jurídica: RIHJ*, Belo Horizonte, v. 1, n. 4, jan.-dez. 2006, p. 338).

do jurisdicionado em receber uma decisão jurídica consistente e adequada, que tenha tomado em conta todos os argumentos ventilados pelo perdedor dentro do processo.[143]

Dessa feita, a noção de contraditório passa a também significar participação na decisão judicial, que jamais será legítima se não apreciar (mesmo que seja para elidi-las) todas as considerações trazidas pelas partes.[144] Sobre o tema, com o brilhantismo que lhe era peculiar, já se manifestara Ovídio Baptista, para quem uma fundamentação qualitativamente adequada sempre exigirá que

> o julgador assegure o contraditório efetivo a ambas as partes, compreendido nesse princípio o direito, reconhecido a ambos os litigantes, não apenas de alegar e provar suas alegações, mas, fundamentalmente, o direito reconhecido tanto ao vencedor quanto ao vencido, de obter "respostas" para as suas alegações e provas.[145]

Daí podermos extrair uma conotação material, substancial ou dinâmica do contraditório, sintetizada no direito de influência e de controle dos destinatários na (e sobre a) construção do provimento.

Ora, de nada valeria a Constituição assegurar o contraditório se o julgador pudesse reconhecer que o sucumbente participou do processo, fez alegações e produziu provas, mas sobre estas não se pronunciará.[146] Como atingir a resposta correta (até a exaustão: que deve levar em conta a integridade e coerência do Direito) sem nem ao menos tomar

---

[143] OLIVEIRA, Marcelo Andrade Cattoni. PEDRON, Flavio Quinaud. *O que é uma decisão fundamentada*? Reflexões para uma perspectiva democrática do exercício da jurisdição no contexto da reforma do processo civil. *In*: Reforma do processo civil: perspectivas constitucionais. Fórum, 2010, p. 124.

[144] É o que, já na década de 80, explanava Barbosa Moreira ao qualificar o dever de motivação: "trata-se de garantir o direito que têm as partes de serem ouvidas e de ver examinadas pelo órgão julgador as questões que houverem suscitado. Essa prerrogativa deve entender-se ínsita no direito de ação, que não se restringe, segundo a concepção hoje prevalente, à mera possibilidade de pôr em movimento o mecanismo judicial, mas inclui a de fazer valer razões em Juízo de modo efetivo, e, por conseguinte, de reclamar do órgão judicial a consideração atenta dos argumentos e provas trazidas aos autos. Ora, é na motivação que se pode averiguar se e em que medida o juiz levou em conta ou negligenciou o material oferecido pelos litigantes; assim, essa parte da decisão constitui 'o mais válido ponto de referência' para controlar-se o efetivo respeito daquela prerrogativa". (BARBOSA, José Carlos Moreira. A motivação das decisões judiciais como garantia inerente ao estado de direito. *In*: Temas de direito processual. São Paulo: Saraiva, 1980).

[145] SILVA, Ovídio A. Baptista da. *Jurisdição, Direito Material e Processo*. Rio de Janeiro: Forense, 2008, p. 152.

[146] MOTTA, Francisco José Borges. *Levando o direito a sério*: uma crítica hermenêutica ao protagonismo judicial. 2. ed. rev. e ampl. Porto Alegre: Livraria do Advogado, 2012, p.139.

em consideração, no momento decisório, aqueles elementos fático-jurídicos trazidos pelas partes?

Destarte, caso não exijamos uma imbricação entre contraditório e fundamentação, o dever de fundamentar descambaria para um mero dever de explicação (supra). A sentença seria um ato em que o juiz poderia simplesmente apontar os elementos que considera mais relevante, ignorando os demais.[147] Os riscos em tal postura já são nossos velhos conhecidos: solipsismo, *results-oriented judging*, justiça opinativa, uso estratégico da jurisdição...

Se não fosse exigido do magistrado trabalhar intersubjetivamente (e isso, já demonstramos, exige que ele, no mínimo, tome em consideração os argumentos trazidos pelas partes), para fins de fundamentação de uma decisão, estaríamos fazendo uma aposta aberta no voluntarismo. Conforme fundada crítica de Marcelo Cattoni e Flávio Pedron:

> bastar-se-ia que o magistrado colocasse na decisão o seu entendimento de forma solipsista, pois seria o seu querer, como ato de autoridade - e não um possível consenso sobre a correção - que faria suficiente a exigência constitucional.[148]

Em que pese a sua manifesta consonância com a Constituição Federal, o entendimento que até aqui sustentamos não é aquele que vem sendo adotado por nossa jurisprudência e pelos nossos juízes.

Trata-se de algo frequente em nossas cortes, inclusive do âmbito do próprio STF, a alegação de que: "O art. 93, IX, da Constituição Federal exige que o acórdão ou decisão sejam fundamentados, ainda que sucintamente, sem determinar, contudo, o exame pormenorizado de cada uma das alegações ou provas, nem que sejam corretos os

---

[147] Não à toa, nesses casos, chega-se a falar numa "falsa motivação": "Em geral, para chegar a essa falsa motivação, o julgador estende-se em argumentos jurídicos para justificar a decisão que lhe pareceu a mais justa. Costuma trazer, em seu apoio, doutrina e jurisprudência, além de proceder à análise da prova que favoreça a conclusão por ele "livremente" escolhida, esquecendo-se, porém, de examinar criticamente a versão contrária, para mostrar sua inconsistência, seja quanto aos fatos alegados pelo sucumbente, seja quanto a sua fundamentação jurídica." (SILVA, Ovídio A. Baptista da. Fundamentação das sentenças como garantia constitucional. *Revista do Instituto de Hermenêutica Jurídica: RIHJ*, Belo Horizonte, v. 1, n. 4, jan.-dez. 2006, p. 340).

[148] OLIVEIRA, Marcelo Andrade Cattoni de. PEDRON, Flavio Quinaud. *O que é uma decisão fundamentada*? Reflexões para uma perspectiva democrática do exercício da jurisdição no contexto da reforma do processo civil. In: *Reforma do processo civil*: perspectivas constitucionais: Fórum, 2010, p. 126.

fundamentos da decisão".[149] Ou ainda: "O julgador não está obrigado a emitir pronunciamento acerca de todas as provas produzidas nos autos, tampouco acerca de todos os argumentos lançados pelas partes. Permite-se que o julgador dê prevalência às provas e aos fundamentos que sejam suficientes à formação de sua convicção, desde que motivadamente".[150]

Sob tal perspectiva, nos cabe questionar: afinal, de que serviria a Constituição garantir o direito ao contraditório se os argumentos trazidos pelas partes não precisassem ser analisados? Qual seria, então, o conteúdo do princípio? Uma mera formalidade a ser seguida?

Concordar com tais posicionamentos, em última medida, significaria dizer que a Constituição pode até conferir ao jurisdicionado o direito de ampla manifestação, mas o julgador só precisará tomar essa manifestação em conta quando (e se) entender pertinente. Trata-se do suprassumo do voluntarismo: "alegue o que quiser, conheço do que me interessa".

Com Fazzalari aprendemos que o processo jurisdicional deverá ser realizado em contraditório exatamente para garantir que o provimento jurisdicional, que pode atingir a esfera jurídica dos envolvidos, seja construído de forma participada.[151] Aquele que enfrentará as consequências da decisão judicial tem o direito (frisamos: o direito) de influir no resultado dessa decisão. E, evidentemente, só influi quem, ao menos, tem seus argumentos analisados.

Felizmente, tentando por um ponto final nesse arbitrário entendimento jurisprudencial, o Novo Código de Processo Civil adota expressamente uma concepção substancial de contraditório.

Dizendo o óbvio (não que, algumas vezes, o óbvio não precise ser dito) o CPC/2015 em seu artigo 489, §1º, inciso V, prevê que não se considerará fundamentada qualquer decisão judicial que deixe

---

[149] Brasil. Supremo Tribunal Federal. *Repercussão geral na questão de ordem no Agravo de Instrumento n. 791.292 de Pernambuco*. Brasília, DF, 23 de junho de 2010. Disponível em: <http://redir.stf.jus.br/paginadorpub/paginador.jsp?docTP=AC&docID=613496>. Acesso em 20. nov. 2014.

[150] Brasil. Tribunal Superior Eleitoral. Agravo regimental no agravo de instrumento nº 1235-47. 2010.6.00.0000 - classe 6 do Maranhão. Brasília, DF, 16 de dezembro de 2010. Disponível em: <http://temasselecionados.tse.jus.br/temas-selecionados/materia-processual/decisao-judicial/fundamentacao>. Acesso em 20. nov. 2014.

[151] "L'essenza stessa del contraddittorio exige che vi partecipino almeno due soggetti, um «interessato» e um «controinteressato»: sull'uno dei qualil'atto finale è destinato a svolgere effetti favo revoli e sul'altro effetti preigiudizi evoli".(FAZZALARI, Elio. *Instituzioni di Diritto Processuale*. VIII ed. Padova: Cedam, 1996, p. 86).

de enfrentar todos os argumentos deduzidos no processo e capazes de infirmar a conclusão adotada pelo julgador. Trata-se, conforme viemos demonstrando, de dispositivo em total compasso com o dever de fundamentação das decisões judiciais.

Perfeito: como, no Brasil, a Constituição parece ter menos importância ou força normativa que a lei (mormente quando concretizar a Constituição implique maior carga de trabalho para o órgão judicante), o legislador entendeu prudente asseverar que (corriqueiras) decisões nos moldes daquelas há pouco citadas padecem de espaço dentro do modelo constitucional brasileiro. Com efeito, ao deferir ou negar qualquer medida, o magistrado tem o dever de, analisando especificamente as situações do caso concreto sob julgamento, elidir todos os argumentos (jurídicos ou fáticos) trazidos pela parte prejudicada pelo provimento.[152]

O novo códex, assim, assume uma postura extremamente democrática de contraditório e fundamentação, reconhecendo-os enquanto mecanismos necessários e fundamentais para o controle do exercício arbitrário da função jurisdicional. O processo, nesse contexto, passa a seguir um modelo comparticipativo/ cooperativo,[153] valorizando a dialeticidade entre as partes e reduzindo a possibilidade de uma atuação arbitrária e solipsista do julgador. Sob tais premissas,

> todo o diálogo realizado durante o *iter* processual deve ser levado em conta, havendo, portanto, uma revalorização da fundamentação das decisões judiciais, esta imposta pela Constituição, através do art. 93, IX. Há, portanto, no modelo cooperativo de processo, uma "assimetria condicionada", ou seja, jamais poderá o magistrado furtar-se de valorizar o diálogo exercido durante o procedimento. Não se pode mais admitir que este possa "escolher" os argumentos a serem analisados na decisão. Aqui, o processo cooperativo impõe uma mudança até cultural na magistratura, que deve se adaptar ao novo modelo, abandonando uma postura autoritária no momento de construção das suas decisões.[154]

---

[152] Andou muito bem, portanto, o legislador: "O entendimento corrente no Brasil até o advento do Novo CPC é inconstitucional e ilegal, por violador do dever constitucional e legal de fundamentação das decisões judiciais, visto que é utilizado como "fundamento" para que o Estado-juiz não enfrente um argumento jurídico da parte, ou seja, mesmo argumentos que invoquem uma norma jurídica são singelamente desconsiderados por inúmeras decisões judiciais, que não os acolhem". (THEODORO JÚNIOR, Humberto. NUNES, Dierle. BAHIA, Alexandre Melo Franco. PEDRON, Flavio Quinaud. *Novo CPC - Fundamentos e sistematização*. Rio de Janeiro: Forense, 2015, p. 278).

[153] NUNES, Dierle. *Processo jurisdicional democrático*: uma análise crítica das reformas processuais. 1 ed. 4. reimp. Curitiba: Juruá, 2012.

[154] PEIXOTO, Ravi. Rumo à Construção de um processo Cooperativo. *Revista de Processo*, v. 219, p. 89, mai. 2013.

Mais: essa não é a única inovação em termos de contraditório, fundamentação e dialeticidade trazida pelo púbere diploma. O CPC/2015, ao instituir as "Normas Fundamentais do Processo Civil", já em seu artigo décimo, expõe que o juiz não poderá decidir, em grau algum de jurisdição, com base em fundamento a respeito do qual ainda não se tenha dado às partes oportunidade de se manifestar, ainda que se trate de matéria sobre a qual deva decidir de ofício.

Por derradeiro, o contraditório passa a permear todo o *iter* processual, sendo que o prévio debate de uma situação fático-jurídica passa a ser requisito de legitimidade (e, agora, legalidade) de uma decisão.[155] Vedam-se, com isso, as chamadas decisões surpresas, provimentos forjados com base em questões não discutidas nos autos e, portanto, construídos de forma unilateral pelo magistrado.[156] Nesse contexto, acertado dizer que a compartição e o diálogo tornam-se verdadeiras condições de possibilidade para a resposta correta.

Trata-se de "inovações" (ao menos legais) de suma importância, que buscam publicizar o debate processual entre todos os envolvidos no processo, de forma que o provimento jurisdicional passe a ser produto de uma mútua interação (portanto, verdadeira tentativa de quebra do solipsismo judicial). Instituem a necessidade de uma verdadeira "participação preventiva" na formação de todo e qualquer aspecto fático ou jurídico que conste de uma decisão.[157]

A estrutura do processo assim concebido permite que as partes, enquanto destinatárias do provimento jurisdicional, interfiram na sua preparação, construindo de forma conjunta (compartilhada) o ato estatal que poderá interferir em sua liberdade. Daí se falar em um policentrismo processual: o legislador aceitou o perigo democrático na concentração da construção do provimento somente na figura do juiz e,

---

[155] Nessa esteira, muito antes da modificação legislativa, já dizia André Cordeiro Leal que: "decisão que desconsidere, ao seu embasamento, os argumentos produzidos pelas partes no seu iter procedimental será inconstitucional e, a rigor, não será sequer pronunciamento jurisdicional, tendo em vista que lhe faltaria a necessária legitimidade." (LEAL, André Cordeiro. *O contraditório e a fundamentação das decisões no direito processual democrático*. Belo Horizonte: Mandamentos, 2002, p. 105).

[156] Sobre o tema, ver a excelente dissertação: SANTOS, Welder Queiroz. *Vedação à decisão surpresa no processo civil*. Dissertação (Mestrado em Direito) – Pontifícia Universidade Católica, São Paulo, 2012.

[157] THEODORO JÚNIOR, Humberto. NUNES, Dierle. BAHIA, Alexandre Melo Franco. PEDRON, Flavio Quinaud. *Novo CPC - Fundamentos e sistematização*. Rio de Janeiro: Forense, 2015.

assim, buscou um maior controle e qualidade da atividade jurisdicional com estribo no debate.[158]

Nessa perspectiva, assim como irmãos siameses, o princípio do contraditório e o princípio da fundamentação se invisceram mutuamente, de forma que um jamais existirá longe do outro.[159] Palmas para o legislador. A vivência democrática agradece.

---

[158] NUNES, Dierle. *Acesso à justiça democrático*. 1. ed. Brasília, DF: Gazeta Jurídica, 2013, p. 207
[159] A expressão é de: DIAS, Ronaldo Brêtas de Carvalho. *Processo Constitucional e Estado Democrático de Direito*. 2. ed., rev. e ampl. Belo Horizonte: Del Rey, 2102. p. 138.

CAPÍTULO 3

JURISPRUDÊNCIA E FUNDAMENTAÇÃO DECISÓRIA

Bem esclarecido que o dever de fundamentação é um dever de lealdade, de demonstração no acerto e erro entre todas as opções colocadas diante do magistrado (e, assim, de verdadeira reconstrução do fenômeno jurídico), nos cabe, trazendo o debate para ainda mais perto dos fins deste trabalho, discutir qual o papel da jurisprudência nesse processo.

3.1 Da jurisdição à jurisprudência: função, formação e conformação - o papel das decisões pretéritas na busca pela resposta correta

O alcance da locução jurisprudência é amplo, tendo assumido variados significados ao longo da história.[160]

Hoje, a maioria dos autores costuma empregar o termo em referência ao conjunto de pronunciamentos de um mesmo Tribunal que, de modo constante, reiterado e pacífico, firmam-se num determinado sentido.[161]

---

[160] Para um completo apanhado histórico, ver: FRANÇA, Rubens Limongi. Jurisprudência – seu caráter de forma de expressão do Direito. *In*: SANTOS, J. M de Carvalho; DIAS, José de Aguiar (coords). *Repertório Enciclopédico do Direito Brasileiro*. Rio de Janeiro: Editor Borsoi, 1947, v. 30.

[161] Por todos, conferir: TARUFFO, Michele. *Precedente e jurisprudência*. Trad. Chiara de Teffé. Civilistica.com. Rio de Janeiro, a. 3, n. 2, jul.-dez. 2014. Disponível em: <http://civilistica.com/precedente-ejurisprudencia/>. Acesso em 3. abr. 2015; STRECK, Lenio Luiz. *Súmulas no Direito brasileiro*: eficácia, poder e função: a ilegitimidade constitucional do efeito vinculante. 2. ed. rev. ampl. Porto Alegre: Livraria do Advogado, 1998, p.84-85.

A expressão, entretanto, pode ser, com igual acerto, empregada para expressar "a massa geral das manifestações dos juízes e tribunais sobre as questões jurídicas submetidas à sua autoridade".[162]

Nesse viés, seria conveniente falarmos em uma acepção estrita de jurisprudência (remetendo a ideia de jurisprudência pacificada) e em uma acepção lata de jurisprudência (remetendo a totalidade de decisões, pacificadas ou não, proferidas pelo Poder Judiciário).

Seja sob a perspectiva ampla, seja sob a perspectiva estrita, fato é que a jurisprudência certamente encontra origem no exercício da atividade jurisdicional.[163]

Cada vez que um órgão judiciário soluciona um caso, a decisão proferida passa a integrar um histórico de julgados sobre aquele determinado tema. Quando as decisões sobre este tema adquirem certa constância e consistência, estaremos diante de um entendimento jurisprudencial pacificado.

Não por outra razão, para entendermos o papel da jurisprudência dentro do fenômeno jurídico, primeiramente precisamos entender alguma das formas pela qual a jurisdição se manifesta, em especial a maneira como se relaciona com a lei. E, ao que nos parece, esta interação jurisdição-legislação se materializa em quatro frentes: (i) vivificação e interpretação da lei; (ii) atualização da lei; (iii) adequação e controle da lei; e, por fim, (iv) suplementação da lei.[164] Vejamos cada uma delas.

---

[162] FRANÇA, Rubens Limongi. Jurisprudência – seu caráter de forma de expressão do Direito. *In*: SANTOS, J.M de Carvalho; DIAS, José de Aguiar (coords). *Repertório Enciclopédico do Direito Brasileiro*. Rio de Janeiro: Editor Borsoi, 1947, 272-293, p. 274. v. 30. No mesmo sentido, Evaristo Santos: "Importa perceber, aqui, que a acepção corrente em torno do termo "jurisprudência" traz intrínseca a ideia de conjunto. Essa me parece ser a nota dinstintiva essencial: a pluralidade das decisões. Desde a massa de pronunciamentos produzida pelo Judiciário até um grupo uniforme de manifestações a respeito de determinado tema, o que temos, sempre, é um conjunto de decisões. Quando todas espelham um mesmo entendimento a respeito de determinada questão, comumente se adjetiva essa linha constante de entendimento de "corrente" jurisprudencial ou de "jurisprudência dominante"." (SANTOS, Evaristo Aragão. Em torno do conceito e da formação do precedente judicial. *In*: WAMBIER, Teresa Arruda Alvim (coord). *Direito Jurisprudencial*. São Paulo: Revista dos Tribunais, 2012, p. 142).

[163] Sob esse ponto José Rogério Cruz e Tucci faz uma pertinente e interessante observação. Considerando que a sentença, assim como foi por nós anteriormente sustentado, encontra sua legitimação na efetiva participação e defesa dos litigantes, diz o autor que, longe de constituir obra exclusiva do órgão jurisdicional, "a produção e constante evolução da jurisprudência é fruto do esforço conjunto de juízes e advogados". (TUCCI, José Rogério Cruz e. Parâmetros de eficácia e critérios de interpretação do precedente judicial. *In*: WAMBIER, Teresa Arruda Alvim (coord.). *Direito Jurisprudencial*. São Paulo: Revista dos Tribunais, 2012, p. 99).

[164] Alguns setores da doutrina entendem que tais funções pertenceriam à própria jurisprudência. A questão merece cuidado. Isto, pois, é a jurisdição que, casuisticamente,

Primeiramente, possui a jurisdição possui o papel de *vivificar* a lei. Sendo o texto legal, em si, um mero comando abstrato, um protótipo, é só diante do caso concreto que ganhará vida.[165] Não é nossa intenção aqui discutir se o direito existe ou não antes da atuação jurisdicional, mas o fato é que, por excelência, a atividade jurisdicional tem por marca a estruturação de normas para casos concretos.

Conforme veremos na sequência, o momento aplicativo e interpretativo são incindíveis entre si. Assim, quando falamos em vivificação da lei, obrigatoriamente falamos também em *interpretação* dessa lei. Diante das várias possibilidades comportáveis pelo texto, caberá ao órgão judicante, para a solução de cada caso, construir aquela que melhor se adeque ao ideal de coerência e integridade.

É claro que a interpretação de um mesmo texto legal, em diferentes momentos temporais, poderá ensejar a produção de normas com diferentes conteúdos.[166] O sentido da lei poderá sofrer modificações a depender do momento histórico em que o intérprete se encontre inserido. Sob essa perspectiva, podemos dizer que o exercício da jurisdição possui a função de *atualizar* a lei.[167]

Outra importante faceta interacional jurisdição-legislação refere-se ao poder e necessidade de *adequação* e *controle* legislativo. Falamos aqui do exercício da jurisdição constitucional, materializada no controle de constitucionalidade das leis ou na utilização de outras técnicas de hermenêutica constitucional para tentar salvá-la de inconstitucionalidade.[168]

---

fará a fusão entre lei e caso concreto, analisará a constitucionalidade da lei ou, ainda, suprirá a ausência desta. Neste processo, a jurisprudência, conforme demonstraremos, funcionará como um elemento hermenêutico auxiliar. O movimento é cíclico: a jurisdição forma a jurisprudência, a jurisprudência conforma a jurisdição. Entretanto, será sempre a jurisdição que, caso a caso, estará a interagir diretamente com a lei, de forma que cabe à jurisprudência, uma função auxiliadora nesse processo.

[165] FRANÇA, Rubens Limongi. Jurisprudência – seu caráter de forma de expressão do Direito. *In*: SANTOS, J. M de Carvalho; DIAS, e José de Aguiar (coords). *Repertório Enciclopédico do Direito Brasileiro*. Rio de Janeiro: Editor Borsoi, 1947, p. 272-293, v. 30.

[166] ABBOUD, Georges. *Discricionariedade administrativa e judicial*: o ato administrativo e a decisão judicial. São Paulo: Revista dos Tribunais, 2014.

[167] Vale aqui, entretanto, o alerta de Teresa Wambier: "A sociedade é um organismo vivo, e, como acontece com os organismos vivos, as mudanças pelas quais passa, ocorrem lentamente. Não há alterações sociais *bruscas*. Portanto, já que o direito muda quando precisa adaptar-se, nada justifica que as alterações ocorram da noite para o dia, em situações de normal desenvolvimento." (WAMBIER, Teresa Arruda Alvim. Precedentes e evolução do direito. *In*: WAMBIER, Teresa Arruda Alvim (coord.). *Direito Jurisprudencial*. São Paulo: Revista dos Tribunais, 2012).

[168] No mesmo sentido: ABBOUD, Georges. Precedente Jurisprudencial versus Jurisprudência dotada de efeito vinculante - a ineficácia e os equívocos das reformas legislativas na busca

Por fim, a atuação jurisdicional pode, eventualmente, precisar *suplementar* a legislação. Conforme bem expõe Mancuso, a vida em sociedade é dinâmica, ao passo que o Direito remanesce extratificado. Desse descompasso nascem espaços de vácuo normativo, que precisarão ser suplantados pela atividade jurisdicional.[169]

Pois bem. Cada vez que a atividade judicante é exercida, materializando-se sob uma (ou algumas) dessas facetas, a decisão proferida passa a integrar uma cadeia de julgados sobre o tema, paulatinamente dando forma à jurisprudência. Até aqui, nenhuma grande novidade.

Entretanto, esclarecido como e donde surge a jurisprudência, cabe-nos responder questão muito mais difícil. Qual a função a ser por ela desempenhada dentro do fenômeno jurídico?

Sendo sabido que a jurisprudência deriva diretamente do exercício jurisdicional, é preciso que agora percorramos o caminho inverso, desvelando quais são os efeitos que os entendimentos pretéritos, pacificados ou não, exercerão sobre a atividade jurisdicional.

E, para respondermos a essa questão, precisamos retomar um ponto já amplamente debatido nesta obra: a necessária busca pela resposta correta no momento decisório.

Conforme já sustentamos, o julgador jamais decidirá um caso a partir de um "grau zero de sentido". A decisão judicial somente será mais um capítulo de um romance que deve manter-se íntegro e coerente.

Nessa esteira, fácil concluir que a jurisprudência, fazendo parte dessa história, sempre precisará ser levada em conta para a continuidade do romance. A maneira como outros juízes no passado decidiram casos semelhantes e como trabalharam com a lei naqueles casos *importa* e deverá ser tomada em conta pelo julgador que pretende resolver novas situações.[170]

Com efeito, a jurisprudência participará do processo de construção normativa, exercendo influência em cada novo caso a ser julgado.[171]

---

de uma cultura de precedentes. *In*: WAMBIER, Teresa Arruda Alvim (coord.). *Direito jurisprudencial*. São Paulo: Revista dos Tribunais, 2012, p. 505.

[169] MANCUSO, Rodolfo de Camargo. *Divergência jurisprudencial e súmula vinculante*. 5 ed. rev., atual. e ampl. São Paulo: Revista dos Tribunais, 2013.

[170] Nesse sentido, conferir: SCHMITZ, Leonard Ziesemer. *Fundamentação das decisões*: a crise na construção de respostas no processo civil. São Paulo: Revista dos Tribunais, 2015. (Coleção Liebman).

[171] STRECK, Lenio Luiz. *Súmulas no Direito brasileiro*: eficácia, poder e função: a ilegitimidade constitucional do efeito vinculante. 2. ed. rev. ampl. Porto Alegre: Livraria do Advogado, 1998, p.84-85.

Tratar-se-á, nas palavras de Cruz e Tucci, de "valioso subsídio que auxilia a hermenêutica de casos concretos".[172]

À jurisdição caberá o papel de vivificar, interpretar, atualizar, controlar e suplementar a lei, mas, para fazê-lo, deverá olhar para o passado e verificar como os julgadores pretéritos atuaram em situações semelhantes. Assim sendo,

> a lei e a jurisprudência não devem mais ser confrontadas como fontes judiciais colocadas em grau de diferente hierarquia, uma vez que, atualmente, elas devem ser consideradas como fontes complementares, sendo insensata a análise de uma estanque da outra.[173]

Em essência, ao mesmo tempo em que a jurisdição *forma* a jurisprudência, a jurisprudência *conforma* a jurisdição. O movimento é cíclico.[174]

Mas algumas advertências se fazem necessárias.

Primeiramente, dizer que a jurisprudência conforma a jurisdição não significa sustentar qualquer tipo de vinculação cega do julgador às decisões pretéritas. A jurisprudência constitui somente *um* elemento a ser tomado em conta no momento de estruturação normativa e construção da resposta correta (que nunca será atingida somente a partir de uma forma de expressão do jurídico). Quando, por exemplo, o entendimento jurisprudencial encontrar amplo desaceite doutrinário, se mostrar inconstitucional, ou desatualizado o julgador poderá muito bem (claro, desde que de forma absolutamente fundamentada, desconstruindo e reconstruindo a cadeia do romance) deixar de segui-lo.

Na mesma esteira, a carga de conformação operada pela jurisprudência correlaciona-se muito mais com a *qualidade das decisões pretéritas*, com o seu DNA democrático, do que propriamente com a

---

[172] TUCCI, José Rogério Cruz e. Parâmetros de eficácia e critérios de interpretação do precedente judicial. *In*: WAMBIER, Teresa Arruda Alvim (coord.). *Direito jurisprudencial*. São Paulo: Revista dos Tribunais, 2012, p. 99.

[173] ABBOUD, Georges. Precedente Jurisprudencial *versus* Jurisprudência dotada de efeito vinculante - a ineficácia e os equívocos das reformas legislativas na busca de uma cultura de precedentes. *In*: WAMBIER, Teresa Arruda Alvim (coord.). *Direito jurisprudencial*. São Paulo: Revista dos Tribunais, 2012, p. 505.

[174] Daí Teresa Wambier falar em autopoiese: "O direito é um sistema que se autonutre: assim, acórdãos citam precedentes, e, assim, se legitimam. Do mesmo modo ocorre com a doutrina: autores citam outros autores. Doutrina e jurisprudência são capazes de gerar alteração da lei". (WAMBIER, Teresa Arruda Alvim. *Recurso especial, recurso extraordinário e ação rescisória*. São Paulo: Revista dos Tribunais, 2008, p. 210).

qualidade do órgão que a proferiu. Já sustentamos anteriormente que uma decisão discricionária ou voluntarista proferida pelos órgãos de cúpula não adquire, pela simples condição de quem a prolatou, status de verdade universal. É por essa razão que precisamos sempre exigir também dos Tribunais Superiores que sempre labutem na busca pela resposta correta e pautem seus julgamentos em parâmetros intersubjetivos. Se isso for feito, logicamente, será muito difícil para os juízes de casos futuros (e desinteressante para o próprio direito enquanto integridade), o distanciamento de decisões proferidas pelo STF e STJ.[175]

Tais pontos merecem destaque pois, se assim não fosse, transformaríamos a jurisprudência em um super-argumento de autoridade, aplicável de forma alheia e indiferente ao debate jurídico e à própria Constituição. Ainda, conferiríamos a ela uma carga argumentativa auto evidente, como se já pudesse entregar, pronta e acabada, a resposta correta para um caso futuro.

Frisamos, pois fundamental: a jurisprudência participa do processo hermenêutico de estruturação normativa, mas é somente *um* dos elementos necessários que deve ser considerado pelo julgador, e *nunca a resposta correta em si*.

Daí nossa opção por não restringirmos a análise do fenômeno 'jurisprudência' aos posicionamentos já pacificados. Isto poderia induzir a falsa conclusão de que um entendimento ainda não sedimentado, ou mesmo contrário ao posicionamento dominante, não possuiria importância no processo de solução de um caso.

Devemos lembrar que a atuação judiciária sempre deve estar pautada em um dever de lealdade, que obriga o decisor a demonstrar porque sua decisão é, quando confrontadas a todas as outras possíveis, a correta.

Isso implica dizer que mesmo eventuais entendimentos minoritários inspiram um dever ao julgador, que deverá demonstrar o seu desacerto ou desajuste. Um entendimento minoritário, apesar desta

---

[175] Conforme bem expõem Dierle Nunes, Humberto Theodoro Júnior, Alexandre Bahia e Flávio Pedron: "A ideia é que se julgue bem das primeiras vezes, não sendo mais possível tolerar decisões superficiais que se repetem as centenas (ou milhares), permitindo idas e vindas, argumentos novos com assiduidade, instabilidade e anarquia decisória. É preciso otimizar o debate e o espaço-tempo processuais, gastando-os bem para que haja estabilidade, coerência e integridade na formação decisória." (THEODORO JÚNIOR, Humberto. NUNES, Dierle. BAHIA, Alexandre Melo Franco. PEDRON, Flavio Quinaud. *Novo CPC - Fundamentos e sistematização*. Rio de Janeiro: Forense, 2015, p.267).

condição, pode se mostrar, a luz do direito enquanto integridade ou da própria Constituição, correto. Cabe ao decisor refutar essa hipótese.[176]

Em conclusão, constitui a jurisprudência importante elemento a ser considerado no processo de construção normativa e solução decisória.[177] Sem levar em conta como os outros juízes vêm decidindo casos semelhantes, o julgador jamais conseguirá compreender o estado da arte da questão no contexto jurisdicional e, portanto, jamais conseguirá dar prosseguimento ao romance.

Com efeito, para manter a integridade e coerência do fenômeno jurídico, cabe ao magistrado manter os entendimentos pacificados que possuam DNA democrático, justificar o desacerto de eventuais entendimentos já exalados e contrários àquele que adotará (afinal, eles também fazem parte da história e não podem ser renegados) e, em caso de necessidade de superação de entendimentos sedimentados, bem fundamentar a questão com bases em elementos intersubjetivos e não voluntaristas.

Em todas as hipóteses, a jurisprudência não poderá ser ignorada, mas também não poderá ser supervalorizada.

3.2 Jurisprudência, técnicas procedimentais e fundamentação decisória: o que vai mal?

Vivemos no Brasil um momento de verdadeiro caos e incerteza dentro do nosso judiciário. Primeiro, pois, conforme já abordado anteriormente, o número de feitos não para de crescer, o que causa

---

[176] Nesse ponto, vale o alerta de Maurício Ramires: "Quando isso ocorre - como quando se está diante de uma chamada questão controvertida ou polemica nos tribunais-, a primeira coisa a *não* se fazer é escolher uma das tendências judiciais como fundamento bastante de uma decisão, sem justificar a escolha. O juiz não pode simplesmente dizer que "isso é assim porque o Tribunal X diz que é "quando o Tribunal Y diz que não é, e, quando mesmo dentro do Tribunal X também haja quem diga o contrário. Ao se fundamentar a decisão em precedentes - buscando estabelecer um padrão de coerência e integridade na prática do direito- quando há entendimentos diversos na jurisprudência é preciso que ambas as tendências jurisprudenciais façam parte do horizonte da decisão. A solução do caso deverá vir da resolução dialética entre eles, no caso concreto. A invocação de um ou outro julgado passado, não irá resolver sozinha a contenda." (RAMIRES, Maurício. *Crítica à aplicação de precedentes no direito brasileiro*. Porto Alegre: Livraria do Advogado, 2010, p. 111-112).

[177] "Pode-se dizer, então, que a jurisprudência é fonte por duas razões: uma, porque influencia na produção de normas individuais; outra, porque participa da produção do fenômeno normativo, apesar de sua maleabilidade" (STRECK, Lenio Luiz. *Súmulas no Direito brasileiro*: eficácia, poder e função: a ilegitimidade constitucional do efeito vinculante. 2 ed. rev. ampl. Porto Alegre: Livraria do Advogado, 1998, p.84-85).

extremo abarrotamento nos cartórios e lentidão no andamento processual. Ainda, a aposta (e, por que não dizer, estímulo)[178] no voluntarismo decisório acaba fazendo com que o êxito ou o fracasso de uma demanda dependa muito mais de parâmetros lotéricos do que jurídicos. Como consequência, seja por falta de tempo, seja por falta de compromisso com a integridade e coerência do Direito, as decisões são fundamentadas de forma cada vez menos suficiente.

Pior: os dois fenômenos se retroalimentam. Quanto mais processos, menos tempo para o magistrado desenvolver uma fundamentação qualitativamente adequada ("ser Hércules", de fato, não é fácil); quanto mais decisões superficiais, mais voluntarismo e mais discrepância jurisprudencial; quanto mais discrepância, mais estímulo à litigância e mais processos.[179] E o círculo se reinicia.

Na busca por soluções para o problema, na ânsia por uma necessária "efetividade" processual, a grande e atual aposta da ciência processual acabou sendo a adoção de técnicas processuais de vinculação jurisprudencial. Em especial a adoção de súmulas e padronizações decisórias pelas Cortes Superiores. Entendimento cada vez mais aceito é de que caberiam a esses Tribunais a pacificação de embates jurídicos, por intermédio do julgamento de *teses* que seriam posteriormente aplicadas aos demais casos similares.[180]

A questão merece uma dupla abordagem, com ponto e contraponto. Ponto: uma teoria adequada de construção e valorização da jurisprudência, de fato, possui papel fundamental de salvaguarda do Direito enquanto um todo coerente e íntegro, minimizando ilegítimas tentativas de fragmentação e voluntarismos.[181] Contraponto: a

---

[178] Ver o nosso: LUNELLI, Guilherme. ABBOUD, Georges. Ativismo judicial e a instrumentalidade do processo: diálogos entre discricionariedade e democracia. *RePro*, São Paulo. v. 242. ano 40. p. 19-45, abr. 2015.

[179] "A system that enhances the stability of the Court's body of precedent discourages expenditures on litigation aimed at disrupting it. Conversely, a more highly discretionary regime would signal a greater receptiveness to arguments directed at overruling precedent, thus encouraging increased expenditures directed at overruling previous decisions. More fundamentally, rules of stare decisis enhance the level of stability and certainty in the law, thereby decreasing the incentive for litigation at all levels of the judicial system. The notion that uncertainty promotes litigation is hardly a new one" (LEE, Thomas R. Stare decisis in economic perspective: an economic analisys of the Supreme Court's doctrine of precedent. *North Carolina Law Review*, n. 78, p. 652, 2000).

[180] Nessa esteira, ver: MITIDIERO, Daniel. *Cortes superiores e cortes supremas*: do controle à interpretação, da jurisprudência ao Presidente. São Paulo: Revista dos Tribunais, 2013.

[181] RAMIRES, Maurício. *Crítica à aplicação de precedentes no direito brasileiro*. Porto Alegre: Livraria do Advogado, 2010.

abordagem pode (e vem sendo) distorcida, criando-se a falsa ideia de que entendimentos jurisprudenciais, mormente aqueles constantes de súmulas, seriam, em si, suficientes para, em um movimento verdadeiramente mecanicista, encerrarem e fundamentarem uma decisão judicial.[182]

A essa altura de nosso trabalho não deve ser uma novidade para o leitor que, no Brasil, ainda não superamos o paradigma positivista e, por consequência, persistimos apostando no solipsismo do julgador. Evidente: sabendo que a lei não possui uma única interpretação possível, enquanto couber a cada intérprete, sem qualquer compromisso com a ideia de coerência e integridade do direito, a escolha daquela que lhe parece a mais adequada, raro será o consenso jurisprudencial. Compreensível, então, a preocupação: decisões antagônicas vão se propalando, casos semelhantes são decididos de forma diametralmente oposta e quem sofre é o jurisdicionado.

A esse fenômeno, devemos acrescer a peculiaridade (também já abordada) de que o excessivo número de processo que assolam nossos tribunais pode ser imputado a um seleto grupo de demandistas: o Poder Público e as grandes companhias prestadoras de serviços. Desse modo, considerando que a maioria dos feitos envolve praticamente os mesmos litigantes, normal que a natureza das questões jurídicas discutidas na grande massa de processos não enfrente muitas alterações. Daí poder se falar em uma litigiosidade repetitiva.

Pois bem. Detectado o problema, passou-se a buscar soluções. Precisava-se garantir isonomia, segurança jurídica e previsibilidade no trato jurídico e, somente com a lei, não se estava conseguindo. Muito além disso, precisava-se também controlar o exponencial crescimento do número de demandas.

Como, então, solucionar esses entraves? A resposta veio por intermédio de técnicas procedimentais voltadas à sedimentação de teses jurídicas (fosse dos tribunais superiores, fosse do próprio juízo de primeiro grau – como no caso do art. 285-A incluído no CPC/73) e no consequente encurtamento dos procedimentos com base na

---

[182] NUNES, Dierle. Precedentes, padronização decisória preventiva e coletivização - Paradoxos do sistema jurídico brasileiro: uma abordagem Constitucional democrática. In: WAMBIER, Teresa Arruda Alvim. *Direito Jurisprudencial*. São Paulo: Revista dos Tribunais, 2012. Ver também: ABBOUD, Georges. LUNELLI Guilherme. SCHIMITZ, Leonard Ziesemer. Como trabalhar - e como não trabalhar - com súmulas no Brasil: um acerto de paradigmas. In: *Direito Jurisprudencial*. São Paulo: Revista dos Tribunais, 2014. v. 2.

aplicação das teses firmadas.[183] Parecia claro: se as demandas são seriais, envolvendo situações fáticas e jurídicas parecidas, uma decisão-tipo, que resolvesse a controvérsia, poderia ser replicada em todo um contingente de outras demandas semelhantes. Assim, com uma cartada só, ao menos em tese, se conferiria maior uniformidade aos julgamentos e se reduziria o número (e tempo de tramitação) de inúmeros feitos.[184]

A premissa, conforme já pontuamos em momento anterior, norteou variadas reformas no CPC/73, como por exemplo, a que aumentou os poderes monocráticos do relator (9.756/1998), que instituiu a súmula impeditiva de recursos (Lei nº 11.276/06), o julgamento liminar da demanda (Lei nº 11.277/06) e que forjou a sistemática dos recursos repetitivos no âmbito do STJ (Lei nº 11.672/2008). O mesmo para a alteração constitucional que instituiu a súmula vinculante e abordou a dinâmica da repercussão geral em sede de recursos extraordinários (EC 45/2004). Inúmeros são os exemplos também dentro do Novo Código de processo civil: improcedência liminar do pedido (art. 332), possibilidade de concessão de tutela de evidência com base em entendimento sumulado (art. 311, II), possibilidade de negativa ao seguimento ou provimento de recurso por decisão monocrática do relator (art. 932, IV e V), o regime da repercussão geral (art. 1.035), do julgamento de recursos repetitivos (art. 1.036) e o novel incidente de resolução de demandas repetitivas (art. 976 a 987).

Em termos simples (porém precisos) a lógica por detrás de todos esses institutos é uma só: fixar-se-ia um entendimento padrão, uma decisão tipo (no mais das vezes sumulada), a ser replicada em outros processos de forma a suprimir etapas processuais (e, portanto, reduzir o número de demandas e tempo de sua tramitação).[185]

---

[183] Ver: MONNERAT, Fábio Victor da Fonte. A jurisprudência uniformizada como estratégia de aceleração do procedimento. In: WAMBIER, Teresa Arruda Alvim (coord). *Direito Jurisprudencial*. São Paulo: Revista dos Tribunais, 2012.

[184] Sob tal ótica: "Pode-se notar a intenção de estender o âmbito de aplicabilidade das suas decisões judiciais, fazendo com que o Judiciário no menor número de vezes possível tenha que se aprofundar na análise de questões similares, tornando-se mais *eficiente quantitativamente* através do estabelecimento de padrões a serem seguidos nos casos idênticos subsequentes, sob o argumento de preservação da isonomia, da celeridade, da estabilidade e da previsibilidade do sistema" (BAHIA, Alexandre. NUNES, Dierle. "Jurisprudência instável" e seus riscos. In: MENDES, Aluísio Gonçalves de Castro. MARINONI Luiz Guilherme. WAMBIER, Teresa Arruda Alvim (coords.) *Direito Jurisprudencial*. São Paulo: Revista dos Tribunais, 2014, v. 2. p. 441).

[185] "De uma ou de outra forma, todas essas leis supracitadas têm por escopo claro a redução do tempo do processo, suprimindo etapas e procedimentos que, ao juízo dos legisladores e das comissões de reforma, vinham obstaculizando a celeridade processual tão desejada por alguns setores da sociedade, sobretudo, os representativos do ideal neoliberal"

A lógica não é de todo ruim, eis que a valorização de súmulas (vinculantes ou não) ou de julgamentos colegiados dos tribunais superiores muito poderia contribuir para a manutenção da coerência e integridade do Direito. O problema é que a ideia foi (e vem sendo) extremamente mal executada.

Isto, pois, na busca por uma desejável "eficiência" e "celeridade" judicial, acabou-se promovendo um paulatino processo de *estandardização* do direito, de forma a se aceitar que pretensões individuais deixassem de ser propriamente julgadas e apreciadas, sendo somente submetidas, de forma mecânica e acrítica, a uma tese jurídica, retirada do processo paradigma.[186] Destarte, conforme aponta Mancuso, na grande maioria das reformas, a lógica do legislador sempre se baseou muito mais em propósitos pragmáticos, de corte restritivo ou obstativo, do que no aperfeiçoamento das categorias e institutos processuais.[187]

Problema: tais técnicas acabaram por ser recepcionadas pelos julgadores como uma licença para não se debruçarem sobre as peculiaridades de cada caso concreto ou sobre a argumentação trazida pelas partes. Existente um entendimento já sedimentado, o procedimento, como num passe de mágica, poderia, sem maiores esforços interpretativos ou argumentativos, ser encerrado. Compreensível, pois, a insistente insurgência de Calmon de Passos:

> Por força de tudo isso, sou dos que atribuem pouca importância a ginásticas procedimentais e me prendo muito mais à racionalidade dos comportamentos indispensáveis, em cada caso concreto, para se obter, respeitadas as garantias fundamentais que protegem os indivíduos contra o arbítrio do poder, o melhor resultado qualitativo, com economia de tempo e dispêndio. Nem se deve minimizar a importância da verificação dos fatos no processo. Impor um dever ser a partir de um suposto fático sem correspondência na realidade é praticar imperdoável violência.[188]

(SAUSEN, Dalton. *Súmulas repercussão geral e recursos repetitivos*: crítica à estandardização do direito. Porto Alegre: Livraria do Advogado, 2013, p. 36).

[186] MANCUSO, Rodolfo de Camargo. *Acesso à justiça*: condicionantes legítimas e ilegítimas. São Paulo: Revista dos Tribunais, 2011, p. 183.

[187] É dizer: "trancamento ou obstaculização de certos recursos e eliminação de outros; potencialização dos poderes do Relator em detrimento da colegialidade; eficácia expansiva panprocessual à jurisprudência dominante e ao direito sumular, como forma de sumarização de processos e julgamentos; fomento a tutelas calcadas em cognição parcial e sumária." (MANCUSO, Rodolfo de Camargo. *Acesso à justiça*: condicionantes legítimas e ilegítimas. São Paulo: Revista dos Tribunais, 2011, p. 176).

[188] PASSOS, J. J. Calmon de. Avaliação crítica das últimas reformas do processo civil. *In*: *Ensaios e Artigos*. Salvador: Juspodivm, 2014, p. 122.

Ao menos até o presente momento (espera-se que com a vigência do CPC/2015 este cenário mude), o uso de tais técnicas, na prática, vem conduzindo à uma espécie de "presunção de equivalência" fática e jurídico-argumentativa. Isto é: notando a aproximação entre o caso sob julgamento e eventuais entendimentos exalados pelos tribunais o julgador simplesmente replica o entendimento anteriormente emitido, citando súmula ou ementa sem sequer demonstrar a sua pertinência às peculiaridades daquela lide específica.

Nessas situações, a semelhança entre os casos (julgando e pretérito) é verificada exclusivamente na psique do magistrado, sem que o processo mental seja transladado para a decisão. Por consequência, não atende a garantia constitucional de fundamentação das decisões, eis que não permite controle pelo jurisdicionado.

O problema fica ainda pior se imaginarmos que, por comodismo ou excesso de trabalho, nem mesmo o magistrado realize essa operação. A decisão pautar-se-ia numa mera aparência ou probabilidade de similitude. Nesse caso, nem o próprio juiz estaria a controlar o acerto ou erro de sua decisão – voltamos, com isso, ao dever de lealdade supranarrado.

Em verdade, o ponto nerval é que tais técnicas de padronização decisória, baseadas em outras decisões, vêm sendo encaradas enquanto uma verdadeira fórmula de "facilitação" do dever de fundamentar. Uma vez sedimentada uma tese jurídica por um Tribunal, visualiza-se, por todo o organograma judiciário, uma verdadeira avalanche de "decisões carimbos" que, sem sequer demonstrar a similitude fática ou jurídica entre o caso sob julgamento e o caso paradigma, colocam termo a um sem número de processos.

Criou-se no Brasil o ideário de que uma súmula, uma ementa ou uma decisão das Cortes Superiores traria, em si, uma resposta pronta e acabada para outros casos "idênticos", dispensando do julgador maiores esforços argumentativos. Não são incomuns decisões que, simplesmente evocando uma súmula ou um julgado, deixam de dar seguimento a um recurso, ou mesmo servem como fundamento para a solução de uma lide. Com isso, repele-se dos julgamentos (e da fundamentação) qualquer discussão acerca da facticidade em debate e ignora-se a argumentação trazida pelas partes aos autos. É como se os textos jurisprudenciais contivessem um conceito universalizante de tal força que, sozinhos, poderiam resolver um processo e fundamentar uma decisão. Conforme perfeito juízo de Alexandre Morais da Rosa:

A continência do caso - e seu contexto inigualável - resta soterrada pela ilusão do já-dito. Uma decisão antecedente, uma orientação jurisprudencial desonera a responsabilidade pela enunciação "como se" fosse previsível o sujeito se desincumbir do seu lugar. Não pode a jurisprudência ser tratada com um fim em si mesmo, ou ainda uma interpretação declarativa e desonerativa. A jurisprudência não é e nem pode ser, sinônimo de hermenêutica, muito menos de fundamentação, dado que demandam um contexto para fazer sentido. Decorre justamente deste lugar uma responsabilidade que não se pode fugir, nem oscilar. A decisão tinha uma marca e uma singularidade. Hoje se pode falar em banco de sentenças. Por elas tudo já está dito e não há mais decisão. Passa-se à adesão.[189]

É dizer: invocar entendimentos jurisprudenciais passa a funcionar como uma ferramenta de desoneração dos julgadores do seu dever de fundamentar. Conforme ideário prevalente, a existência de um *standard* jurisprudencial eximiria o aplicador de enfrentar a facticidade e a argumentação jurídica constantes dos autos.[190] A crítica é feita também por Marcelo Cattoni e Flavio Pedron:

> o que parece, aqui, está-se atribuindo um peso argumentativo supostamente auto evidente a tais decisões, como se elas fossem, por si só, precedentes, cuja mera referência impossibilitasse, de per si, qualquer contra-argumentação quanto à sua aplicabilidade ou extensão ao caso específico sub judice.[191]

E isso ocorre especialmente porque a jurisprudência não vem sendo compreendida enquanto um elemento hermenêutico para a construção da resposta correta. Bem pelo contrário, súmulas e ementas, da confecção à aplicação, são encaradas enquanto enunciados normativos abstratos com pretensão de resolverem, mecanicamente, outros casos.

Com efeito, uma súmula ou uma ementa negritada parecem ser o suficiente para por fim a um debate.

---

[189] ROSA, Alexandre Morais da. O hiato entre a hermenêutica filosófica e a decisão judicial. *In*: STEIN, Ernildo; STRECK, Lenio Luiz. (Org.). *Hermenêutica epistemológica*: 50 anos de verdade e método. Porto Alegre: Livraria do Advogado, 2011, p. 130-131.

[190] SAUSEN, Dalton. *Súmulas, repercussão geral e recursos repetitivos*: crítica à estandardização do direito. Porto Alegre: Livraria do Advogado, 2013, p. 72-73.

[191] OLIVEIRA, Marcelo Andrade Cattoni; PEDRON, Flavio Quinaud. O que é uma decisão fundamentada? Reflexões para uma perspectiva democrática do exercício da jurisdição no contexto da reforma do processo civil. *In*: BARROS, Flaviane de Magalhães; MORAIS, José Luis Bolzan de. *Reforma do processo civil*: perspectivas constitucionais. Belo Horizonte: Fórum, 2010.

Claramente essa forma de fundamentação não encontra guarida constitucional e não se mostra condizente com a necessária busca pela resposta correta. Lembremos que a jurisprudência é somente *um* dos elementos a ser tomado em conta pelo julgador no processo de estruturação normativa.

Para sermos francos, essa "facilitação" do dever de fundamentar com escoro na jurisprudência é uma realidade antiga no cenário nacional. Já na década de quarenta a doutrina percebeu e reprovava a técnica:

> Em virtude da lei do menor esfôrço e também para assegurarem os advogados o êxito e os juízos inferiores a manutenção de suas sentenças, do que muito se vangloriam, preferem, causídicos e magistrados, às exposições sistemáticas de doutrina jurídica, os repositórios de jurisprudência. Basta a consulta rápida a um índice alfabético para ficar um caso liquidado, com as razões na aparência documentadas cientificamente. Há verdadeiro fanatismo pelos acórdãos: dentre os freqüentadores dos pretórios, são muitos os que se rebelam contra uma doutrina; ao passo que rareiam os que ousam discutir um julgado. O processo é erradíssimo. Os julgados constituem bens auxiliares de exegese, quando manuseados criteriosamente, criticados, comparados, examinados à luz dos princípios... A jurisprudência, só por si, isolada, não tem valor decisivo, absoluto. Basta lembrar que a formam tanto os arestos brilhantes, como as sentenças de colégios judiciários onde reinam a incompetência e a preguiça".[192]

Na mesma época, Rubens Limongi França também muito se preocupava com "o modo pelo qual a superestimação de valor dos arestos tem contribuído para o declínio da ciência jurídica". Ao tratar do tema, com rigidez, o jurista apontava as origens do problema: "o comodismo, a facilidade, a preguiça mental, a falta de zêlo, a ausência de amor ao Direito, eis os vícios que possibilitaram essa situação, eis os vícios que situação tem ativado".[193]

Considerando que a questão, há quase *setenta* anos, já era vista com maus olhos, muito nos intriga a baixa frequência com que, mesmo após o advento da Constituição de 1988 (que elevou a garantia de

---

[192] MAXIMILIANO, Carlos. *Hermenêutica e Aplicação do Direito*. 4. ed. Rio de Janeiro: Freitas Bastos, 1947, p. 223-224.

[193] FRANÇA, Rubens Limongi. Jurisprudência – seu caráter de forma de expressão do Direito. In: SANTOS, J. M de Carvalho; DIAS, José de Aguiar (coords). *Repertório Enciclopédico do Direito Brasileiro*. Rio de Janeiro: Editor Borsoi, 1947, 272-293, p. 289.

fundamentação decisória ao *status* de direito fundamental), o problema vem sendo debatido pela doutrina brasileira.

Conforme sustentamos no ponto anterior, hoje, é inconcebível se tolerar que um provimento judicial se diga devidamente fundamentado simplesmente reproduzindo aquilo que foi dito ou sumulado em outra oportunidade, mediante uma aplicação descontextualizada e despreocupada com o caso concreto, com os argumentos das partes e com as demais formas de manifestações do fenômeno jurídico. Reiterando a citação de Carlos Maximiliano, devemos ter em vista que "a jurisprudência, só por si, isolada, não tem valor absoluto".

CAPÍTULO 4

SÚMULAS E FUNDAMENTAÇÃO DECISÓRIA: ESTADO DA ARTE E CRÍTICAS

Bem esclarecida a importância da fundamentação decisória, seus desdobramentos e exigências dentro de um Estado Democrático, bem como o papel da jurisprudência nesse contexto, podemos aprofundar a discussão cerne desta obra: a maneira pela qual as súmulas devem ingressar na motivação de uma decisão.

Neste capítulo, em específico, analisaremos criticamente o estado da arte da questão para que, no capítulo final, possamos desenvolver as soluções propostas e trazidas pelo CPC/2015.

4.1 Súmula: noções preliminares

Até o presente momento nos utilizamos do vocábulo 'súmula' sem conceituá-lo. Em verdade, confiamos na experiência prática do nosso interlocutor: o trato com súmulas é uma realidade tão presente no dia a dia forense e acadêmico que o significado da palavra normalmente é presumido por aqueles que dela se utilizam.

Entretanto, para fins de rigor científico (condizentes com a natureza do presente estudo) imperioso bem definirmos o conteúdo e alcance da expressão.

A origem do termo remete ao Regimento Interno do Supremo Tribunal Federal que, mediante emenda operada em 30.08.1963, instituiu a "Súmula de Jurisprudência" daquela Corte. Esta seria composta por enunciados (ou verbetes) que, para serem incluídos na 'Súmula', demandariam deliberação do Plenário. Tais verbetes, por sua vez, se propunham a consolidar, em sua semântica, uma tese jurídico-interpretativa sufragada pelo Tribunal e que serviria como parâmetro decisório para futuros julgamentos.[194]

Posteriormente, em 1973, o Código Buzaid determinou que o julgamento tomado por maioria absoluta dos membros de um Tribunal, em sede de incidente de uniformização de jurisprudência, também seria objeto de Súmula. A possibilidade de edição de enunciados com este viés, assim, acabou sendo ampliada para qualquer Tribunal da federação.

Nesse contexto, podemos perceber que, em um primeiro momento, a Súmula constituía verdadeiro *substantivo coletivo*. Apesar de sua redação singular (afinal, só existiria uma Súmula para cada tribunal) transmitia uma noção de multiplicidade, eis que indicava o conjunto de enunciados editados pela Corte. A Súmula, pois, seria um compêndio.

Ocorre que a práxis acabou deturpando este sentido originário, de maneira que, paulatinamente, foi-se confundindo a parte com o todo. Gradativamente, a expressão 'súmula' passou a ser utilizada como sinônimo de 'enunciado sumular', de forma que, hoje, os termos são usados indistintamente. Tal foi a aproximação entre as expressões que o próprio constituinte derivado, ao instituir a chamada 'súmula vinculante', se valeu do vocábulo súmula para referenciar cada um dos verbetes editados pelo Supremo.[195]

Assim, atualmente, a dicção pode, tranquilamente, ser empregada com conotação equivalente à de enunciado sumular.

---

[194] LEAL, Victor Nunes. *Passado e Futuro da Súmula do STF*. Conferência proferida em Florianópolis, em 4. set. 1981. Disponível em: <http://www.ivnl.com.br/download/passado_e_futuro_da_sumula_do_stf.pdf>. Acesso em 8. abr. 2014.

[195] A situação não passou despercebida para Barbosa Moreira, para quem a terminologia teria sido utilizada de forma imprópria: "Justifica-se o "impropriamente" pelo fato de que a palavra "súmula", inclusive em documentos oficiais (como o Regimento Interno do STF, arts. 102 e 103), não é empregada com referência a cada uma das proposições ou teses jurídicas consagradas pela Corte (ou, ajunte-se, por qualquer tribunal), senão para designar o respectivo conjunto, que lhe resume a jurisprudência." (MOREIRA, José Carlos Barbosa. Súmula, jurisprudência, precedente: uma escalada e seus riscos. Revista de Direito do Tribunal de Justiça do Estado do Rio de Janeiro, n. 64, p. 27-38, jul.-set. 2005.) Com acerto o eminente jurista ao dizer que, originalmente, as expressões 'súmula' e 'enunciado sumular' não se confundiam. Entretanto, com o devido respeito que Barbosa Moreira merece, não nos parece acertado dizer que tal equiparação seria imprópria. A língua é viva e o sentido das palavras se encontra em constante mudança. A equiparação semântica entre as duas locuções sedimentou-se naturalmente dentro do trato jurídico, não havendo razões concretas para preciosismos históricos. (MOREIRA, José Carlos Barbosa. *Súmula, jurisprudência, precedente*: uma escalada e seus riscos. Revista de Direito do Tribunal de Justiça do Estado do Rio de Janeiro, n. 64, p. 27-38, jul.-set. 2005).

Tais enunciados se prestam a resumir as ideias contidas em reiteradas decisões de um tribunal, almejando apreender o *conteúdo jurídico essencial* dessas decisões.[196]

A súmula constitui, nas palavras de Eduardo Higashiyama, um "ato materializado pelo tribunal, ao consolidar uma tese jurídica, que, após observar uma série de requisitos, ganha, ao fim, numeração específica, que o identificará ao seu conteúdo".[197]

Com efeito, pode ser definida enquanto um enunciado linguístico que, seguindo trâmites legais específicos, é redigido, editado, votado e publicizado por um Tribunal. Presta-se a sintetizar, por intermédio de uma locução única, um dado posicionamento jurídico.

Em essência, o processo de inter-relação entre jurisdição e legislação (supra abordado), quando atinge certo consenso dentro de um Tribunal, poderá ser objeto de súmula.

Seguindo essa linha, esclarece Teresa Arruda Alvim Wambier que as súmulas resumem "a orientação pacífica do Tribunal, no que concerne à exegese de leis, quer de direito material, quer de direito processual, e no que diz com assuntos não tratados de forma específica pelo texto do direito positivo".[198] Por esse motivo, critica Alexandre Bahia, a súmula nasce de uma audaciosa aposta: "segurar" a interpretação (completaríamos: interpretação, parametricidade constitucional ou supressão de lacunas) da lei.[199]

Sua redação é abstrata, eis que o enunciado almeja se firmar enquanto uma "norma jurídica geral.[200] Assim sendo, volta-se para o futuro, facilitando a identificação do entendimento sedimentado para a sua localização e aplicação em outros casos semelhantes.[201]

Ainda no que toca à sua redação, temos que o "conteúdo jurídico essencial" consolidado na súmula, semanticamente falando, se traduz

---

[196] A expressão é de Pedro Miranda de Oliveira em: OLIVEIRA, Pedro Miranda de. A força das decisões judiciais. *Revista de Processo*, São Paulo, v. 38, n. 216 , p. 13-34, fev. 2013.

[197] HIGASHIYAMA, Eduardo. Teoria do Direito Sumular. *Revista de Processo*, São Paulo, v. 36 n. 200, p. 71-124, out. 2011.

[198] WAMBIER, Teresa Arruda Alvim. A Função das súmulas do supremo tribunal federal em face da teoria geral do direito. *Revista de processo*, v. 10, n. 40, p. 224-235, out.-dez. 1985.

[199] BAHIA, Alexandre. As súmulas vinculantes e a Nova Escola da Exegese. RePro, v. 206, p. 359-379, abr. 2012.

[200] BRAGA, Paula Sarno; DIDIER JR, Fredie; OLIVEIRA, Rafael Alexandria de. *Curso de Direito Processual Civil*: teoria da prova, direito probatório, ações probatórias, decisão, precedente, coisa julgada e antecipação dos efeitos da tutela. 10. ed. Salvador: Juspodivm, 2015, p. 490.

[201] MARINONI, Luiz Guilherme. *Precedentes obrigatórios*. São Paulo: Revista dos Tribunais, 2010. p. 481.

em um enunciado absolutamente idêntico a legislação (note-se: abstrato e prospectivo). A técnica redacional utilizada é a mesma.[202] Poderíamos dizer que, textualmente, a súmula "sonha em ser lei". Inclusive é assim que sempre foi aplicada: seguindo a mesma lógica subsuntiva da lei.[203]

Nosso ordenamento, hoje, conhece duas modalidades de súmulas, as quais a doutrina costuma classificar em súmulas persuasivas e súmulas vinculantes.

As chamadas súmulas persuasivas, aqui já tratando do tema conforme regrado pelo CPC/2015, poderão ser editadas por qualquer tribunal da federação, nos termos de seus regimentos internos. São assim chamadas por não possuírem conteúdo cogente, em que pese possuam manifesta eficácia panprocessual, de cortes obstativos no procedimento.[204]

As súmulas vinculantes, por sua vez, foram instituídas pela EC n. 45/04 e podem ser editadas apenas pelo Supremo Tribunal Federal, mediante aprovação de 2/3 de seus membros, em sessão plenária. São assim chamadas em razão do seu conteúdo cogente em relação aos órgãos do Poder Judiciário e à administração pública direta e indireta, em todas as esferas. Terá por objeto matéria constitucional que tenha sido objeto de reiteradas decisões do Tribunal, almejando superar controvérsia atual sobre a validade, eficácia e interpretação de normas determinadas, capazes de gerar insegurança jurídica e relevante multiplicação de processos sobre questão idêntica.[205]

4.2 A súmula em seu nascedouro: o "método de trabalho" de Nunes Leal e a (já presente) questão da eficiência numérica do Poder Judiciário

Conforme narrado, a Súmula surgiu dentro do ordenamento jurídico brasileiro em 1963, por intermédio de simples emenda ao

---

[202] Aqui, pedimos vênia ao nosso interlocutor para rápido exercício mental. Imaginemos que um advogado ou juiz deixe o Brasil por alguns anos, desvinculando-se totalmente do cenário jurídico. Ao retornar, o jurista é apresentado a um impresso que, sem identificar o que é o que, contém variados enunciados de súmula e artigos de lei, emitidos ou sancionados no período em que o personagem se encontrava no exterior. Indaga-as: somente pela semântica, conseguiria o jurista separar os textos sumulares dos textos legais?
[203] BAHIA, Alexandre. As súmulas vinculantes e a Nova Escola da Exegese. RePro, v. 206, p. 359-379, abr. 2012.
[204] MANCUSO, Rodolfo de Camargo. *Divergência jurisprudencial e súmula vinculante*. 5 .ed. rev., atual. e ampl. São Paulo: Revista dos Tribunais, 2013.
[205] Para aprofundamento do tema ver em: WAMBIER, Teresa Arruda Alvim. *Recurso especial, recurso extraordinário e ação rescisória*. São Paulo: Revista dos Tribunais, 2008.

Regimento Interno do Supremo Tribunal Federal. Já no ano seguinte ela é materialmente consolidada, aprovando-se, em sessão plenária única, os 370 primeiros verbetes da Corte.[206]

Dizia o prefácio da primeira edição oficial da Súmula que sua finalidade não seria somente proporcionar maior estabilidade à jurisprudência, mas, também, *facilitar* o trabalho dos advogados e do Tribunal, *simplificando* o julgamento das questões frequentes.[207]

Daí se extrair que a Súmula, desde o seu berço, possuía um duplo escopo: (i) combater a instabilidade jurisprudencial e (ii) facilitar o julgamento de questões já sedimentadas.

Luiz Guilherme Marinoni, entretanto, aponta que, quando da idealização do instituto, a necessidade de coerência dentro do fenômeno fora uma preocupação secundária. O interesse em instituir a súmula, em verdade, teria se pautado muito mais na necessidade de desafogar o sistema e facilitar o julgamento de casos levados ao STF do que num suposto zelo pela igualdade, previsibilidade e segurança no trato jurídico.[208]

A afirmação do autor se confirma quando percebemos que Victor Nunes Leal, pai e idealizador da Súmula dentro do STF, sempre definiu o ferramental enquanto um *método de trabalho*, ou seja, um mecanismo facilitador de julgamentos. Dizia o então ministro:

> A Súmula do STF, como repositório de jurisprudência, tinha por finalidade significativa discernir as hipóteses que se repetem, com frequência, daquelas que mais raramente são submetidas ao Supremo Tribunal. *Em relação a elas, impunha-se adotar um método de trabalho que permitisse o seu julgamento seguro, mas rápido, abolindo formalidades e desdobramentos protelatórios.* Esses casos, pela frequência com que se reproduziam, ficavam despojados de importância jurídica e não se justificava perda de tempo.[209] (grifo nosso)

---

[206] LEAL, Victor Nunes. *Passado e Futuro da Súmula do STF*. Conferência proferida em Florianópolis, em 4. set. 1981. Disponível em: <http://www.ivnl.com.br/download/passado_e_futuro_da_sumula_do_stf.pdf>. p. 1. Acesso em 8. abr. 2014.

[207] LEAL, Victor Nunes. *Passado e Futuro da Súmula do STF*. Conferência proferida em Florianópolis, em 4. set. 1981. Disponível em: <http://www.ivnl.com.br/download/passado_e_futuro_da_sumula_do_stf.pdf> p. 14. Acesso em 8. abr. 2014.

[208] MARINONI, Luiz Guilherme. *Precedentes obrigatórios*. São Paulo: Revista dos Tribunais, 2010. p. 480.

[209] LEAL, Victor Nunes. *Passado e Futuro da Súmula do STF*. Conferência proferida em Florianópolis, em 4. set. 1981. Disponível em: <http://www.ivnl.com.br/download/passado_e_futuro_da_sumula_do_stf.pdf>. p. 26. Acesso em: 8. abr. 2014.

As razões pelas quais Nunes Leal via na súmula um método de facilitação decisória decorrem da própria emenda regimental de 1963 (note-se: de autoria e relatoria de Leal). Isto, pois, tal emenda não só instituiu um compêndio de jurisprudência, mas, também: (i) autorizou que a mera citação de um verbete sumular, pelo número correspondente, dispensasse, pelo Tribunal ou advogados, a referência a outros julgados no mesmo sentido; (ii) permitiu expressamente que recursos contrários a Súmula, monocraticamente, deixassem de ser conhecidos.[210]

Com isso, possibilitou-se aos julgadores, sempre atulhado de processos, o melhor dos mundos: simplesmente invocando um número, de pronto, uma pretensão poderia ser encerrada (eis o nascimento da até hoje presente lógica do "menos um").

Este ponto merece nossa máxima atenção, pois raras vezes recebe a devida ênfase: a súmula foi criada, primordialmente, como um mecanismo de sumarização da cognição e facilitação do dever de fundamentar. Seu objetivo precípuo era a redução e agilização da carga de trabalho dos ministros do Supremo Tribunal Federal.[211]

O próprio ministro Leal, comparando a atuação do Supremo brasileiro com a da Suprema Corte Americana, sustentou que, diante da impossibilidade do órgão de cúpula pátrio, tal qual o americano, selecionar os temas que lhe seriam pertinentes para julgamentos, fez-se necessário instituir um mecanismo de sumária solução dos casos de menor importância. Chamou isso de "princípio da relevância às avessas": diante da impossibilidade do Supremo deixar de julgar todos os casos que lá chegavam, fora instituído um mecanismo de "solução instantânea" dos casos entendidos como "irrelevantes".[212]

---

[210] LEAL, Victor Nunes. *Passado e Futuro da Súmula do STF*. Conferência proferida em Florianópolis, em 4. set. 1981. Disponível em: <http://www.ivnl.com.br/download/passado_e_futuro_da_sumula_do_stf.pdf>. p. 14. Acesso em 8. abr. 2014.

[211] É o que também sustenta Barbosa Moreira: "A evolução recente do direito brasileiro, no particular, teve marco importante na criação, em 1963, da Súmula da Jurisprudência Predominante do Supremo Tribunal Federal. Inspirava-se ela no propósito de atenuar o crônico problema da sobrecarga de trabalho da Corte Suprema - e, indiretamente, do Judiciário como um todo." (MOREIRA, José Carlos Barbosa. Súmula, jurisprudência, precedente: uma escalada e seus riscos. Revista de Direito do Tribunal de Justiça do Estado do Rio de Janeiro, n. 64, p. 27-38, jul.-set. 2005, p. 28).

[212] Nas palavras de Nunes Leal: "Não dispondo do mesmo poder que tem a Corte Suprema, temos procurado resolver nosso problema de acúmulo de serviço por outros meios. Estabelecemos um mecanismo pelo qual, quando o Tribunal firma sua jurisprudência sobre certos temas jurídicos, eles perdem relevância, sendo então julgados de modo muito sumário. É uma espécie de princípio da relevância as avessas." (LEAL, Victor Nunes. *Passado e Futuro da Súmula do STF*. Conferência proferida em Florianópolis, em 4.9.1981.

O método facilitador instituído pelo Supremo rapidamente atingiu o restante do organograma judiciário brasileiro. Não propriamente porque todos os tribunais passaram a editar suas súmulas (o que, até hoje, não é uma prática frequente em algumas cortes), mas, especialmente, porque o método sumarizante desenvolvido por Leal (e os enunciados editados pelo Supremo) passou a ser utilizado também pelos demais juízes da federação. É o que explica Barbosa Moreira:

> Embora nenhuma disposição legal conferisse eficácia vinculativa às proposições insertas na Súmula, ela veio a exercer, na prática, enorme influência nos julgamentos, quer de juízos de primeiro grau, quer de tribunais. Não foram freqüentes as sentenças e acórdãos que se animaram a discrepar de alguma tese constante da Súmula. Juízes havia, e não só na primeira instância, que se limitavam a aludir à Súmula como fundamento de suas decisões, se bem que a rigor, insista-se, semelhante referência não satisfizesse o requisito legal (e depois constitucional) da motivação.[213]

Evidente: se o Supremo, mais alta corte do país, poderia encerrar e motivar tendo por único fundamento um enunciado sumular, por que os demais juízes da federação não o poderiam também?

Mais de cinquenta anos se passaram desde que a Súmula fora instituída dentro do Supremo, o ferramental fora estendido para outros tribunais, ganhou novas funções obstativas dentro dos procedimentos e continuamos enfrentando os mesmos problemas daquela época: jurisprudência lotérica e congestionamento cartorário.

Já era tempo do instituto ser repensado.

4.3 Iniciando o debate: por que a proposta da súmula antes do CPC/2015 era equivocada?

Desenvolver uma teoria da decisão jurídica constitucionalmente adequada nunca foi a maior preocupação da ciência processual. Em verdade, a questão, no mais das vezes, é relegada à filosofia do direito, como se os seus impactos não fossem sentidos de grande maneira no

---

Disponível em: <http://www.ivnl.com.br/download/passado_e_futuro_da_sumula_do_stf.pdf>. p. 27. Acesso em 8. abr. 2014).

[213] MOREIRA, José Carlos Barbosa. Súmula, jurisprudência, precedente: uma escalada e seus riscos. In: *Revista de Direito do Tribunal de Justiça do Estado do Rio de Janeiro*, n. 64, p. 27-38, jul.-set. 2005, p.28

dia a dia forense. Desde muito se sabe que a lei não comporta um único sentido ou consegue abarcar todas as situações da vida, mas, tal qual feito por Kelsen, o cerne da problemática sempre fora tratado somente em sua superfície.

A supervalorização da súmula no cenário brasileiro é a prova disso.

Tivemos a oportunidade de demonstrar que a súmula nasceu com o claro intuito de facilitar julgamentos. Mas não foi esse o discurso que garantiu a sua permanência e crescimento dentro do ordenamento, até porque essa não seria uma fala com "selo constitucional". Foi o caos inspirado pelo voluntarismo decisório que criou o ambiente perfeito para a crença na súmula se sedimentasse no Brasil.

Em um sistema em que cada juiz "decide conforme sua consciência", não há como existir previsibilidade, igualdade e segurança no trato jurídico. E isso, sem dúvida, é danoso para a democracia.

Assim, foi com escoro na necessidade de superação desse cenário que a súmula ganhou cada vez mais adeptos.[214]

Entendimento até pouco tempo raramente colocado à prova era de que a súmula conseguiria, por si, definir e aprisionar o sentido de uma lei a cujo respeito existiriam divergências.[215] Seria, portanto, a própria norma já depurada, livrando o sistema de futuras dissensões hermenêuticas.[216]

Por um longo período, acreditou-se que a súmula seria "por excelência, o meio de patrocinar a uniformização de jurisprudência,

---

[214] Nesse sentido, vejamos as palavras de Mancuso: "A relevante função, que hoje se espera da jurisprudência brasileira, pressupõe que ela venha qualificada por um *plus*, a saber, sua aptidão a servir como parâmetro para o julgamento dos casos afins. Essa é a grande contribuição que a jurisprudência predominante e reiterada, especialmente a extratificada em Súmula, pode oferecer à nossa práxis judiciária, propiciando benefícios diversos: a) para as partes na medida em que possibilita uma razoável previsibilidade quanto à solução final do caso, operando assim como fator de segurança e de tratamentojudicial isonômico; b) para o Judiciário, porque a jurisprudência dominante ou sumulada agiliza decisões, alivia a sobrecarga acarretada pelas demandas repetitivas e assim poupa precioso tempo, a ser empregado no exame de casos mais complexos e singulares para o próprio Direito, em termos de eficácia e prática e credibilidade social, porque o tratar igualmente as situações assemelhadas e, desigualmente, as desequiparadas é algo imanente a esse ramo do conhecimento humano, certo que o sentimento do justo integra a essência do Direito desde suas origens: *Jus est ars boni et aequo*." MANCUSO, Rodolfo de Camargo. *Divergência jurisprudencial e súmula vinculante*. 5 ed. rev., atual. e ampl. São Paulo: Revista dos Tribunais, 2013, p. 67.
[215] CADORE, Márcia Regina Lusa. *Súmula Vinculante e uniformização de jurisprudência*. São Paulo: Atlas, 2007, p. 44.
[216] MANCUSO, Rodolfo de Camargo. *Divergência jurisprudencial e súmula vinculante*. 5. ed. rev., atual. e ampl. São Paulo: Revista dos Tribunais, 2013, p. 99.

tornando gerais, impessoais e abstratos determinados preceitos, ou posicionamentos".[217] Não por outra razão, dizia a doutrina, os enunciados sumulares deveriam ser *claros*, *sintéticos* e *objetivos*, de forma que a compreensão de seu núcleo independesse dos acórdãos que lhe deram origem.[218]

Os verbetes, dessa forma, eram vistos como a lei já interpretada, consolidada em um texto objetivo e abstrato. O entendimento jurisprudencial seria congelado em uma locução textual, de forma que pudesse ser transladado, via subsunção, para outros casos.[219] Ainda: por sua clareza e objetividade, a súmula se desligaria da facticidade donde nasceu.

Assim procedendo, esperava-se conseguir uma *interpretação autêntica* ou *oficial* da matéria conturbada, pondo fim em definitivo a qualquer dissenso.[220] Uma vez editada a súmula, caberia as demais juízes simplesmente aplicá-la e cumpri-la. Dessa maneira, ao menos em tese, se garantiria muito mais previsibilidade e segurança no trato jurídico.

Esse era o discurso padrão sobre o tema antes do advento no CPC/2015. Sedutor em um primeiro momento, mas absolutamente contraditório quando melhor pensado.

Todos os argumentos favoráveis à súmula remetem ao fato da lei não ser unívoca, não conseguir aprisionar sentidos, ser sempre interpretável (o que traz falta de segurança e previsibilidade). Então, para se contornar o problema, a solução encontrada foi a edição de textos de origem judicial, com pretensão genérica e abstrata, com feições e aplicação essencialmente iguais... à lei?!

Eis o contrassenso que enfrenta esse modo de encarar o fenômeno jurídico. Eis o motivo pelo qual até hoje o uso de súmulas nada fez mudar em nossa realidade. Se a lei não consegue resolver os problemas

---

[217] PARENTE, Eduardo de Albuquerque. *Jurisprudência*: da divergência à uniformização. São Paulo: Atlas, 2006. p. 89-90.
[218] OLIVEIRA, Pedro Miranda de. A força das decisões judiciais. *Revista de Processo*, São Paulo, v. 38, n. 216, p. 13-34, fev. 2013.
[219] "É no contexto do tratamento judicial isonômico aos casos assemelhados que se coloca a questão da jurisprudência uniformizada (predominante/sumulada) e de sua aptidão para servir como parâmetro, *in abstracto*, aos pendentes e futuros nela subsumidos, objetivo para o qual se apresentam várias propostas e alternativas, com destaque para o fomento do caráter praticamente obrigatório do direito sumular." (MANCUSO, Rodolfo de Camargo. *Divergência jurisprudencial e súmula vinculante*. 5. ed. rev., atual. e ampl. São Paulo: Revista dos Tribunais, 2013, p. 152).
[220] MANCUSO, Rodolfo de Camargo. *Divergência jurisprudencial e súmula vinculante*. 5. ed. rev., atual. e ampl. São Paulo: Revista dos Tribunais, 2013, p. 94.

de indeterminação do Direito, por que a súmula (cuja semântica e utilização decisória sempre se equiparou à da legislação) conseguiria? Conforme lembra Lenio Streck, as súmulas são só mais do mesmo: mais textos abstratos que, assim como a lei, sempre comportarão diferentes interpretações e abrirão mais espaço para discricionariedades.[221]

Já tivemos a oportunidade de debater amplamente que uma decisão judicial jamais se considerará motivada simplesmente invocando um texto de lei. O que sustenta o tratamento dado ao verbete jurisdicional ser diferente?

No século XIX desenvolveu-se na Europa a chamada escola da exegese, que tentou "fazer do direito e da interpretação uma tarefa mecânica de hermenêutica exegética, já que o código não deixaria nada ao arbítrio do intérprete, o qual não teria por missão criar o direito, uma vez que todo o direito já estava feito.[222] Esse movimento acreditava na clareza dos textos jurídicos e da segurança que deles adivinha, criando a ideia do "juiz boca da lei".[223]

Tal modo de ver o fenômeno jurídico hoje se encontra absolutamente superado. Desde Kelsen, não se nega que a lei sempre estará sujeita a diferentes interpretações.

Entretanto, estranhamente, passou-se a acreditar no Brasil que o Poder Judiciário poderia fazer algo que o legislador nunca conseguiu: um enunciado tão perfeito que conseguiria, em sua semântica, aprisionar um sentido único e universal, ao aguardo do aplicador futuro.[224]

---

[221] Abordando o tema súmulas, diz o jurista: "o modo como são compreendidas (erroneamente) pela dogmática jurídica (senso comum teórico) - encarnam essa instância controladora de sentidos, metafisicamente, isto é, por meio delas acredita-se que é possível lidar com "conceitos sem coisas", sem as peculiaridades dos casos concretos. Refira-se que o inusitado nisso tudo é que, paradoxalmente, o império das múltiplas respostas se instaurou, exatamente, a partir de uma analítica de textos em abstrato." (STRECK, Lenio Luiz. *Verdade e Consenso*: constituição hermenêutica e teorias discursivas. 4. ed. São Paulo: Saraiva, 2011).

[222] CELLA, José Renato Graziero. Positivismo jurídico no século XIX: Relações entre direito e moral do ancien régime à modernidade. ENCONTRO NACIONAL DO CONPEDI, 19, Fortaleza. *Anais...* Fortaleza 2010. p. 5480-5501.

[223] BAHIA, Alexandre. As súmulas vinculantes e a Nova Escola da Exegese. *RePro*, v. 206, p. 359-379, abr. 2012.

[224] Dierle Nunes e Alexandre Bahia exploram a questão: "Nos sécuos XVIII e XIX acreditava-se que o legislador poderia fazer normas "perfeitas", gerais e abstratas de tal forma que seriam capazes de prever todas suas hipóteses de aplicação. Descobrimos no século XX que isso não é possível. Agora, no fim do século XX e início deste apostamos, mais uma vez, no poder da razão em criar regras perfeitas, apenas que agora seu autor não é mais (só) o legislador mas (também) o juiz." (NUNES, Dierle. BAHIA, Alexandre Melo Franco. "Jurisprudência instável" e seus riscos: a aposta nos precedentes *vs.* uma compreensão constitucionalmente adequada do seu uso no Brasil. *In*: MENDES, Aluisio Gonçalves de

Vejamos o retrocesso: o positivismo em seu estado mais primitivo acreditava na univocidade da lei, o que é superado pelo próprio positivismo em seu estágio mais evoluído. Essa evolução traz consigo dificuldades: a indeterminação do direito. Então, para tentar corrigir a situação, em vez de trabalharmos o problema em sua base (discricionariedade e voluntarismos) revivemos a aposta (que já se havia se mostrado absolutamente falha!) no poder do texto.[225]

Para que fique bem claro: não negamos que a busca por uniformidade é louvável e muito desejável. Não negamos também que, colocadas no seu devido lugar, as súmulas podem assumir um importante papel nessa busca. Agora, o que não nos parece razoável é que continuássemos a crer que um enunciado tribunalesco pudesse ser encarado enquanto uma norma pronta e acabada, a espera da subsunção pelo juiz.[226] E que ele, por si, traria mais segurança, igualdade ou previsibilidade do que a lei.

Isto, sob pena de revivermos no Brasil a crença exegética na produção de textos tão claros que dispensariam interpretação. Estaríamos com isso constituindo em nosso país a inusitada figura do "juiz boca da súmula", mero reprodutor mecânico da produção de seus pares.[227] Pior: a reprodução mecânica abandonaria um texto democraticamente instituído para se escorar em outro, de questionável origem jurisdicional.[228]

Castro. MARINONI, Luiz Guilherme. WAMBIER, Teresa Arruda Alvim (coords.). *Direito Jurisprudencial*. São Paulo: Revista dos Tribunais, 2014, p. 439. v.2).

[225] THEODORO JÚNIOR, Humberto. NUNES, Dierle. BAHIA, Alexandre Melo Franco. PEDRON, Flavio Quinaud. *Novo CPC - Fundamentos e sistematização*. Rio de Janeiro: Forense, 2015, p.303.

[226] A crítica é trazida também por Dierle Nunes e Alexandre Bahia: "Aqui entre nós, a "jurisprudência" (ou o que chamamos disso) esforça-se para, logo, formatar um enunciado de Súmula (ou similar) a fim de se encerrar o debate sobre o tema, hiperintegrando a discussão, já que, no futuro, o caso terá pinçado um tema que seja similar ao enunciado sumular e, então, a questão estará "resolvida" quase que automaticamente, como nos tempos da subsunção da escola da exegese, apenas que, em vez de a premissa maior ser a lei, agora é a Súmula." (NUNES, Dierle. BAHIA, Alexandre Melo Franco. "Jurisprudência instável" e seus riscos: a aposta nos precedentes vs uma compreensão constitucionalmente adequada do seu uso no Brasil. *In*: MENDES, Aluisio Gonçalves de Castro. MARINONI, Luiz Guilherme. WAMBIER, Teresa Arruda Alvim (coords.). *Direito Jurisprudencial*. São Paulo: Revista dos Tribunais, 2014, v. 2. p. 438).

[227] Já nos manifestamos nesse sentido: SCHMITZ, Leonard Ziesemer; ABBOUD, Georges; LUNELLI, Guilherme. Como trabalhar – e como não trabalhar – com súmulas no Brasil: um acerto de paradigmas. *In*: MENDES, Aluísio Gonçalves Castro; MARINONI, Luiz Guilherme; WAMBIER, Teresa Arruda Alvim. *Direito jurisprudencial*. São Paulo: Revista dos Tribunais, 2014. v. 2 p. 645-687.

[228] É o que expõe Geoges Abboud: "Se na Revolução Francesa não há jurisprudência senão lei, caminhamos para um modelo em que não há lei senão jurisprudência. (...) Assim, passados

Demonstrar o risco nesse modo de encarar as coisas é o que nos propomos. Para isso, coloca-se essencial desconstruir alguns equívocos teóricos que plainam sobre o tema e normalmente são invocados para dar legitimação à utilização mecânica das súmulas, como argumento final para entraves jurídicos.

4.4 Primeiro equívoco teórico no estudo e manejo de súmulas: a súmula não é norma – superando o positivismo jurídico

A afirmação de que a súmula seria a norma já depurada, conforme abordado, sempre foi uma constante dentro de nossa doutrina processual. Mas será que, à luz da teoria geral do Direito, essa afirmação é verdadeira? Quais problemas traz consigo?

4.4.1 A diferença entre texto e norma – o pós-positivismo jurídico

Em momento pretérito deste trabalho tivemos a oportunidade de abordar a baixa preocupação do positivismo jurídico com a questão da interpretação jurídica. Diante da dificuldade em conciliar razão teórica e razão prática no bojo de uma teoria pretensamente pura do Direito, Hans Kelsen deu prioridade ao estudo teórico da ciência jurídica enquanto um sistema hierarquizado de normas, relegando a importância do momento aplicativo-interpretativo (essencialmente prático) a uma escolha política. É por essa razão que o traço mais marcante de seu pensamento é a *concepção abstrata de norma jurídica*, extraível diretamente do texto legal e totalmente desatrelada da (contaminada) realidade.

Para o positivismo normativista, o ato interpretativo sempre ocorre de forma abstrata, tomando como base, exclusivamente, o enunciado legislativo. A partir deste, competirá ao intérprete extrair

---

mais de dois séculos, caminhamos de um retrocesso primitivo no aspecto hermenêutico, de um juiz boca fria da lei passamos para um juiz boca fria dos tribunais superiores. Se essa troca, em termos hermenêuticos, muda muito pouco, em termos democráticos, podemos afirmar que há um retrocesso, porque passa a se privilegiar atos oriundos do próprio Judiciário do que a lei que é o ato representativo da maioria democrática por excelência."
ABBOUD, Georges. *Discricionariedade administrativa e judicial*: o ato administrativo e a decisão judicial. São Paulo: Revista dos Tribunais, 2014, p. 368.

o melhor significado que, só então, seria levado para o caso concreto, via subsunção. Daí por que no bojo da Teoria Pura do Direito inexiste qualquer diferenciação entre texto e norma: para ela, a norma jurídica estria contida na própria lei.

Com efeito, a norma jurídica sempre teria existência totalmente distanciada do seu objeto, sendo sua produção absolutamente desconexa das questões fáticas que pretende resolver. A aplicação do Direito, então, ocorreria em dois momentos distintos: (i) primeiro, abstratamente e considerando-se exclusivamente o texto legal, se daria a interpretação; (ii) em um segundo momento, a interpretação abstratamente concebida seria transladada até a realidade, sendo "encaixada" aos fatos que pretende resolver. Trata-se do chamado método silogístico-subsuntivo, marca registrada do positivismo jurídico.[229]

Esse modo de encarar o fenômeno jurídico não encontra mais espaço dentro do paradigma *pós-positivista* do direito. Não há mais como confundirmos texto e norma.

Para o aprofundamento do tema, considerando que foi Friedrich Müller (e sua teoria metódica estruturante) aquele que cunhou a expressão pós-positivismo e, sem sombra de dúvidas, melhor teorizou sobre o tema, o adotaremos como marco teórico condutor do nosso estudo.[230]

Diferentemente do que ocorre no âmbito do positivismo normativista, sob o paradigma pós-positivista, o texto legal sozinho não mais se coloca suficiente para a extração da norma, eis que a realidade também passa a integrar o complexo processo de concretização e construção normativa.[231] A concepção de normatividade, com isso, passa a ter um significado dinâmico: ao mesmo tempo em que compete à norma

---

[229] ABBOUD, Georges. *Discricionariedade administrativa e judicial*: o ato administrativo e a decisão judicial. São Paulo: Revista dos Tribunais, 2014, p. 82-85.

[230] MÜLLER, Friedrich. *Teoria estruturante do direito*. São Paulo: Revista dos Tribunais, 2008. MÜLLER, Friedrich. *O novo paradigma do direito*. Introdução à teoria e metódica estruturante do direito. 3. ed. São Paulo: Revista dos Tribunais, 2013.
MÜLLER, Friedrich. Metodologia do direito constitucional. 4. ed. São Paulo: Revista dos Tribunais, 2011.

[231] A teoria desenvolvida por Müller procura superar o positivismo normativista justamente naquilo que lhe é mais caro: à concepção abstrata de norma jurídica, extraível diretamente do texto legal e, só então, via subsunção, levada para o caso concreto. Esclarece Müller que, no bojo do positivismo normativista: "a norma jurídica é compreendida erroneamente como ordem, como juízo hipotético, como vontade materialmente vazia. Direito e realidade, norma e segmento normatizado da realidade aparecem justapostos "em si" sem se relacionarem; um não carece do outro, ambos só se encontram no caminho da subsunção do suporte fático, de uma aplicação da prescrição." (MÜLLER, Friedrich. *Teoria estruturante do direito*. São Paulo: Revista dos Tribunais, 2008. p. 21).

jurídica ordenar a realidade também é ela condicionada e estruturada por essa realidade.[232] Nesse contexto, temos que:

> direito e realidade não promovem cada um por si e de modo independente uma relação entre entidades existentes, que pode ser formulada de maneira geral, mas apresentam, numa mistura que vai se alternando, fatores atuantes na concretização do direito, dotados de uma autonomia apenas relativa. Aquilo que é normativamente jurídica mostra-se concretamente na convergência de perspectivas que normalmente são generalizadas como metáforas abstratas do tipo "norma" e "fato", "direito" e "realidade", bem como igualmente como a "relação" abstrata desses elementos.[233]

Destarte, como dependente da facticidade, a norma jurídica jamais poderá preexistir em abstrato, entregue de antemão e apartada de sua aplicação. Nos termos da teoria metódica estruturante, a construção normativa sempre dependerá da fusão de duas entidades jurídicas distintas: o *programa normativo* (leia-se: o texto)[234] e o *âmbito normativo* (leia-se: a realidade social a ser regulamentada pelo programa normativo).

Dessa forma, a facticidade para a qual se busca uma resposta jurídica, dentro da metódica estruturante, passa a ser (conjuntamente ao texto) elemento co-constitutivo da norma jurídica.[235]

---

[232] MÜLLER, Friedrich. *Teoria estruturante do direito*. São Paulo: Revista dos Tribunais, 2008. p.17.

[233] MÜLLER, Friedrich. *Teoria estruturante do direito*. São Paulo: Revista dos Tribunais, 2008. p. 147.

[234] O programa normativo diz respeito ao texto em si, ao elemento linguístico no qual o processo de concretização da norma se inicia e, ao mesmo tempo, encontra seu limite. O fato do texto sempre se encontrar, semanticamente falando, sujeito a variadas interpretações, de maneira alguma o tornará dispensável ou secundário durante o processo de estruturação da norma, eis que o programa normativo sempre funcionará como o *"limite extremo da análise de sentido possível"*. É dizer: no momento de construção normativa, o intérprete sempre estará limitado pela semântica do texto, tido como verdadeira fronteira de concretização permitida. (MÜLLER, Friedrich. *Teoria estruturante do direito*. São Paulo: Revista dos Tribunais, 2008. p. 199). Nessa esteira, conforme bem pontua José Lamego, a possibilidade do intérprete extrapolar os limites do texto seria totalmente inconciliável com postulados básicos do Estado Democrático de Direito, morment a exigência de vinculação de todos à lei e à Constituição. Diz o jurista: "A actividade interpretativa é balizada pelo critério do «sentido literal possível», o que é um dado sólido de toda a metodologia jurídica e constitui marco objetivo de controlo da «juridicidade» dos resultados da interpretação, encontrando-se ordenado a dois princípios jurídicos superiores: o princípio da legalidade e o princípio da divisão de poderes." (LAMEGO, José. *Hermenêutica e jurisprudência*. Lisboa: Fragmentos, 1990, p. 217-218).

[235] MÜLLER, Friedrich. *O novo paradigma do direito*. Introdução à teoria e metódica estruturante do direito, 3. ed., São Paulo: Revista dos Tribunais, 2013. p. 11.

Müller, com isso, pretende superar o imaginário positivista de que um texto normativo seria, abstratamente, suficiente para a extração da norma. Em verdade, o texto se apresenta somente como o ponto de partida, o dado de entrada (*input*) de um processo pelo qual o enunciado linguístico e a facticidade do caso a ser decidido se fundem, concretizando a norma jurídica.[236] Assim, não há como imaginarmos uma norma jurídica apartada de sua aplicação prática:[237]

> Não é possível deslocar a norma jurídica do caso jurídico por ela regulamentado nem o caso da norma. Ambos fornecem de modo distinto, mas complementar, os elementos necessários a decisão jurídica. Cada questão jurídica entra em cena na forma de um caso real ou fictício. Toda e qualquer norma somente faz sentido com vistas a um caso a ser (co)solucionado por ela. Esse dado fundamental da concretização jurídica circunscreve o interesse de conhecimento peculiar da ciência e da práxis jurídicas, especificamente jurídico, como um interesse de decisão.[238]

É o *caso* a ser julgado que, pioneiramente, desencadeará o processo interpretativo. Uma vez apresentado ao caso, o jurista jamais conseguirá simplesmente colocá-lo de lado, buscar os textos legais aplicáveis àquela situação, interpretá-los e, finalmente, transladar a interpretação auferida novamente para a realidade. Tão logo toma contato com a situação a ser solucionada, o intérprete (que já traz consigo sua pré-compreensão, seu conhecimento prévio acerca do Direito e

---

[236] MÜLLER, Friedrich. O novo Paradigma do Direito. Introdução à teoria e metódica estruturante do direito, 3. ed., São Paulo: Revista dos Tribunais, 2013. p. 11.

[237] É o que também explica Ana Paula de Barcellos: "A distinção que há entre enunciado normativo e norma não é nova, mas recentemente tem sido sublinhada pela doutrina. De forma geral, o enunciado normativo corresponde ao conjunto de frases, isto é, aos signos linguísticos que compõe o dispositivo legal ou constitucional e descrevem uma formulação jurídica deontológica, geral e abstrata, contida na Constituição ou na lei, ou extraídas do sistema. Quando se trate de disposições constitucionais ou legais, o enunciado normativo corresponde ao texto, mas é perfeitamente possível haver enunciados implícitos ou que decorram do sistema normativo como um todo. (...) A norma, diversamente, corresponde ao comando específico que dará solução a um caso concreto. De forma geral, ela encontra seu fundamento principal em um ou mais enunciado normativo, ainda que seja perfeitamente possível haver normas extraídas do sistema como um todo." (BARCELLOS, Ana Paula de. Voltando ao básico. Precedentes, uniformidade, coerência e isonomia. Algumas reflexões sobre o dever de motivação. *In*: WAMBIER, Teresa Arruda Alvim; MENDES, Aluisio Gonçalves de Castro; MARINONI, Luiz Guilherme (coords). *Direito Jurisprudencial*. São Paulo: Revista dos Tribunais, 2014, p. 159-160).

[238] MÜLLER, Friedrich. *Metodologia de Direito Constitucional*, 4. ed., São Paulo: Revista dos Tribunais, 2010. p. 63.

da Constituição) já está a confrontar caso e textos, realizando a fusão desses dois elementos.[239]

Raciocínio idêntico vale para a situação oposta, em que o aplicador primeiro conhece os fatos e, em momento posterior, é apresentado a um texto normativo que poderá auxiliá-lo na resolução da situação em debate. O aplicador jamais interpretará o texto legal abstratamente para depois verificar o seu "encaixe" à realidade: no mesmo momento em que toma contato com o texto o intérprete já está a testar sua adequação ao caso, estruturando a norma jurídica. O processo interpretativo é uno e não acontece aos pedaços, em partes ou em fatias.[240]

Com efeito, interpretação e aplicação não são momentos autônomos, não existem em separado, mas, sim, acontecem no mesmo instante e no mesmo horizonte de compreensão. O alcance de um texto, assim, só poderá ser conhecido quando confrontado à realidade do caso que se pretende responder e, a partir destes dois elementos (texto e faticidade), a norma jurídica será construída.[241] Dessa feita, inexistindo casos absolutamente iguais, a norma jurídica será sempre única e irrepetível, válida exclusivamente para as especificidades fáticas (também irrepetíveis) que integraram o seu processo de concretização.

---

[239] No mesmo sentido, Eros Grau: "Praticamos a interpretação do direito não – ou não apenas por isso – porque a linguagem jurídica é ambígua e imprecisa, mas porque interpretação e aplicação do direito são uma só operação. Interpretamos para aplicar o direito e, ao fazê-lo, não nos limitamos a interpretar (= compreender) os textos normativos, mas também compreendemos (= interpretamos) a realidade e os fatos aos quais o direito há de ser aplicado." (GRAU, Eros Roberto. *Por que tenho medo dos juízes*. São Paulo: Malheiros, 2013, p. 31).

[240] STRECK, Lenio Luiz. Hermenêutica, Constituição e Autonomia do Direito. *Revista de Estudos Constitucionais, Hermenêutica e Teoria do Direito* (RECHTD). v. 1, n. 1. p. 65-77 66 jan.-jun 2009.

[241] A afirmação, em verdade, não é nova ou desconhecida dentro da ciência processual, estando há muito presente no debate acerca da suposta dicotomia questão de fato – questão de direito. Na mesma esteira do que ora sustentamos, conclui a doutrina especializada, não ser possível falarmos em questões puramente de fato ou questões puramente de direito, já que é somente a partir dos fatos que se conhecerá o verdadeiro conteúdo e alcance do jurídico. Neste sentido, ver: WAMBIER, Teresa Arruda Alvim. Distinção entre questão de fato e de direito para fins de cabimento de recurso especial. *RePro*, vol. 92 São Paulo: Revista dos Tribunais, 1998; CRUZ e TUCCI, José Rogério. *A causa petendi no Processo Civil*. 2 ed. São Paulo: Revista dos Tribunais, 2001; MITIDIERO, Daniel. *Cortes superiores e cortes supremas*: do controle à interpretação, da jurisprudência ao Presidente. São Paulo: Revista dos Tribunais, 2013; BAHIA, Alexandre Gustavo Melo Franco. *Recursos extraordinários no STF e no STJ*: conflito entre interesse público e privado. Curitiba: Juruá, 2009.

4.4.2 Súmulas, normas e conforto decisório

As constatações desenvolvidas no ponto anterior possuem significativa importância para os fins desse estudo, eis que denotam o absoluto equívoco daqueles que pretendem conferir à súmula a condição de norma pronta e acabada, a espera do seu acoplamento em casos futuros.

Ora, se a norma sempre será fruto de um processo casuístico, único e irrepetível, como poderia ela ser aprisionada em um enunciado?

Impossível. Bem postas as coisas, esse modo de pensar, tão somente

> objetiva assegurar a hegemonia de um modo de produção-aplicação-de-Direito, cuja característica é tornar prevalente um Direito predeterminado em abstrato e, portanto, lógico-subsuntivo, *próprio do legalismo de antanho*. Por isto, torna-se ilusória e ineficaz a pretensão de, via jurisprudência, fazer o que não é/foi possível fazer por intermédio da legislação, isto é, antecipar e fixar em abstrato o conteúdo juridicamente concreto das decisões judiciais.[242]

A problemática, na realidade, relaciona-se ao nosso fascínio pelo texto, pelas respostas prontas, pela busca de essências.[243] É triste dizer, mas, no Brasil, ainda não fora compreendida a complexidade do fenômeno jurídico e do ato decisório, de forma que nossa aposta continua sendo a subsunção. Subsunção esta agora não propriamente da lei, mas também da súmula.[244]

---

[242] STRECK, Lenio Luiz. *Súmulas no Direito brasileiro*: eficácia, poder e função: a ilegitimidade constitucional do efeito vinculante. 2. ed. rev. ampl. Porto Alegre: Livraria do Advogado, 1998, p. 287.

[243] Conforme bem pontua Maurício Ramires: "O problema do abstracionismo conceitual brasileiro é justamente a tentativa de extrair e conservar essências das decisões pretéritas. Toma-se um acórdão qualquer e busca-se espremê-lo até produzir um enunciado representativo do que foi essencial no julgamento, formulando, no menor número possível de palavras. Assim como se extrai uma essência aromática através da destilação de flores, e depois se guarda num frasco para usos futuros, a conceitualização dos julgados despe os casos de tudo o que julga ser acidental, para ter em mãos apenas as suas propriedades imutáveis. Quer se saber, por baixo daquela decisão pouco relevante em sua própria contingência, qual foi o critério permanente que o informou, porque ele seria a chave para orientar todo um conjunto de decisões futuras." RAMIRES, Maurício. *Crítica à aplicação de precedentes no Brasil*. Porto Alegre: Livraria do Advogado, 2010, p. 140.

[244] A mesma crítica é trazida por Diogo Bacha e Silva: "Ao invés de termos a lei, enquanto principal fonte do direito e base para a construção de um raciocínio jurídico dedutivo, passamos a substituir os termos vagos e gerais desta para o da jurisprudência, súmulas etc. Ou seja, substituímos um texto por outro." (SILVA, Diogo Bacha e. A valorização dos precedentes e o distanciamento entre os sistemas civil law e common law. *In*: MENDES,

A verdade é que nós somos tão apegados a concepção positivista de norma jurídica como algo que possa ser produzido abstratamente, desligado dos fatos, que passamos a acreditar que a norma estruturada em uma situação pretérita poderia ser descolada do caso donde originou-se, ser consolidada em um novo texto e, a partir daí, translada para outros casos.[245] É esse o pensamento que vem justificando a edição e uso mecanicista dos enunciados tribunalescos: almejam eles responderem perguntas que ainda sequer foram feitas (ou seja: casos que ainda sequer estão sob julgamento).[246]

Daí nos parecer brilhante a analogia de que o direito sumular (ao menos no atual estágio da arte) seria a solução Darwiniana encontrada pelo positivismo para os problemas por ele mesmo criados.[247] Diante da impossibilidade do texto legal conter os voluntarismos do julgador e na falta de uma teoria da decisão, criou-se um novo texto, agora de origem judicial (mas com as mesmas características semânticas da lei) para tentar conter os limites da atuação judicial.[248] E, para dar-se legitimidade acadêmica a esta técnica, passou-se a sustentar que a súmula já seria a norma pronta e acabada.

Ocorre que, em tempos de pós-positivismo, equiparar súmula e norma se mostra uma temerária tentativa de simplificação daquilo que é extremamente complexo.

Aluisio Gonçalves de Castro. MARINONI, Luiz Guilherme. WAMBIER, Teresa Arruda Alvim (coords). *Direito Jurisprudencial*. São Paulo: Revista dos Tribunais, 2014, v. 2 . p. 489).

[245] Notemos que a fragilidade desse modo de pensar fora apontada já em 1959 por Tulio Ascarelli: "l'oggeto dell'interpretazione non è una 'norma', ma un testo; è in forza dell'interpretazione del testo e perciò sempre in forza di un dato che a rigore può dirsi 'passato', 'storico', che si formula la 'norma' (come 'presente ed anzi proiettata nel 'futuro'). Questa una volta espressa torna necessariamente ad essere testo". (ASCARELLI, Tullio. *Giurisprudenza costituzionale e teoria dell'interpretazione. Problemi giuridici*. Milano: Giuffrè, 1959, p. 140). Perfeito: a norma soluciona o caso, mas, quando é translada para a decisão, volta a ser texto que, eventualmente, poderá servir de apoio para a construção de uma nova norma. É dizer: a norma sempre é casuística.

[246] ABBOUD, Georges. STRECK, Lenio Luiz. *O que é isto - o precedente jurisprudencial e as súmulas vinculantes?* Porto Alegre: Livraria do Advogado, 2013.

[247] ABBOUD, Georges. STRECK, Lenio Luiz. *O que é isto - o precedente jurisprudencial e as súmulas vinculantes?* Porto Alegre: Livraria do Advogado, 2013, p.68.

[248] Conforme bem pontua Diogo Bacha e Silva: "A questão é que estamos presos ao legado positivista e a crença de que um texto poderá resolver os problemas interpretativos. Por isso, melhor do que caracterizar nosso sistema processual como um misto de *common law* e *civil law*, seria classificarmos como o velho estilo francês da Escola da Exegese e do *phrase unique*. Ou seja, utilizarmos o precedente como mecanismos de padronização decisória preventiva (...) Colocamos o precedente como se fossem leis, aplicamo-nos como se fossem regras gerais e abstratas." (SILVA, Diogo Bacha e. *A valorização dos precedentes e o distanciamento entre os sistemas civil law e common law*. In: MENDES, Aluisio Gonçalves de Castro. MARINONI, Luiz Guilherme. WAMBIER, Teresa Arruda Alvim (coords). *Direito Jurisprudencial*. São Paulo: Revista dos Tribunais, 2014, v. 2. p.491-492).

O problema nesse modo de pensar é acreditar que os enunciados editados pelos tribunais, "claros, sintéticos e abstratos" conseguiriam em sua semântica apreender toda a complexidade do processo de estruturação normativa. A esta altura de nossa explanação, esperamos ter convencido nosso interlocutor de que o processo decisório é extremamente trabalhoso, pautando-se na dialeticidade, na reconstrução do fenômeno jurídico e na facticidade do caso sob julgamento. Significa dizer: é um processo artesanal e individual cuja complexidade jamais caberá em um verbete.

Conforme muito bem pontuado por Abboud e Streck, na medida em que a súmula é encarada enquanto norma, com aptidão para resolver casos futuros, passa-se a imaginar que o enunciado editado "teria a função precípua de transformar os casos difíceis (que exigiam a exaustiva interpretação) em casos fáceis (que em razão do texto sumular passariam a ser solucionados de forma automática via subsunção).[249] Com efeito, "a súmula viria para facilitar a vida do intérprete que poderia utilizar a dedução para solucionar milhares de processos de uma só vez, porque agora eles são "fáceis", bastando, então, a subsunção.[250]

À luz de uma séria teoria de decisão judicial e construção normativa, esse modo de encarar as coisas é extremamente danoso, eis que retira todo o caráter hermenêutico, histórico e dialético que deve permear a fundamentação de uma decisão. Isto, pois, a súmula

> almeja constituir-se como a regra decisória do caso concreto, ou seja, como se viesse a norma pronta e acabada que pudesse substituir-se às alegações das partes, à fundamentação e à problematização decisional, de modo que se torna desnecessário que o magistrado ou os tribunais locais precisassem socorrer-se à interpretação da lei e da Constituição Federal, bem como ao exame das alegações das partes.[251]

Essa é a crítica também trazida por Luiz Guilherme Marinoni. Para o jurista, como as súmulas foram pensadas e vêm sendo utilizadas de modo apenas a facilitar as decisões, suas pretensões sempre foram

---

[249] ABBOUD, Georges. STRECK, Lenio Luiz. *O que é isto - o precedente jurisprudencial e as súmulas vinculantes?* Porto Alegre: Livraria do Advogado, 2013, p.55.

[250] ABBOUD, Georges. STRECK, Lenio Luiz. *O que é isto - o precedente jurisprudencial e as súmulas vinculantes?* Porto Alegre: Livraria do Advogado, 2013, p.55.

[251] ABBOUD, Georges. STRECK, Lenio Luiz. *O que é isto - o precedente jurisprudencial e as súmulas vinculantes?* Porto Alegre: Livraria do Advogado, 2013, p. 96-97.

universalizantes, acreditando-se erroneamente que os enunciados abstratos, por si só, poderiam solucionar casos.[252]

Equipar a súmula a norma é tentar justificar sua aplicação via subsunção, em um processo extremamente cômodo para o decisor, eis que desatrelado de qualquer exigência de busca pela resposta correta e estruturação normativa casuística.

Tradicionalmente, a aplicação de enunciados sumulares desconsidera todas as especificidades e debates dos casos que lhe deram origem, passando a valer em sua própria textitude. Com isso, retira-se todo o caráter hermenêutico das decisões, utilizando-se o verbete enquanto um superargumento de autoridade, uma verdade indiscutível que, uma vez evocada, suprimiria a necessidade de maiores esforços fundantes pelo julgador.

Notemos bem: o argumento de que as súmulas seriam normas já depuradas não se sustenta à luz das mais modernas teorias normativas. Entretanto, trata-se de um argumento muito conveniente para aqueles que pretendem manter a função sumarizante do instituto.[253] Se o enunciado já é a norma, mostrar-se-ão desnecessários maiores esforços argumentativos no momento decisório. Compreensível, portanto, porque o posicionamento se encontrava tão sedimentado no meio jurídico.

O ponto nodal é que o enunciado sumular, enquanto um ente autônomo, não traz consigo a facticidade ou a dialeticidade desenvolvida nos processos onde encontra origem. Não traz consigo sequer o elemento legal democrático (lei) no qual se escora.

Assim sendo, sua aplicação mecanizada jamais dará conta de fundamentar qualitativamente uma decisão, já que nunca conseguirá detectar se as partes trouxeram novos argumentos não analisados nos

---

[252] MARINONI, Luiz Guilherme. *Precedentes obrigatórios*. São Paulo: Revista dos Tribunais, 2010. 481.

[253] É o que expõe Guilherme Sarri Carreira cuja argumentação, em que pese direcionada para as súmulas vinculantes, tem plena aplicação para qualquer tipo de verbete jurisprudencial: "(...) é importante ter em mente que a súmula vinculante, assim como a lei, é texto, ou seja, suporte fático, razão pela qual se deve buscar a sua norma jurídica, que é o resultado/produto da interpretação. Nesse sentido, não há como enxergar a súmula vinculante como uma norma pronta, pois sua aplicação depende da interpretação do jurista, que, no caso concreto, é que irá extrair, ou melhor, construir a norma jurídica, sempre atento as especificidades de cada caso concreto. Assim, qualquer que seja a situação, a sua aplicação dependerá de um processo interpretativo, de verificação do caso concreto, de análise das especificidades, pois do contrário a súmula deixa de ter qualquer utilidade no nosso sistema, já que tornaria o juiz um mero carimbador" (CARREIRA, Guilherme Sarri. Algumas questões a respeito da súmula vinculante e precedente judicial. *RePro*. v. 199, p. 213-245, set. 2011).

casos que originaram a súmula, se esses casos pretéritos são semelhantes ao caso sob julgamento, ou se a lei que escorou a edição do enunciado também tem aplicabilidade no novo processo.

Se encarada enquanto a norma pronta e acabada, a súmula ceifa o processo decisório de qualquer dialeticidade e reconstrução do fenômeno jurídico. O juiz não precisaria buscar a resposta correta para o caso, eis que esta já foi dada pelo verbete.

Resumindo a questão: cada julgamento pretérito que originou a súmula exigiu sim a estruturação da sua norma, mas esse processo de construção normativo é intricado demais para ser sintetizado em uma única locução textual. Encarar a súmula enquanto norma é totalmente incondizente com uma concepção conteudística de decisão (e fundamentação) jurídica, estruturação normativa e busca pela resposta correta.

Seja considerando a produção do legislador, seja considerando a produção jurisprudencial, a norma somente pode ser encontrada casuisticamente. Assim sendo, uma lei ou súmula nunca será, por si só, norma. Muito menos será suficiente para fundamentar uma decisão.

4.5 Segundo equívoco teórico no estudo e manejo de súmulas: a súmula não é precedente e a súmula não aproxima o Brasil do *common law*

O tema "precedentes" vem sendo um dos mais trabalhados em nosso país. Recentemente, inúmeras obras se prestam a estudar o sistema precedentalista anglo-saxão e buscar a sua aproximação com a realidade brasileira.

As razões para tanto, apesar das diferenças existentes entre os dois sistemas jurídicos, põem-se bastante simples. Por intermédio da doutrina do *stare decisis* os países de *common law* vêm conseguindo atingir aquilo que, até o presente momento, o *civil law* brasileiro ainda não deu conta: estabilidade jurisprudencial e, com isso, mais previsibilidade, segurança, igualdade e coerência dentro do trato jurídico.[254]

Louvável, assim, a pretensão de troca de aprendizado entre as duas famílias jurídicas.

---

[254] Ver: MARINONI, Luiz Guilherme. *Precedentes obrigatórios*. São Paulo: Revista dos Tribunais, 2010. CAMARGO, Luiz Henrique Volpe. A força dos precedentes no moderno processo civil brasileiro. *In*: WAMBIER, Teresa Arruda Alvim (coord.). *Direito Jurisprudencial*. São Paulo: Revista dos Tribunais, 2012.

Ocorre que, nessa tentativa de conformação entre os dois sistemas, alguns questionáveis sincretismos estão ganhando espaço. E a defesa dos enunciados sumulares sob o argumento de que seriam precedentes e estariam aproximando o Brasil do *common law* é um exemplo emblemático desse fenômeno.[255]

Assim sendo, nos parece necessário justificar por que a súmula enquanto um ente abstrato e autônomo, facilitador de julgamentos, em nada se relaciona com a técnica de trabalho com precedentes desenvolvida pelo *common law*.[256]

4.5.1 *Civil law* vs *common law*: fontes e método de trabalho

É sabido que o *civil law* e o *common law* surgiram em circunstâncias políticas e culturais completamente distintas, o que naturalmente acarretou a formação de tradições jurídicas diferentes.[257] Por opção metodológica, não pretendemos nos embrenhar na evolução histórica dos dois sistemas jurídicos, restringindo nossa investigação aos elementos necessários à compreensão da técnica de trabalho dentro dessas diferentes famílias.[258]

---

[255] Fazendo essa confusão, por exemplo, diz Ana Paula de Barcellos que: "Mecanismos jurídicos formais foram criados para atribuir às decisões dos Tribunais Superiores, particularmente do STF e também do STJ efeitos muito mais intensos do que apenas aqueles que decorrem de força de sua argumentação. Como se sabe, tais decisões agora repercutam formalmente sobre terceiros que não são parte no processo no qual foram proferidas, variando o tipo de repercussão em função do mecanismo de que se cuide, podendo chegar a um efetivo efeito vinculante sobre os órgãos judiciários e administrativos em geral, como no caso das súmulas vinculantes. A aproximação com a figura do precedente originária dos sistemas de common law é evidente." (BARCELLOS, Ana Paula de. Voltando ao básico. Precedentes, uniformidade, coerência e isonomia. Algumas reflexões sobre o dever de motivação. *In*: WAMBIER, Teresa Arruda Alvim; MENDES, Aluisio Gonçalves de Castro; MARINONI, Luiz Guilherme (coords). *Direito Jurisprudencial*. São Paulo: Revista dos Tribunais, 2014, p. 146.). No mesmo sentido: GOTTEMS, Claudinei J.; BORGES, Rodrigo Lanzi de Moraes. Súmula vinculante: a influência da *common law* no sistema jurídico brasileiro. Prima Facie (UFPB), v. 11, p. 91-111, 2008.

[256] É o alerta que faz Teresa Wambier: "A adoção da súmula vinculante pelo direito positivo brasileiro tem gerado a impressão de que, por isso, nosso sistema processual-constitucional se estaria aproximando do que existe nos países de *common law*. Essa impressão, na nossa opinião, é equivocada. Estamos, isto sim, buscando a realização dos mesmos valores por esse sistema prezados, habitualmente referidos pelas expressões *equality, uniformity, stability, predictability*, mas por caminhos diversos, que, a nosso ver, são típicos do *civil law*." (WAMBIER, Teresa Arruda Alvim. Súmula vinculante: figura do common law?. *Revista de Doutrina da 4ª Região*, Porto Alegre, n. 44, out. 2011. Disponível em: <http://www.revistadoutrina.trf4.jus.br/artigos/edicao044/teresa_wambier.html>. Acesso em 14. maio. 2015.)

[257] MARINONI, Luiz Guilherme. *Precedentes obrigatórios*. São Paulo: Revista dos Tribunais, 2010, p. 23.

[258] Para maior aprofundamento dessa evolução histórica, ver: TUCCI, José Rogério Cruz e. *Precedente judicial como fonte do Direito*. São Paulo: Revista dos Tribunais, 2004.

No âmbito do *civil law*, visualizamos a prevalência da lei escrita à todas as outras formas de expressão do direito, de forma que as regras jurídicas são extraídas, essencialmente, da legislação positivada ou da Constituição. Assim, por regra, a jurisprudência não goza de força vinculante, possuindo, entretanto, importante conteúdo hermenêutico-persuasivo, nos termos anteriormente explicitados.[259]

De modo oposto, no bojo do *common law*, a legislação escrita nunca fora a principal fonte jurídica. O Direito nasceu e se desenvolveu enquanto um direito costumeiro que gradativamente foi se transformando em direito jurisprudencial. Nesse sistema, em que pese seja cada vez maior a produção legislativa, a principal fonte jurídica são as decisões pretéritas.[260]

Em decorrência dessa diferença na primazia das fontes dentro das duas famílias, também a maneira como as regras jurídicas são extraídas e recebidas pelo aplicador em cada um dos sistemas tende a ser diametralmente oposta.

Conforme já sustentado nessa obra, podemos dizer que, no *civil law*, a construção normativa sempre terá início em um *elemento abstrato*, de fácil acesso ao aplicador: a lei. Em que pese problemas interpretativos-aplicativos possam surgir, o operador sabe que, por regra, é *na semântica da lei* que o processo de produção do Direito se iniciará e também encontrará o seu limite.[261]

O operador do *civil law*, assim, parte de um elemento abstrato (lei) para chegar a algo concreto (decisão).

Diferentemente, no bojo do *common law*, as regras jurídicas extraíveis dos precedentes jamais vêm de forma abstrata, entregues

---

[259] "O ponto de referência normativo no âmbito da common Law é exatamente o precedente judicial, enquanto, no tradicional sistema de fontes do direito que vigora nos países regidos pela civil Law, o precedente geralmente dotado de força persuaiva, é considerado fonte secundária ou fonte de conhecimento do direito." (TUCCI, José Rogério Cruz e. Parâmetros de eficácia e critérios de interpretação do precedente judicial. *In*: Direito Jurisprudencial. WAMBIER, Teresa Arruda Alvim (coord.). São Paulo: Revista dos Tribunais, 2012, p. 100.

[260] Até porque, mesmo quando existente lei escrita sobre a matéria, "o judiciário do *common law* não decide o caso concreto a partir da interpretação da lei sem lançar mão da cadeia de precedentes já existente". (ABBOUD, Georges. STRECK, Lenio Luiz. *O que é isto - o precedente jurisprudencial e as súmulas vinculantes*? Porto Alegre: Livraria do Advogado, 2013, p.36).

[261] Abordando o *civil law*, diz Richard Capalli que: "As to the latter, we simply read the statue, regulation or ordinance. While problems of meaning constantly arise, we at least start our exegesis from the premise that the words we see, each and all, are law." (CAPPALLI, Richard B. *The American common law method*. New York: Transnational Publisher, 1996. p. 11).

de antemão, "extracted by collectors and synthesizers".²⁶² Em verdade, precisarão ser casuisticamente identificadas e extraídas dos casos passados pelo jurista.

Dentro do *common law*, nenhuma frase ou palavra constante de um precedente será propriamente uma regra jurídica. Bem pelo contrário, o Direito "escondido" em um precedente só poderá ser extraído através de um laborioso e complexo método de trabalho, que utilizará como parâmetro um já julgado caso concreto, real e tangível, e as discussões travadas para sua solução.²⁶³

Nesse sistema, as regras jurídicas derivadas de um caso (ou grupo de casos) só serão encontradas por intermédio de um estudo meticuloso dos pontos discutidos nas decisões pretéritas, suas origens e justificativas, bem como a maneira que outros juízes já lidaram com aquele precedente.²⁶⁴

A regra jurídica jamais existirá longe desses aspectos e, por consequência, sua existência será, desde sempre, conteudística (e nunca abstrata). Isto, pois, quando separada das razões que justificaram sua criação, a *rule* de um caso poderia facilmente ser deturpada ou mal compreendida.²⁶⁵

O processo, portanto, parte de um elemento concreto (decisão passada) para desembocar novamente em algo concreto (decisão presente).

Notemos bem a diferença: enquanto no âmbito do *civil law* a fonte base de produção normativa se caracteriza por sua *abstração*, dentro do

---

[262] CAPPALLI, Richard B. The American common law method. New York: Transnational Publisher, 1996. Pg. 176. Também: DUXBURY, Neil. *The Nature and Authority of Precedent*. New Tork: Cambridge University Press, Kindle Edition, 2008, p. 58.

[263] "Concerning the former, judicial law, not a single word penned by the judge is law. Rather, the "law" embodied in "case law" is extracted only upon laborious effort in applying an intricate set of philosophies, concepts, maxims and traditions which, in composite, we can call the common law method and which are the subjects of this enterprise. That method is not embodied in a single text or a single law course but is the cumulated wisdom and experience of years of education and practice. This is why student find "a system with concepts which are not easy to apply in practice or to account for...in theory", and why civilian lawyers (that is lawyers who use the civil law) rarely come to understand the common law method more than superficially". (CAPPALLI, Richard B. *The American common law method*. New York: Transnational Publisher, 1996. p. 11). No mesmo sentido, ver: DUXBURY, Neil. The Nature and Authority of Precedent. New Tork: Cambridge University Press, Kindle Edition, 2008, p. 58.

[264] DUXBURY, Neil. The Nature and Authority of Precedent. New Tork: Cambridge University Press, Kindle Edition, 2008.

[265] CAPPALLI, Richard B. *The American common law method*. New York:Transnational Publisher, 1996. 176).

common law a fonte base, *ad initium*, já se caracteriza por seu *conteúdo* e *casuísmo*. A regra jurídica extraída da fonte jurisprudencial será sempre fruto de um processo hermenêutico, de desconstrução e reconstrução - não só das decisões pretéritas, mas de todo o fenômeno jurídico.

A esse respeito, diz Edward D. Re:

> Os precedentes não se devem aplicar de forma automática. O precedente deve ser analisado cuidadosamente para determinar se existem similaridades de fato e de direito para estabelecer a posição atual da Corte com relação ao caso anterior. Estuda-se o precedente para determinar se o princípio nele deduzido constitui a fundamentação ou somente um *dictum*.[266]

Essa constatação é essencial. O precedente não entrega, de pronto, qualquer regra jurídica. A regra jurídica precisa ser extraída *do* precedente e o seu sentido compreendido *à luz* do precedente (jamais dele se desligando).[267] Por isso, o processo decisório nunca terá por base um texto abstrato como ocorre no *civil law*. A regra retirada do precedente, em verdade, já traz consigo uma substancial carga hermenêutica.

Nessa esteira, não existirá aplicação mecânica ou subsuntiva de um precedente. Sua força conformadora não se apresenta enquanto uma regra abstrata e pré-dada, mas, sim, dependerá do estudo e compreensão das razões (fáticas e jurídicas) que foram determinantes na solução de casos anteriores.[268]

4.5.2 *Binding precedent*

No ponto anterior falamos que a principal fonte do direito dentro do *common law* são as decisões pretéritas, os precedentes. Assim sendo, necessário precisar exatamente o que vem a ser essa figura.

---

[266] RE, Edward D. *Stare decisis*. Tradução Ellen Gracie Northfleet. Revista Forense 327-338, Rio de Janeiro: Forense, jul-set., 1994, p. 6.

[267] CROSS, Rupert. HARRIS, J.W. *Precedent in English Law*, Claredon Law Series, 4. Ed., Claredon Press, Oxford, 1991, p. 43.

[268] É o que, na doutrina nacional, explicam Abboud e Streck: "Portanto, inexiste aplicação mecânica ou subsuntiva na solução dos casos mediante a utilização do precedente judicial. Isso porque não existe uma prévia e pronta regra jurídica apta a solucionar por efeito cascata casos futuros. Pelo contrário, a própria regra jurídica (precedente) é fruto de intenso debate de atividade interpretativa (...)." (ABBOUD, Georges. STRECK, Lenio Luiz. *O que é isto - o precedente jurisprudencial e as súmulas vinculantes?* Porto Alegre: Livraria do Advogado, 2013, p. 268).

Precedentes, explica Michele Taruffo, são aquelas decisões judiciais que, ao decidirem casos reais, possuem condições de fornecer uma regra jurídica que pode ser aplicada como critério para a decisão de um caso futuro.[269] Na mesma senda, também Neil Duxbury define o precedente enquanto "a past event – in the law the event is nearly always a decision – which serves as a guide for presente action".[270]

É dizer: o precedente constitui uma decisão com aptidão para servir como parâmetro de julgamento para situações futuras.[271] Isto, em função da identidade ou analogia entre os fatos do caso julgado e do caso em julgamento.[272]

Apesar de sempre ter-se construído enquanto um sistema casuístico, que valorizou sua historicidade e a necessidade de conferir tratamento equivalente para casos iguais (*treat like cases alike*),[273] aquilo que hoje chamamos de precedentes vinculantes (*binding precedents*) é um fenômeno relativamente recente dentro do *common law*.[274]

---

[269] TARUFFO, Michele. *Precedente e jurisprudência*. Trad. Chiara de Teffé. Civilistica.com. Rio de Janeiro, a. 3, n. 2, jul.-dez./2014. Disponível em: <http://civilistica.com/wp-content/uploads/2015/02/Taruffo-trad.-civilistica.com-a.3.n.2.2014.pdf>. p. 4 Acesso em 3. abr. 2015.

[270] TARUFFO, Michele. *Precedente e jurisprudência*. Trad. Chiara de Teffé. Civilistica.com. Rio de Janeiro, a. 3, n. 2, jul.-dez./2014. Disponível em: <http://civilistica.com/wp-content/uploads/2015/02/Taruffo-trad.-civilistica.com-a.3.n.2.2014.pdf>., p. 1 Acesso em 3. abr. 2015.

[271] Conforme Evaristo Santos: "(...) pelo termo precedente busca-se também designar um pronunciamento judicial que por sua autoridade e consistência, deveria ser adotado por outros juízes como padrão para a decisão de casos semelhantes". (SANTOS, Evaristo Argão. Em torno do conceito e da formação do precedente judicial. In: WAMBIER Teresa Arruda Alvim. Direito Jurisprudencial. (coord). São Paulo: Revista dos Tribunais, 2012, p. 145).

[272] TARUFFO, Michele. Precedente e jurisprudência. Trad. Chiara de Teffé. Civilistica. com. Rio de Janeiro, ano 3, n. 2, jul.-dez.2014. Disponível em: <http://civilistica.com/wp-content/uploads/2015/02/Taruffo-trad.-civilistica.com-a.3.n.2.2014.pdf>., p. 4 Acesso em 3. abr.2015.

[273] É o que lembra Teresa Wambier: "Evidentemente, o *common law* não é o mesmo desde o início, embora a sua característica principal tenha sempre estado presente: 'casos são tidos como fonte do direito'." (WAMBIER, Teresa Arruda Alvim. Precedentes e evolução do direito. *In*: WAMBIER, Teresa Arruda Alvim (coord). *Direito Jurisprudencial*. São Paulo: Revista dos Tribunais, 2012, p. 200).

[274] Conforme Alfred William Brian Simpson, citado por Luiz Guilherme Marinoni: "To a historian at least any identifications between the common law system and the doctrine of precedent, any attempt to explain the nature of the common law in terms of stare decisis, is bound to be unsatisfactory, for the elaboration of rules and principles governing the use of precedents and their status as authorities is relatively modern, and the idea that there could be binding precedents more recent still. The common law had been in existence for centuries before anybody was very excited about these matters, and yet if functioned as a system of law without such props as the concept of the ratio decidendi, and functioned well enouth." (MARINONI, Luiz Guilherme. *Precedentes Obrigatórios*. São Paulo: Revista dos Tribunais, 2010, p. 34).

Com o intuito de promover maior segurança, previsibilidade e igualdade no trato jurídico, durante o século XIX, consolidou-se nessa família do Direito a necessidade de que uma regra jurídica estabelecida por uma Corte na solução de certa situação fática deveria ser seguida em casos futuros semelhantes.[275]

Trata-se da chamada doutrina do *stare decisis*, cujo eixo mestre é, exatamente, a força obrigatória dos precedentes (*binding precedentes*).[276]

O termo *stare decisis*, abreviação da expressão em latim "stare decisis et quieta non movere", remete à necessidade de manutenção daquilo que já foi decidido e de não alteração naquilo que já foi estabelecido. Significa: os entendimentos já emitidos devem ser mantidos e seguidos.[277]

Basicamente, temos que, exalado um precedente por uma Corte, outras Cortes de menor hierarquia deverão, em casos semelhantes, seguir o mesmo posicionamentos já adotado pelo órgão superior (vinculação vertical). Da mesma sorte, também a Corte que emitiu o precedente estará, em situações posteriores, vinculada ao que já foi decidido (vinculação horizontal).[278]

Questão extremamente interessante é que essa vinculação dos juízes do *common law* aos julgamentos pretéritos não encontra-se formalmente estipulada em qualquer diploma e não existem sanções formais para o juiz que se nega a cumprir precedentes.[279]

Conforme aponta Duxbury, seguir precedentes simplesmente é visto como uma prática correta, um padrão de como bem julgar.[280] Assim, em que pese inexistam regras ou sanções que o obriguem, um

---

[275] DUXBURY, Neil. *The Nature and Authority of Precedent*. New York: Cambridge University Press, Kindle Edition, 2008, p. 31.
[276] TUCCI, José Rogério Cruz e. *Precedente judicial como fonte do direito*. São Paulo: Revista dos Tribunais, 2004, p.170.
[277] TUCCI, José Rogério Cruz e. *Precedente judicial como fonte do direito*. São Paulo: Revista dos Tribunais, 2004, p.160.
[278] CROSS, Rupert. HARRIS, J.W. *Precedent in English Law*, Claredon Law Series, 4. Ed., Claredon Press, Oxford, 1991, p. 39. Vale ressaltar que essa vinculação é flexível, comportando exceções. É o que o *common law* chama de *overruling*, ou seja, a possibilidade de superação de um precedente. Sobre o tema, conferir: LUNELLI, Guilherme. *Cortes nomofiláticas e a superação de seus precedentes*: Contribuições da Doutrina de J.W. Harris à Realidade Brasileira. Revista Em Tempo, v. 12, p. 372-389, 2013.
[279] DUXBURY, Neil. *The Nature and Authority of Precedent*. New York: Cambridge University Press, Kindle Edition, 2008, p. 13.
[280] DUXBURY, Neil. *The Nature and Authority of Precedent*. New York: Cambridge University Press, Kindle Edition, 2008, p. 20.

juiz que não respeita a doutrina do *stare decisis* é raramente visto fora da literatura de ficção.[281]

4.5.3 O conteúdo vinculante do precedente: a *ratio decidendi*

Dissemos até aqui que, no atual estágio do *common law*, os precedentes são vinculantes e devem ser seguidos. Essa afirmação, contudo, pouca coisa resolve, já que não esclarece exatamente que *o quê* em uma decisão vinculará.

Pois bem. O conteúdo vinculante de um precedente recebe a nomenclatura técnica de *ratio decidendi*, *holding* ou, simplesmente, *rule*.[282]

Em essência, a *rule* é a regra jurídica que justifica a maneira como um caso pretérito foi decidido. A ela se opõem os *obiter dicta*, ou seja, aquilo que fora analisado somente de passagem na decisão, não constituindo um elemento (fático ou jurídico) essencial do precedente. Por *obiter dicta* devemos entender as considerações periféricas, que não constituem o núcleo determinante do precedente e, portanto, não possuirão caráter vinculante.[283]

Conforme pontua Cruz e Tucci, com a maturação necessária, o trato com precedentes gradativamente foi se aperfeiçoando nos países de *common law*, "entendendo-se que não era o caso julgado em si que irrompia importante, mas, sim, a *ratio decidendi*, isto é, a tese ou o princípio de direito contido na sentença".[284]

---

[281] Conforme Duxbury: "neither judges nor jurists pay much attention to the question of what happen to the judge who regulary and manifestly disrespectful towards and neglectful of precedente, probably because that judge rarely if ever exists outside fictional literature". (DUXBURY, Neil. *The Nature and Authority of Precedent*. New York: Cambridge University Press, Kindle Edition), 2008, p. 16).

[282] WAMBIER, Teresa Arruda Alvim. Precedentes e evolução do direito. In: *Direito Jurisprudencial*. WAMBIER, Teresa Arruda Alvim (coor.). São Paulo: Revista dos Tribunais, 2012.

[283] "Daí a doutrina diferenciar dois institutos: ratio decidendi e obiter dictum. Enquanto o primeiro se relaciona a dictum, isto é, todas aquelas afirmações e argumentações que estão contidas na motivação da sentença, mas que, mesmo podendo ser úteis para a compreensão da decisão e dos seus motivos, não constituem, todavia, parte integrante do fundamento jurídico da decisão. Esta distinção pode ser difícil de ser estabelecida na prática, mas é fundamental quando nos faz compreender como apenas por meio da referência direta aos fatos da causa se pode determinar qual é a razão jurídica efetiva da decisão, ou seja, a ratio que somente pode ter eficácia de precedente. Os obiter dicta têm nenhuma eficácia e não podem ser invocados como precedente nas decisões de casos subsequentes vez que não condicionaram a decisão do caso anterior. (TARUFFO, Michele. *Precedente e jurisprudência*. Trad. Chiara de Teffé. Civilistica.com. Rio de Janeiro, ano 3, n. 2, jul.-dez. 2014. Disponível em: <http://civilistica.com/wp-content/uploads/2015/02/Taruffo-trad.-civilistica.com-a.3.n.2.2014.pdf>. p. 4 Acesso em 3. abr. 2015).

[284] TUCCI, José Rogério Cruz e. *Precedente judicial como fonte do direito*. São Paulo: Revista dos Tribunais, 2004, p.101.

Até hoje existe pouco consenso em como definir ou identificar exatamente o que seria a *ratio decidendi* de uma decisão.[285] Isto, pois, nos termos já adiantados, sua extração demanda um complexo processo de análise tanto dos pontos jurídicos quanto dos pontos fáticos que foram essenciais para a solução do caso pretérito.

A questão é extremamente intricada, gerando inúmeras dúvidas tanto no campo doutrinário quanto no prático. Temas como: julgamentos com mais de uma *ratio*, como extrair a *ratio* de decisões colegiadas e até a própria diferenciação entre *ratio* de *dicta* ainda intrigam e geram grandes divergências entre os estudiosos do *common law*.[286]

Para os fins desse estudo, sob pena de perdermos o foco, não há porque adentrarmos nessas discussões. Nossa pretensão é muito mais singela: demonstrar que, apesar de todas as divergências, existem certos pontos de consenso quanto a definição e a extração da *holding*. A partir dessa "zona de certeza" já conseguiremos, na sequência, demonstrar os equívocos teóricos em sustentar-se qualquer aproximação entre as súmulas enquanto entes abstratos e a experiência do *common law*.

Para Niel MacCormik, a *ratio decidendi* constitui uma regra expressa ou implicitamente dada pelo julgador, suficiente para resolver uma questão de direito ventilada e discutida pelas partes, constituindo um ponto que necessariamente precisava ser definido para justificar a decisão tomada no caso.[287]

A *ratio decidendi*, assim, seria a regra jurídica que se mostrou suficiente para decidir um caso concreto, apresentando-se como produto das discussões travadas no processo.[288]

Em sentido semelhante, Tucci assinala três elementos que integram a *ratio decidendi*: (i) a indicação dos fatos relevantes; (ii) o raciocínio

---

[285] DUXBURY, Neil. *The Nature and Authority of Precedent*. New York: Cambridge University Press, Kindle Edition, 2008, p. 68.

[286] Ver: CROSS, Rupert. HARRIS, J.W. *Precedent in English Law*, Claredon Law Series, 4. ed., Claredon Press, Oxford, 1991 DUXBURY, Neil. *The Nature and Authority of Precedent*. New York: Cambridge University Press, Kindle Edition, 2008. ABRAMOVICZ, Michael; STEARNS, Maxwell. The modern law review, 56, 2005.

[287] "A ratio dicidendi is a ruling expressly or impliedly given by a judge which is sufficient to settle a point of law put in issue by the parties arguments in a case, being a point on which a ruling was necessary to his/her justification (or one of his/her alternative justifications) of the decision in the case." (MACCORMIK, Niel. Can stare decisis be abolished? *Juridical Review*. s.l.: s.e, 1966, p. 153).

[288] Assim sendo, fato é que a *ratio* não se confunde com o relatório, fundamentação ou dispositivo da decisão. Será ela elaborada tomando em conta todos esses elementos, mas será sempre "algo a mais" do que todos eles. (MARINONI, Luiz Guilherme. *Precedentes Obrigatórios*. São Paulo: Revista dos Tribunais, 2010, p. 222).

lógico-jurídico da decisão (*legal rasoning*); e (iii) o juízo decisório (*judgement*).[289]

Michael Abramovicz e Maxwell Stearns, por sua vez, definem *holding* como sendo as proposições ao longo do caminho do raciocínio decisional que (i) se colocam realmente decididas, (ii) estão escoradas nos fatos do caso, e (iii) conduzem ao julgamento.[290]

Poderíamos apontar várias outras tentativas de definição e extração da *ratio*, mas, apesar das naturais divergências, sempre perceberíamos um ponto de convergência: a sua identificação exige tanto a análise dos fatos como a análise dos argumentos analisados no precedente.

Primeiramente, verificar os fatos é de vital importância pois a *holding* nada mais é senão aquilo que lhes dá solução. Não podemos esquecer que o *common law* se alicerceia sob a concepção de que casos iguais deverão ser tratados de forma igual (*treat cases like alike*).[291] Daí a importância dos fatos para a definição e delimitação da *rule* e a exigência de que todo precedente seja lido à luz do caso onde foi proferido.[292]

---

[289] TUCCI, José Rogério Cruz e. Parâmetros de eficácia e critérios de interpretação do precedente judicial. *In*: WAMBIER, Teresa Arruda Alvim (coord). *Direito jurisprudencial*. São Paulo: Revista dos Tribunais, 2012, p. 123.

[290] "A holding consists of those propositions along the chosen decisional path or paths of reasoning that (1) are actually decided, (2) are based upon the facts of the case, and (3) lead to the judgment. If not a holding, a proposition stated in a case count as dicta." (ABRAMOVICZ, Michael; STEARNS, Maxwell. *Defining dicta*. Stanford Law Review, 56, 2005 p. 113).

[291] Nesse ponto, uma anotação se mostra imperiosa. Não é nosso objetivo aqui desenvolver a questão, mas deve-se saber que a análise da semelhança fática desenvolvida no *common law* não busca uma identidade absoluta entre os fatos (julgado e pretérito), mas, sim, uma identidade essencial ou substancial. Sobre o ponto, ver: WAMBIER, Teresa Arruda Alvim. *Precedentes e evolução do direito*. *In*: WAMBIER, Teresa Arruda Alvim (coord). *Direito Jurisprudencial*. São Paulo: Revista dos Tribunais, 2012. Não nos aprofundaremos sobre o tema, pois, conforme lembra a mesma jurista: "Tenho ouvido e lido afirmações muito equivocadas, como, por exemplo, a de que o grande problema no Brasil, no que tange ao tema "precedentes", é a identificação da ratio decidendi. Não é. Estamos vivendo a pré-história do direito que valoriza precedentes. Esta necessidade só existe em países em que se aprendeu que a harmonia do sistema não se consegue só com a obviedade de que casos idênticos devam ser decididos da mesma forma (como ocorre aqui). Há países em que se percebe haver identidade substancial, sob o ângulo jurídico, de situações que não são idênticas do ponto de vista fático. E que, por isso, devem ser decididas do mesmo modo. Nestes casos, é que pode ser problemática a identificação da ratio, do core, do ponto, da holding. Aqui, mal se consegue (e não se consegue) que situações, de fato, rigorosamente idênticas sejam decididas de modo uniforme: situações em que a ratio é visível por quem tem 14 graus de miopia!" WAMBIER, Teresa Arruda Alvim. "*Brazilian precedents*". Disponível em: <http://www.migalhas.com.br/dePeso/16,MI203202,31047-Brazilian+precedentes>. Acesso em 2. fev. 2015.

[292] "There would be no point in setting out many of the remarks of judges insisting on the importance of paying the most scrupulous attention to the facts of the previous cases cited to them. The number of such remarks is legion. The requirement goes to the root of

Não há como sabermos o conteúdo da *ratio* sem sabermos quais fatos a Corte considerou importantes (ou, como diz a doutrina, "materiais")[293] no julgamento. Conforme pontua *Lord* Halsbury, citado por Rubert Cross e J.W. Harris:

> Every judgment must be read as applicable to the particular facts proved or assumed to be proved, since the generality of the expression which may be found there are not intended to be expositions of the whole law but govern and are qualified by the particular facts of the case in which such expressions are to be found.[294]

Seguir precedentes é uma atividade retrospectiva. Quando se decide com base em precedentes analisa-se como fatos semelhantes foram decididos no passado. É por isso que a atividade do julgador não é simplesmente a de interpretar frases ou palavras constantes do precedente, mas sim, identificar quais foram os fatos pertinentes no julgamento pretérito e, a partir deles, buscar semelhanças e diferenças entre os casos. Não por outra razão, a doutrina aponta que o trabalho com precedentes é um trabalho eminentemente *analógico*.[295]

Da mesma sorte, é somente por intermédio da análise dos casos (presente e passado) que poderá o julgador diferenciar as situações e, assim, entender não ser caso de aplicação do precedente. A essa diferenciação entre casos com o fito de não aplicação de um precedente, damos o nome de *distinguishing*.[296]

Perfeito. A *holding* jamais poderá ser identificada sem a análise dos fatos essenciais para o julgamento. Mas isso não basta.

O segundo ponto importante para a extração da *ratio decidendi* são as razões que embasam a conclusão atingida no precedente, ou seja, as razões que escoram a regra que dá solução ao caso.[297] A regra jurídica

---

doctrine of precedent according to which like cases must be decided alike. Only so is it possible to ensure that the court bound by a previous case decides it. Of course, it is all a question of probabilities, but the probability that a court will decide a new case in the same way as would the court which decided one of the cases cited becomes less and less as the differences between the facts of the two cases increase." 43 (CROSS, Rupert. HARRIS, J.W. *Precedent in English Law*, Claredon Law Series, 4. ed., Claredon Press, Oxford, 1991, p. 43).

[293] GOODHART, Arthur. *Determining the ratio decidendi of a case*. Yale Law Journal, XL, 2, 1930.
[294] CROSS, Rupert. HARRIS, J.W. *Precedent in English Law*, Claredon Law Series, 4. Ed., Claredon Press, Oxford, 1991, p. 43.
[295] DUXBURY, Neil. *The Nature and Authority of Precedent*. New York: Cambridge University Press, Kindle Edition, 2008, p.58.
[296] Voltaremos ao tema.
[297] MARINONI, Luiz Guilherme. *Precedentes Obrigatórios*. São Paulo: Revista dos Tribunais, 2010, p. 228.

eventualmente extraída de um precedente jamais poderá se distanciar daquilo que foi discutido no julgado, de seus motivos determinantes. São as razões apresentadas pelo julgador pretérito que darão sentido a proposição jurídica detectada. Nas palavras de Richard Capalli, *rules*

> cannot be understood and can easily be misunderstood apart from the reasons which justified their creation. The full meaning of the law of a single case, or a group of cases, or a body of case law can only be known trought a meticulous study of the opinions which generated their holdings - in Fuller's terms, the generative reasons, the "underside" of the rules. When case lawyers speak of the "reach" of a precedent they mean its authoritative force as known through the hard study of its origins and justification, the cumulative aspirations and concerns of the judges who authored the precedent and their predecessors whose earlier work was consulted.[298]

A expressão "underside" nos parece bastante elucidativa. Denota que a regra jurídica constante da *ratio*, por si, desacompanhada daquilo que lhe dá preenchimento (ou seja, as discussões jurídicas travadas no precedente), não tem poder algum. Ora, os precedentes não são prescrições literais e abstratas como aquelas produzidas pelo legislativo e, assim devem ser compreendidos e estudados em sua completude. Logo, toda fundamentação utilizada na formulação do precedente precisa ser levada em conta quando da extração e aplicação da *rule*.[299]

Separar a *ratio* de suas razões determinantes traz um duplo problema. Primeiro: impede a real compreensão de seu alcance, podendo a regra jurídica ser facilmente deturpada, manipulada ou mal entendida. Segundo: engessa o sistema, pois retira o caráter dialético e hermenêutico da utilização de precedentes. Se a *ratio* passa a valer por si, eventuais questões que não foram discutidas quando do julgamento do precedente jamais seriam apreciadas em um caso futuro.

É por esse motivo que a *ratio decidendi* derivada de um caso em que não foi discutida certa alegação ou argumento jurídico não se aplica a um caso posterior na qual essa alegação esteja sendo feita. Ao menos não sem se demonstrar que esse argumento novo não é capaz de afastar a conclusão atingida no precedente.[300]

---

[298] CAPPALLI, Richard B. *The American common law method*. New York:Transnational Publisher, 1996. 176.
[299] ABBOUD, Georges. STRECK, Lenio Luiz. *O que é isto - o precedente jurisprudencial e as súmulas vinculantes?* Porto Alegre: Livraria do Advogado, 2013, p.66-67.
[300] Tratando do tema, Marinoni faz importante diferenciação entre a aplicação do princípio do deduzido e do dedutível em sede de eficácia preclusiva da coisa julgada e em sede de

Se o precedente não consegue solucionar esse ponto novo, por regra não deve ser aplicado. Voltamos aqui à lógica da primazia da pergunta: se o novo argumento não integrou o caso passado, essa pergunta nunca foi feita antes e, logicamente, não há como existir respostas antes das perguntas. O precedente (apesar de conteudístico) é estático, a vida e o Direito são dinâmicos.

4.5.4 *Courts do not write laws*

Por fim, cumpre esclarecer que, no âmbito do *common law*, a *ratio decidendi* não é pontuada ou individualizada pelo órgão julgador que profere a decisão. Cabe aos juízes do futuro, ao estudar o precedente, extrair a "norma legal" que poderá ou não incidir na nova situação concreta.[301]

A autoridade de um precedente, com isso, jamais será efetivamente conhecida senão quando outra corte vier a aplicá-lo em um caso subsequente. Trata-se de algo muito interessante e que não estamos acostumados: o precedente é vinculante, mas cabe ao juízo que for dele se utilizar (e não ao juízo que o proferiu) determinar o que a *holding* é.[302] O poder e responsabilidade de dizer o que é vinculante em um precedente que compete aos aplicadores futuros.

A doutrina do *common law* aponta como uma *premissa fundamental* (nessas exatas palavras) no trato jurídico a ideia de que *courts do not write laws* (cortes não escrevem leis).[303] É por isso que a *ratio decidendi* de um caso não deve ser "entregue" por seu julgador, sendo,

---

aplicação de precedentes: "(...) o princípio do deduzido e do dedutível apenas serve para se delimitar a coisa julgada material, no que diz respeito à segurança jurídica entre as partes de um mesmo litígio, nada tendo a ver com a *ratio decidendi*, que releva a assegurar a todo e qualquer jurisdicionado igualdade de tratamento perante o juiz. Portanto, é sempre possível fazer nova alegação, respeitante à mesma causa de pedir, para se tentar obter solução diversa daquela a que se chegou o precedente. É a *ratio decidendi*, assim, não se aplica a caso posterior em que se esteja fazendo nova alegação". (MARINONI, Luiz Guilherme. *Precedentes Obrigatórios*. São Paulo: Revista dos Tribunais, 2010, p. 268).

[301] TUCCI, José Rogério Cruz e. Parâmetros de eficácia e critérios de interpretação do precedente judicial. *In*: WAMBIER, Teresa Arruda Alvim (coord.) *Direito Jurisprudencial*. São Paulo: Revista dos Tribunais, 2012, p.123.

[302] "The precedent is authoritative, but it is up to the "applying" court, not the "issuing" court to say what the holding is". (CAPPALLI, Richard B. *The American common law method*. New York:Transnational Publisher, 1996, p. 26).

[303] CAPPALLI, Richard B. *The American common law method*. New York:Transnational Publisher, 1996, p. 12.

sim, "extraída" pelos futuros aplicadores (the rule of a precedent is not "given" but is "taken").[304]

Alguns doutrinadores até reconhecem a possibilidade da *holding* já ser apontada pela Corte que julga o precedente, utilizando-se de expressões como "we hold..." e facilitando, com isso, o trabalho dos futuros operadores.[305]

Ocorre que, mesmo aqueles que aventam essa possibilidade, deixam bem claro que o fato da Corte que profere o precedente rotular um ponto enquanto *ratio decidendi* não tem o condão de vincular as cortes futuras.[306]

Mas por que não? Por que a Corte que profere o precedente já não pode definir em definitivo qual o seu conteúdo vinculante?

Dois são os motivos.

O primeiro já fora abordado anteriormente. A vida e o Direito são mais dinâmicos do que qualquer julgador pode prever. Por isso, entende-se que nenhum decisor pode se prestar a interromper a evolução do *common law* anunciando uma regra universal em um caso particular.[307]

---

[304] CAPPALLI, Richard B. *The American common law method*. New York:Transnational Publisher, 1996, p. 22.
[305] ABRAMOVICZ, Michael; STEARNS, Maxwell. *Defining dicta*. The modern law review, 56, 2005, p. 121.
[306] Notemos: "(...) sometimes a court will label a proposition as a holding. We do not think that such a label can transform dicta into a holding, and our proposed approach provides a means of testing such assertions. When a statement offered as "holding" does not form an essential step on the path from operative facts to case disposition, then, consistent with the observed practices regarding the stare decisis norm, future courts may disregard the labeling and treat the assertion as dicta. Assuming that the issue labeled "holding" does form an essential step on the selected path, however, then the "actually decided" approach allows the court to select the level of abstraction at which the issue is resolved. Again, consistent with observed stare decisis norms, this encourages careful articulation of reasoning, thereby promoting the important objective of doctrinal clarity."(ABRAMOVICZ, Michael; STEARNS, Maxwell. *Defining dicta*. The modern law review, 56, 2005, p.121). Também Richard Capalli expõe a situação: "Na overt power play is available to the precedente-setting court: stating explicitly the "holding". The court may conclude its opinion by selecting the facts it wishes to consider material, abstracting them to a level of generality it belives appropriate given its reasoning, and combining them to state a rule of law. It is assisting or seeking to control future users of the precedent. Because the opinion is not legislation, the court cannot "establish" the rule in any particular form. This power and duty belongs to later courts attempting to extract and apply the case-law holding". (CAPPALLI, Richard B. *The American common law method*. New York:Transnational Publisher, 1996, p.37).
[307] "'No court can stop the evolution of the common law by announcing a universal rule in a particular case". (BURTON, Steven J. *An introduction to law and legal reasoning*. Boston: Little, Brown and Company, 1985, p. 62).

Conforme explicam Abboud e Streck, a utilização de precedente dinamiza o sistema jurídico (e não o engessa, como muitos imaginam). Isto, pois, a interpretação do precedente sempre levará em conta a totalidade do fenômeno jurídico no momento de sua aplicação, de forma que seu conteúdo estará sempre sujeito a um ajuste jurisprudencial.[308]

A formação da *ratio decidendi* não é estática e, muitas vezes, dependerá não só de um caso, mas sim de uma cadeia deles para que efetivamente se saiba qual a regra jurídica vinculante. Mesmo porque, na maioria das vezes, o julgador, ao decidir uma situação, não conseguirá imaginar todas as situações futuras que o precedente poderá atingir.

Um exemplo pode clarificar as coisas.

No caso *Barwick* v. *The English Joint Stock Bank*, Barwick demandou contra o banco pretendendo ver-se reparado em danos causados pelo gerente da instituição que, agindo em nome desta, fraudulentamente causou prejuízos ao autor. A fraude perpetrada pelo gerente acabou beneficiando financeiramente o seu empregador. Na decisão, a Corte entendeu que a instituição financeira deveria indenizar o cliente.

Posteriormente, outro caso bastante semelhante (*Loyd* v. *Grace, Smith & Co.*) chegou ao judiciário, mas com uma peculiaridade: a fraude cometida pelo funcionário não havia beneficiado o empregador. Logicamente, levantou-se a dúvida: o fato de, no caso pretérito, a instituição financeira ter se beneficiado da atitude de seu funcionário tratava-se de *obiter dicta* ou *ratio decidendi*? Ou ainda: o fato da fraude ter beneficiado o empregador, foi um fato material em *Barwick* v. *The English Joint Stock Bank*?

Analisando o precedente, a *House of Lords* entendeu que a circunstância do banco ter-se beneficiado da fraude não integrava a *ratio* do caso, entendendo existir responsabilidade do empregador por atos de seus empregados, no exercício de suas funções, mesmo que o empregador não viesse a se beneficiado da conduta fraudulenta.

Notemos que, no julgado pioneiro, foi discutida a questão da responsabilidade em uma situação em que houve benefício do empregador, entendendo-se que sim, haveria responsabilidade. Entretanto, essa segunda hipótese (fraude em benefício do próprio funcionário) não fora objeto de discussão. Provavelmente sequer fora imaginada pela Corte que prolatou o precedente.

---

[308] ABBOUD, Georges. STRESCK, Lenio Luiz. *O que é isto - o precedente jurisprudencial e as súmulas vinculantes?* Porto Alegre: Livraria do Advogado, 2013, p.96.

Hipoteticamente (pois isso não aconteceu), imaginemos que, quando do julgamento de caso *Barwick*, a Corte tivesse declarado a *rule* do caso nos seguintes termos: "Responde o banco por fraude perpetuada por funcionário seu quando revertida em proveito da própria instituição". A regra estaria conforme aquilo que foi decidido.

Entretanto, caso isso tivesse sido feito, estaria vedado que, em outros casos, se entendesse pela aplicação do precedente também em situações onde a fraude ocorrera em benefício do próprio funcionário?

Nos parece evidente que não. Retomando a discussão travada no precedente se verifica que essa situação sequer fora cogitada ali. O precedente resolveu um caso em que existiu benefício do empregador, mas não descartou a possibilidade de existir responsabilidade também quando não existisse. Essa pergunta não fora feita!

Entretanto, é só retornando ao julgado (e as discussões ali desenvolvidas) que podemos perceber isso. Pela literalidade da *rule* hipoteticamente emanada, descontextualizada do precedente, poderíamos concluir equivocadamente que, não havendo proveito do empregador, não haveria dever de indenizar.

É por isso que a *ratio* não pode se desconectar do caso, tornando-se um comando abstrato. É por isso que uma *ratio* "entregue" não pode obrigatoriamente vincular.

Para explicar essa possibilidade (e, diríamos, necessidade) de formação e conformação paulatina da *ratio*, Luiz Guilherme Marinoni utiliza-se de uma interessante analogia. O jurista compara o trabalho do fotógrafo e do pintor. Embora o fotógrafo possa retratar e dar significado peculiar a suas fotos, atribuindo-lhe sua interpretação, é certo que a fotografia congela a interpretação no passado. De diferente sorte, o pintor, com o passar dos dias, vai dando forma e significado a sua obra, de sorte que, no final, muitas vezes nem ele imaginava o resultado auferido.[309]

O trabalho com precedentes deve ser semelhante ao trabalho do pintor, e não do fotógrafo. A *ratio* será conformada no dia a dia, casuisticamente. E nunca congelada de antemão.

Pois bem. Este é o primeiro motivo pelo qual a Corte que emite o precedente não pode já definir em definitivo qual o seu conteúdo vinculante. Mas, como adiantamos, não é o único.

---

[309] MARINONI, Luiz Guilherme. *Precedentes Obrigatórios*. São Paulo: Revista dos Tribunais, 2010, p. 249.

O segundo deles é uma exigência lógica da própria separação de poderes. Se um julgador pudesse impor o conteúdo da *ratio*, determinando de forma vinculante a regra jurídica a ser seguida por seus pares, estaria atuando muito mais como legislador positivo do que como órgão judicante. Não cabe ao Judiciário a edição de textos de caráter geral:

> One, a critical separation-of-powers principle, is that courts do not write laws, legislatures do. Should courts possess the power to write authoritative substantive laws in their opinions a starling reallocation of power between courts and legislatures would occur, one unacceptable to American political thought.[310]

A função primária de uma corte do *common law* é a de resolver conflitos e, por consequência, a produção de regras por intermédio dos precedentes, apesar de essencial, apresenta-se como uma função secundária (*mootnes doctrine*). Dessa forma, fixar-se de forma rígida a *ratio decidendi* para outros casos implicaria alçar a função secundária da corte à condição de função principal, lhe possibilitando a criação de regras abstratas. E isso, sob a ótica da separação dos Poderes não é cabível.

4.5.5 Súmula e precedente: qualquer (des)semelhança é mera coincidência

Os aportes até aqui feitos ao *common law*, como já adiantamos, têm uma razão de ser: desconstruir o ideário de que as súmulas brasileiras, nos moldes em que foram concebidas e vêm sendo encaradas, promoveriam uma aproximação entre os dois sistemas jurídicos.

Para iniciarmos, sintetizando o que até aqui narramos temos que:

a) O precedente não é uma regra abstrata, aplicando-se de forma hermenêutica e não subsuntiva.
b) A porção vinculante do precedente (*ratio decidendi*) jamais poderá se separar ou ser compreendida longe dos casos e das razões que lhe deram origem.

---

[310] CAPPALLI, Richard B. *The American common law method*. New York: Transnational Publisher, 1996, p. 21.

c) Inexiste regra formal que determine a vinculatividade dos precedentes no *common law*.
d) Um argumento novo tem o condão de afastar a aplicação do precedente.
e) A *ratio decidendi* deve ser extraída e não entregue.
f) O precedente volta-se para o passado (solucionar o caso) e só acidentalmente terá aplicação em casos futuros.

Em contrapartida, temos que as súmulas, no atual estado da arte:

a) São regras abstratas, aplicando-se de forma não hermenêutica e subsuntiva.
b) Desligam-se dos casos e das razões que lhe deram origem.
c) Sua vinculatividade ou eficácia obstativa deriva de lei.
d) Têm peso autoevidente e não dialético.
e) São entregues de antemão.
f) Já nascem com pretensão universalizante e pró-futuro.

Muito bem. Essas anotações exprimem o problema de forma bastante didática.

Não é novidade para ninguém que as súmulas se sedimentaram no cenário brasileiro enquanto enunciados de caráter geral e abstrato, sem qualquer preocupação ou vinculação dos verbetes com os casos concretos que lhe originaram ou com a discussão jurídica que foi estabelecida nesses casos.[311]

Já demonstramos que o direito sumular remonta à uma clara proposta de facilitação de julgamentos. Assim, em que pese os julgados que deram origem a súmula (mormente em tempos de acesso eletrônico) estejam a disposição dos operadores, a análise dessas decisões nunca foi um hábito cultivado no Brasil.[312] A súmula, uma vez editada, passa

---

[311] ZANETTI JR, Hermes. *O valor vinculante dos precedentes*. Salvador: Juspodivm, 2015. 192.
[312] É o que expõe Luiz Guilherme Marinoni: "As súmulas apenas se preocuparam com a adequada delimitação de um enunciado jurídico. Ainda que se possa, em tese, procurar nos julgados que deram origem à súmula algo que os particularize, é incontestável que, no Brasil, não há método nem cultura para tanto. Nem os juízes nem os advogados investigam os julgados que embasam a súmula quando se deparam com a sua aplicação. Para que isso pudesse ocorrer haveria de se ter a compreensão de que a súmula não constitui mero enunciado simples consolidação da interpretação da lei, mas algo que reflete uma tese jurídica inseparável das circunstancias concretas que a motivaram." (MARINONI, Luiz Guilherme. *Precedentes Obrigatórios*. São Paulo: Revista dos Tribunais, 2010, p. 218).

a valer por si, exclusivamente em sua semântica, descolando-se do seu passado e de suas origens.[313]

Não é por outra razão que costumamos ouvir afirmações como: "a súmula (vinculante) é algo que não deve ser passível de interpretação, deve ser suficientemente clara para ser aplicada sem maior tergiversação".[314] A confiança é puramente no texto editado. Não se pretende qualquer estudo hermenêutico dos casos que estão por detrás do enunciado.[315]

Os perigos nessa prática, quando comparados à experiência adquirida no *common law*, são bastante evidentes: a súmula, longe da facticidade e das discussões dos casos que lhes deram origem, podem ter seu sentido deturpado ou mal compreendido; podem ser utilizadas em casos sem nenhuma pertinência com suas origens; e, ainda, ceifam a possibilidade de *distinguishing* ou qualquer tipo de ajuste jurisprudencial do enunciado.

Isto sem falar na manifesta ofensa ao contraditório em sua perspectiva substancial, eis que evocar a súmula, por si, já parece ser suficiente para elidir qualquer argumento trazido pelas partes.

Assim sendo, não temos o menor medo de afirmar que as súmulas brasileiras, persuasivas ou vinculantes, enquanto permanecerem sendo encaradas como entes abstratos e genéricos, em nada promoverão

---

[313] "A súmula, ao contrário, é por definição um pronunciamento judicial com abstração e generalidade (e por vezes vinculação). Na súmula, o enunciado sempre se autonomiza dos fatos que lhe deram origem, se é que deram. Assim, ao contrário do que se pensa, a publicação de súmulas pelos tribunais brasileiros não se aproxima a prática jurídica nacional da tradição da *common law*, porque é uma parte vital daquele sistema que os tribunais não possam exarar regras gerais em abstrato, mas apenas em função dos fatos da disputa que são trazidos em exame." (RAMIRES, Maurício. *Crítica à aplicação de precedentes no Brasil*. Porto Alegre: Livraria do Advogado, 2010, p. 62).

[314] A frase foi proferida pela Ministra Ellen Gracie, em sede de debates sobre a súmula vinculante 14, ver em: PORTAL STF (2009). "Plenário edita 14ª Súmula Vinculante e permite acesso de advogado a inquérito policial sigiloso", 2 de fevereiro. Disponível em: <http://www.stf.jus.br/portal/cms/verNoticiaDetalhe.asp?idConteudo=102548>. Acesso em 20. jan. 2014.

[315] "Aqui não pretendemos negar que o uso de enunciados de súmula (e de ementas) se dê no Brasil, *equivocadamente*, como se lei fossem. Seguindo o mesmo raciocínio de generalidade e de abstração das normas editadas pelo Parlamento, é como se esses enunciados jurisprudenciais se desgarrassem dos fundamentos determinantes (*ratione decidendi* ou *holding*) que os formaram." (NUNES, Dierle. BAHIA, Alexandre Melo Franco. "Jurisprudência instável" e seus riscos: a aposta nos precedentes *vs* uma compreensão constitucionalmente adequada do seu uso no Brasil. *In*: MENDES, Aluisio Gonçalves de Castro. MARINONI, Luiz Guilherme. WAMBIER, Teresa Arruda Alvim (coords). *Direito Jurisprudencial*. São Paulo: Revista dos Tribunais, 2014, v. 2. p. 438-439).

qualquer tipo de aproximação entre *common law* e *civil law*.[316] A questão, inclusive, é ironizada pela doutrina anglo-americana:

> The precedent is authoritative, but is up to the "applying" court, not the "issuing" court to say what the holding is. This would be particularly difficult for the foreign lawyer to fathom. In civil law which are then slotted into the appropriate cubicle in the books which act as law collectors. Technically, these are not "law" because courts do not make law in civil law countries. In a practical sense they operate as such.[317]

Ora, se efetivamente desejamos uma conformação entre os dois sistemas, visando a maior coerência e integridade no nosso cenário jurídico, o primeiro passo a ser tomado é pararmos de tentar aprisionar o direito em "cubículos" ou agirmos enquanto "colecionadores de leis". Retiremos do *common law* o que ele tem de melhor: a casuística e o caráter hermenêutico no estudo e aplicação de casos.

O que precisamos, nas palavras de Dierle Nunes, é o delineamento de uma teoria dos precedentes no Brasil que suplante a utilização mecânica de julgados isolados e súmulas. Como? Exigindo-se integridade na reconstrução da história institucional dos dados jurisprudenciais para sua aplicação.[318]

Felizmente, conforme demonstraremos no capítulo final, o CPC/2015 compreendeu essa necessidade.

---

[316] Na mesma senda, Diogo Bacha e Silva: "O que queremos salientar, neste momento, é que nosso sistema processual não adotou de forma alguma o *common law* e nem se aproximou deste, na medida em que suas principais características foram descartadas pela nossa prática jurídica, corroborada com a doutrina especializada. Houve, nisto, parece haver acertado, um distanciamento do *common law* na exata medida em que não argumentamos, na forma em que nosso raciocínio não é indutivo. Assim é que se produz *a différance* do sistema processual brasileiro. Primeiro, ele é diferente do *common law* pois que não abre espaço para a argumentação, para a criação do direito a partir do caso concreto, a partir do raciocínio indutivo que foi, afinal, o que nos legou a história de formação do sistema precedentalista. Em segundo lugar, não é tipicamente *civil law* porque a lei perdeu a posição de centralidade na dinâmica processual, donde, por exemplo, o juiz pode julgar em desobediência à lei mas não pode em contrariedade com as súmulas vinculantes." (SILVA, Diogo Bacha e. A valorização dos precedentes e o distanciamento entre os sistemas civil law e common law. *In*: MENDES, Aluisio Gonçalves de Castro. MARINONI, Luiz Guilherme. WAMBIER, Teresa Arruda Alvim (coords). *Direito Jurisprudencial*. São Paulo: Revista dos Tribunais, 2014, v. 2. p. 492).

[317] CAPPALLI, Richard B. *The American common law method*. New York:Transnational Publisher, 1996, p. 26.

[318] NUNES, Dierle. Precedentes, padronização decisória preventiva e coletivização - Paradoxos do sistema jurídico brasileiro: uma abordagem Constitucional democrática. *In*: WAMBIER, Teresa Arruda Alvim (coord). *Direito Jusrisprudencial*. São Paulo: Revista dos Tribunais, 2012.

Antes, entretanto, sintetizando tudo aquilo que, em maior ou menor medida já fora abordado nesse estudo, queremos pontuar e exemplificar alguns dos riscos e perigos que a autonomização das súmulas traz.

4.6 As súmulas enquanto entes abstratos facilitadores de julgamentos e seus perigos: confirmação empírica

Neste tópico, retiraremos da jurisprudência e da práxis jurídica alguns exemplos que bem demonstram os perigos que a utilização mecanizada de súmulas podem trazer para a vivência democrática.

Em verdade, nosso objetivo nesse ponto é desconstruir o pensamento dominante de que as súmulas, mormente nos moldes em que são aplicadas hoje, trariam mais coerência e integridade ao trato jurídico. Nosso escopo é demonstrar que a utilização de verbetes jurisprudenciais, quando desapegada de uma séria e antivoluntarista teoria da decisão, podem trazer ao sistema os mesmíssimos problemas trazidos pela lei. Ou piores.

4.6.1 Hiperintegração – o exemplo da Súmula Vinculante nº 5

Conforme já amplamente debatido, um dos grandes problemas no manejo de súmulas no Brasil refere-se a confiança cega em sua semântica, de forma que verificamos uma constante cisão entre o enunciado sumular e a facticidade e argumentação que lhe é subjacente.

O ponto cerne é que, quando ganha autonomia, o verbete sumular pode passar a ser (erroneamente) aplicado em casos e situações bastante diversas das que lhe deram vida. Na medida em que a súmula passa a valer somente por sua textitude, cria-se o risco de sua "hiperintegração". A hiperintegração, diz a doutrina, se dá "quando se tenta tratar casos distintos como objetos de uma mesma regra geral, ignorando que, embora deva ser íntegro e coerente, o direito é também distinção e diferenciação".[319] É a possibilidade do enunciado ter sua utilização potencializada, passando a reger situações diferentes daquelas donde nasceu.[320]

---

[319] RAMIRES, Maurício. *Crítica à aplicação de precedentes no Brasil*. Porto Alegre: Livraria do Advogado, 2010, p. 105.
[320] Na mesma esteira, Dierle Nunes e Alexandre Bahia: "Tal fenômeno gera uma prática comum de se considerados dois casos (o presente e o paradigma) idênticos ao se aumentar

O ocorrido com a Súmula Vinculante nº 5 traz um exemplo emblemático dessa situação. Dispõe o citado verbete que:

> A falta de defesa técnica por advogado no processo administrativo disciplinar não ofende a Constituição.

Retomando aos casos que deram origem a essa súmula, percebemos que a discussão gravitava em torno da existência, ou não, de ofensa ao contraditório e ampla defesa em processos administrativos em que o cidadão não fora assistido por advogado. Estavam em discussão procedimentos administrativos de natureza previdenciária (RE nº 434.059); fiscal (AI nº 207.197); disciplinar-estatutário militar (RE nº 244.027); e tomada de contas especial (MS nº 24.961).

Ou seja: todos procedimentos de natureza não penal. Adentrando aos julgados que deram origem a súmula, ou mesmo aos debates que levaram a sua edição, percebemos que jamais fora discutida a constitucionalidade (ou não) na ausência de defesa técnica em procedimentos administrativos em sede de execução penal.

Muito bem. O que não tardou a acontecer? A Súmula Vinculante nº 5 passou a ser evocada para, no âmbito da execução penal, justificar a ausência de defesa técnica no procedimento administrativo disciplinar para fins de apuração de falta grave.

De fato, somente pela literalidade do verbete, essa era a conclusão possível. Como poderia o comando ser mais claro? Em sede de procedimento administrativo disciplinar, põe-se desnecessária defesa técnica. A apuração de falta grave é feita via procedimento administrativo e, portanto, não há necessidade de ser conduzida por advogado.

Ocorre que o cometimento de infração grave durante a execução penal, em que pese sua apuração ocorra via PAD, pode acarretar ao apenado regressão de regime, perda de benefícios como a saída temporária, perda dos dias remidos e, ainda, a conversão de pena restritiva de direitos em privativa de liberdade.[321] Em resumo: um

---

o grau de abstração (distanciamento) entre os mesmos. Dependendo do mesmo nível de abstração, dois elementos aparentemente diferentes podem se mostrar similares ou até idênticos" (NUNES, Dierle. BAHIA, Alexandre Melo Franco. "Jurisprudência instável" e seus riscos: a aposta nos precedentes vs. uma compreensão constitucionalmente adequada do seu uso no Brasil. *In*: MENDES, Aluisio Gonçalves de Castro. MARINONI, Luiz Guilherme. WAMBIER, Teresa Arruda Alvim (coords). *Direito Jurisprudencial*. São Paulo: Revista dos Tribunais, 2014, v. 2. p. 435-436).

[321] BRITO, Alexis Couto de. *Execução Penal*. 2. ed. São Paulo: Revista dos Tribunais, 2011, p. 160-161.

procedimento administrativo pode trazer reflexos diretos na liberdade do sujeito.

Essa situação é igual àquelas que originaram a súmula? Logicamente não. Mas, tão somente pela semântica do enunciado, qual solução se colocava imperiosa?

Eis o risco de escondermos os casos concretos atrás de verbetes. Mesmo diante da manifesta diferença entre as situações, tantos foram os juízes que passaram a se valer da máxima em sede de execução penal, que o STJ viu-se obrigado a editar, ele, uma súmula, explicando a questão. Diz o recente enunciado número 533 do Tribunal da Cidadania:

> Para o reconhecimento da prática de falta disciplinar no âmbito da execução penal, é imprescindível a instauração de procedimento administrativo pelo diretor do estabelecimento prisional, assegurado o direito de defesa, a ser realizado por advogado constituído ou defensor público nomeado.

Significa dizer: o STF editou uma súmula (vinculante) firmando uma "interpretação autêntica". Essa interpretação autêntica (pois não hermeneuticamente compreendida) passou a gerar problemas, obrigando o STJ a editar uma nova súmula fazendo a interpretação autêntica da interpretação autêntica. Chega a ser risível.

Não nos parece que nesse caso, tal qual amplamente sustentado pelos defensores da súmula, a existência de um enunciado genérico tenha trazido mais isonomia, segurança jurídica ou previsibilidade para o trato jurídico.

4.6.2 Ofensa a legalidade – o exemplo da Súmula nº 214/STJ

O Enunciado 214, da Súmula do STJ pontua que:

> O fiador na locação não responde por obrigações resultantes de aditamento ao qual não anuiu.[322]

Nos casos que deram origem a súmula, discutia-se a possibilidade de responsabilização do fiador de um contrato de locação quando,

---

[322] Exemplo por nós já utilizado de forma menos aprofundada em: SCHMITZ, Leonard Ziesemer; ABBOUD, Georges; LUNELLI, Guilherme. Como trabalhar – e como não trabalhar – com súmulas no Brasil: um acerto de paradigmas. *In*: MENDES, Aluísio Gonçalves Castro; MARINONI, Luiz Guilherme; WAMBIER, Teresa Arruda Alvim. *Direito jurisprudencial*, São Paulo: Revista dos Tribunais, v. 2. p. 645-687.

sem a sua anuência/participação: (i) o contrato fora modificado em audiência no processo de despejo (REsp 151071/MG); (ii) existiu novação contratual (REsp 64019/SP e REsp 74859/SP); (iii) existiu aditamento contratual alterando o valor da locação (REsp 61947/SP, REsp 64273/SP e REsp 34981/SP); (iv) o valor da locação foi modificado em ação revisional de aluguéis (REsp 50437/SP e REsp 62728/RJ).

Notemos que todos os julgados que deram azo à edição da máxima relacionam-se a aditivos inovadores ao teor do contrato original. Ou seja: à existência de novas pactuações, mais onerosas do que aquelas que o fiador originariamente tinha garantido.

Nenhum dos julgados dizia respeito a mera prorrogação contratual que, conforme previsto expressamente na Lei do Inquilinato, pode ocorrer de forma automática nos contratos de locação.

Tal qual ocorreu com a Súmula Vinculante nº 5, uma vez desligada da facticidade donde nasceu, o verbete do STJ se hiperintegrou, passando a ser evocado não só para resolver casos de modificações contratuais realizadas sem a participação do fiador, mas também como argumento final para casos nos quais o contrato de locação havia se prorrogado automaticamente.

A súmula desligou-se da facticidade que lhe deu origem, para, exclusivamente a partir de sua semântica, ensejar uma indagação interpretativa nunca levantada quando de sua edição: afinal, a mera prorrogação contratual constituir-se-ia forma de aditamento, elidindo, assim, a responsabilidade do fiador?

Os tribunais passaram a divergir sobre a questão, ora decidindo pela aplicação da súmula quando existente simples prorrogação contratual, ora entendendo pela sua não aplicação.[323] Isso levou o STJ a esposar um novo entendimento, clarificando que a mera prorrogação do contrato não se confunde com o seu aditamento, de forma a não se aplicar a Súmula nº 214 nessa hipótese.[324]

O mais interessante desse caso é que a Lei do Inquilinato, em seu artigo 39, sempre prescreveu que: "Salvo disposição contratual em

---

[323] Sobre o tema, ver o excelente artigo: THEODORO, Humberto Júnior. A fiança e a prorrogação do contrato de locação. *Revista CEJ* n. 24, p. 54, Portal da Justiça Federal, jan.-mar. 2004.

[324] "Na linha da atual jurisprudência da Terceira Seção desta Corte, não sendo hipótese de aditamento, mas de prorrogação contratual, a que os fiadores comprometeram-se até a entrega das chaves, tem-se como inaplicável o enunciado de n. 214 de nossa Súmula" (AgRg no Ag 1164633/SP, 6.ª T., rel. Min. Haroldo Rodrigues, *DJe* 23.11.2009), remetemos o leitor para o acórdão.

contrário, qualquer das garantias da locação se estende até a efetiva devolução do imóvel". É dizer: na ausência de limitação expressa no contrato, a responsabilidade do fiador deveria prevalecer até a efetiva entrega das chaves.

Assim sendo, a interpretação conferida por alguns juízes e tribunais à Súmula nº 214, aplicando-a em caso de mera prorrogação contratual, mostrava-se absolutamente *contra legem*. Notemos bem a complexidade do problema: a confiança na semântica da súmula foi tão grande que sua interpretação, desavisadamente, passou a valer mais que a própria lei.

Diante da insegurança gerada, o próprio legislador precisou agir. Em 2009, a Lei 12.012, conferiu nova redação ao artigo 39 da Lei do Inquilinato, "aclareando" o seu sentido.[325] Vejamos o que diz a justificativa legislativa para a mudança:

> Apesar da clareza da redação atual do art. 39, existem precedentes na jurisprudência segundo os quais a fiança não necessariamente se estende até a efetiva devolução do imóvel, ficando limitada ao prazo contratual. De outro lado, sabe-se que vários Tribunais de Justiça vêm reagindo aos referidos precedentes, firmando gradualmente jurisprudência contrária, em linha com a letra do art. 39. Não obstante, com o objetivo de resolver a questão, sugere-se que a redação do dispositivo fique ainda mais clara, pacificando, assim, a controvérsia jurisprudencial.[326]

Em outras palavras: a hiperintegração da súmula obrigou o legislador a realizar uma interpretação (legal) da própria lei.

Um dos grandes argumentos doutrinários pela defesa das súmulas é de que o verbete "apenas revela o sentido da lei,[327] sendo que "não cria, não inova, não elabora lei; cinge-se a aplicá-la, o que significa que é a própria voz do legislador".[328]

---

[325] Nos termos da nova redação: "Salvo disposição contratual em contrário, qualquer das garantias da locação se estende até a efetiva devolução do imóvel, ainda que prorrogada a locação por prazo indeterminado, por força desta Lei".

[326] Disponível para acesso no endereço: <http://www.camara.gov.br/proposicoesWeb/prop_mostrarintegra;jsessionid=AF2C8ECAA62382ECF074D82334FD77D9.proposicoesWeb1?codteor=434166&filename=PL+71/2007>. Acesso em 3. abr. 2015.

[327] TUCCI, José Rogério Cruz e. Parâmetros de eficácia e critérios de interpretação do precedente judicial. *In*: WAMBIER, Teresa Arruda Alvim (coord). *Direito Jurisprudencial*. São Paulo: Revista dos Tribunais, 2012, p.116.

[328] BUZAID, Alfredo. Uniformização da jurisprudência.Ajuris, n. 34, 1985. *apud* TUCCI, José Rogério Cruz e. Parâmetros de eficácia e critérios de interpretação do precedente judicial. *In*: WAMBIER, Teresa Arruda Alvim (coord). *Direito Jurisprudencial*. São Paulo: Revista dos Tribunais, 2012, p.116.

Pois bem, a Súmula nº 214 traz um exemplo emblemático de que as coisas não são assim tão simples. No momento em que se autonomizam, as súmulas tendem a se distanciarem até mesmo da legislação que deveria lhes dar escoro, adquirindo vida própria. Essa situação é também verificada no próximo exemplo.

4.6.3 Aumento da litigância e (novamente) a questão da legalidade – o exemplo da Súmula nº 259/STJ

Nos termos da Súmula nº 259/STJ:

> A ação de prestação de contas pode ser proposta pelo titular de conta-corrente bancária.

A razão de ser desse enunciado é bastante simples: nos julgados que lhe deram origem,[329] discutia-se se haveria interesse de agir na propositura de ação de prestação de contas quando o banco, extrajudicialmente, já havia apresentado os extratos de conta corrente ao cliente. Se o cliente já estava em posse de demonstrativos, existiria necessidade ou utilidade da intervenção jurisdicional?

Firmou-se o entendimento no sentido de que, mesmo quando apresentados extratos ao cliente, *se este não concordar com os lançamentos efetivados*, possuirá, sim, interesse no manejo de ação de prestação de contas para esclarecer *esses* lançamentos.

Com efeito, a ação de prestação de contas pode ser proposta pelo titular de conta corrente bancária, quando este demonstrar e justificar o porquê essa prestação é necessária. Nos debates que originaram a súmula, fica clara à necessidade do correntista apontar quais lançamentos discorda. Evidente: só assim conseguir-se-ia demonstrar o interesse processual para a propositura da ação.

Ocorre que, na prática, a referida súmula abriu caminho para uma verdadeira "indústria das prestações de contas". Diante da possibilidade de dupla condenação em honorários (afinal, a ação de prestação de contas possui duas fases), muitos escritórios se especializaram na propositura deste tipo de demanda, se valendo, para tanto, de petições genéricas e abstratas, "petições modelo" nas quais somente se modifica

---

[329] REsp 12393/SP, REsp 75612/SC, REsp 114237/SC, REsp 114489/SC, REsp 124583/SC, REsp 184283/SP, REsp 198071/SP, REsp 264506/ES.

o nome das partes e não se especifica exatamente quais lançamentos ou período se pretende elucidar. Ainda, no mais das vezes, pretendendo-se a prestação de contas de grandes hiatos temporais.

Isso só foi possível porque os juízes e tribunais deixaram a semântica da Súmula nº 259 (novamente: distanciando-a das discussões que a originaram) encobrir a facticidade e a própria legalidade vigente. Larissa Piaceski explica o ocorrido:

> (...) ao interpretar referido entendimento de forma excessivamente ampla, permitiu-se o manejo de incontáveis ações de prestação de contas genéricas, que não mencionavam o período e, por vezes, sequer a conta que pretendia ver esclarecida, quanto mais os débitos que eventualmente teriam gerado dúvidas no correntista.
> Sob a falsa proteção da Súmula 259, do STJ, inúmeras petições iniciais genéricas eram apresentadas, sendo que os magistrados, bem como os Tribunais de Justiça, a fim de não contrariar entendimento pacificado pelo STJ, admitiam referidas petições, que não respeitavam sequer o art. 282 do CPC, proferindo, inclusive decisões que complementavam pedidos inexistentes, realizados na petição inicial.[330]

A (má) compreensão da súmula, acabou funcionando como uma carta branca para petições inicias genéricas, sem pedidos certos ou demonstração de efetivo interesse. A verdade é que, a partir de uma interpretação rasa da súmula, institui-se uma espécie de presunção de interesse processual para essas demandas. Sob o amparo da súmula, toda e qualquer petição inicial de prestação de contas de conta corrente passou a ser admitida, mesmo que absolutamente genérica.

Esse fato só ocorreu pois a súmula sempre foi compreendida como um facilitador. Aos magistrados, de fato, se mostrava muito mais fácil evocar a súmula do que justificar sua não aplicação. Por intermédio da súmula, sem maiores esforços, conferia-se a decisão uma falsa capa de legitimidade, eis que estaria escorada em um "super" argumento de autoridade: uma súmula do STJ.

Como consequência, além do aumento desenfreado desse tipo de demanda, tal postura fez letra morta dos art. 286[331] e 295, inciso III[332]

---

[330] PIACESKI, Larissa L. A súmula, como entendimento que deve ser compreendido à luz dos casos de que se originou (especialmente a Súmula 259 do STJ). *Revista de Processo*, São Paulo, v. 38, n. 220, p. 321-332, jun. 2013.
[331] Art. 286. O pedido deve ser certo ou determinado.
[332] Art. 295. A petição inicial será indeferida: III - quando o autor carecer de interesse processual.

do CPC/73. Novamente, deixou-se a legalidade de lado, de maneira que inúmeras decisões foram fundamentadas sob uma questionável interpretação ampliativa do texto sumular.

4.6.4 Discricionariedade, segurança jurídica e isonomia - o exemplo da Súmula nº 385/STJ

Diz a Súmula nº 385/STJ que:

> Da anotação irregular em cadastro de proteção ao crédito, não cabe indenização por dano moral, quando preexistente legítima inscrição, ressalvado o direito ao cancelamento.

Tal verbete encontra origem em vários recursos especiais provenientes do Estado do Rio Grande do Sul.[333] Em todos eles discutia-se questão fática bastante pontual, na qual: (i) o órgão mantenedor do cadastro de proteção havia efetivado a negativação do nome do devedor sem providenciar a notificação prevista no art. 43, §2º, do CDC; e (ii) o devedor negativado já possuía outras anotações em seu nome.

Assim, tratava-se de demandas movidas contra o próprio órgão de proteção ao crédito e cuja ilegalidade derivava da não notificação prévia do credor pelo órgão.

Contudo, essa informação logicamente não consta do enunciado editado. A complexidade do caso, nos termos já pontuados, não cabe em um verbete.

Diante da situação, cumpre indagar: em casos nos quais a ilegalidade na negativação ocorra por outros motivos (v.g., em razão de uma dívida jamais contraída pelo consumidor ou mesmo já paga), sendo a ação manejada contra aquele que solicitou indevidamente a negativação (e não contra o órgão de proteção em si) poder-se-ia invocar a aplicação do entendimento?

A resposta trazida pela jurisprudência é: dependerá do julgador.

Uma rápida pesquisa nos julgados do STJ dá conta de demonstrar que a questão mostra-se extremamente controvertida dentro daquele Tribunal.

---

[333] AgRg no REsp 1.046.881-RS, AgRg no REsp 1.057.337-RS, AgRg no REsp 1.081.404-RS, AgRg no REsp 1.081.845-RS, REsp 992.168-RS, REsp 1.002.985-RS, REsp 1.008.446-RS, REsp 1.062.336-RS.

A título de exemplo, em processo em que uma financeira havia negativado indevidamente um consumidor, a Terceira Turma, em julgamento datado de 10.2.2015, entendeu que:

> (...) embora extraídos de ações voltadas contra cadastros restritivos, o fundamento dos precedentes da Súmula nº 385 – quem já é registrado como mau pagador não pode se sentir moralmente ofendido por mais uma inscrição do nome como inadimplente em cadastros de proteção ao crédito – aplica-se também às ações dirigidas contra supostos credores que efetivaram inscrições irregulares.[334]

Entretanto, a mesma Terceira Turma, em julgamento datado de 16.4.2015, exalou entendimento absolutamente oposto, posicionando-se pela não aplicação da súmula em demandas que não envolvessem a exata mesma situação dos casos que deram origem ao verbete:

> A aplicação da Súmula nº 385 desta Corte se restringe às hipóteses em que a indenização é pleiteada contra órgão mantenedor de cadastro de proteção ao crédito que anota o nome do devedor no cadastro sem o envio da comunicação prévia prevista no artigo 43, §2º, do Código de Defesa do Consumidor.[335]

Uma súmula, dois entendimentos diametralmente opostos. Talvez fosse caso de edição de uma nova verbete esclarecendo a questão...

O que vem ocorrendo com a Súmula nº 385/STJ é bastante elucidativo e bem demonstra aquilo que sustentamos no tópico 3.4: a súmula, se não for hermeneuticamente compreendida, também é uma porta aberta para discricionariedades e voluntarismos.

É o que, desde muito, expõe Lenio Streck: "uma vez eliminada/abstraída a situação concreta, tem-se o terreno fértil para o exercício daquilo que é o cerne do positivismo: a discricionariedade interpretativa e a consequente multiplicidade de respostas.[336]

---

[334] (AgRg no AREsp 560.188/MG, Rel. Ministro MOURA RIBEIRO, TERCEIRA TURMA, julgado em 10.02.2015, DJe 20.02.2015).
[335] (AgRg no REsp 1500112/MG, Rel. Ministro RICARDO VILLAS BÔAS CUEVA, TERCEIRA TURMA, julgado em 16.04.2015, DJe 23.04.2015).
[336] STRECK, Lenio Luiz. *Súmulas no Direito brasileiro*: eficácia, poder e função: a ilegitimidade constitucional do efeito vinculante. 2 ed. rev. ampl. Porto Alegre: Livraria do Advogado, 1998, p. 231.

Questão muito interessante nos dois julgados citados é que, em ambos, o Tribunal demonstra conhecer a existência de entendimentos contrários ao que se está adotando.

Em nenhum deles, todavia, o órgão se presta a demonstrar ou justificar o porquê uma posição é melhor que outra. O julgador, tão somente, escolhe uma das vertentes e compila vários entendimentos do STJ no sentido escolhido (justiça opinativa - supra).

Caso efetivamente a questão viesse a ser sumulada, o "resultado" do enunciado dependeria disso? Do que os ministros "escolhessem" ser o melhor entendimento? Toda a sociedade, pois, deveria se curvar ao entendimento discricionário-voluntarista dos ministros de ocasião?

Não poderíamos perder a oportunidade e retomar essa questão: a valorização das decisões dos nossos Tribunais Superiores é extremamente necessária, mas antes disso, é preciso que nossos órgãos de cúpula se valorizem e decidam com qualidade.

4.6.5 Ainda a segurança jurídica – o exemplo da Súmula nº 304/STF

Alegação muito frequente é de que a súmula traz mais segurança jurídica do que a lei. Ou, ainda, que a súmula conseguiria "segurar" a interpretação da lei. A essa altura de nossa explanação, esperamos já ter convencido nosso interlocutor de quão falaciosas são essas afirmações.

O ocorrido com o enunciado 304 do STF é um exemplo emblemático de como os textos sumulares, vazios de conteúdo, são tão manipuláveis quanto a lei e, portanto, podem gerar tanta insegurança quanto ela. Diz o citado verbete:

> Decisão denegatória de mandado de segurança, não fazendo coisa julgada contra o impetrante, não impede o uso da ação própria.[337]

Tal enunciado tem origem em posicionamento do STF segundo o qual a decisão final proferida em mandado de segurança, julgasse ou não o mérito, não faria coisa julgada material.[338]

---

[337] Exemplo por nós já utilizado de forma menos aprofundada em: SCHMITZ, Leonard Ziesemer; ABBOUD, Georges; LUNELLI, Guilherme. Como trabalhar – e como não trabalhar – com súmulas no Brasil: um acerto de paradigmas. *In*: MENDES, Aluísio Gonçalves Castro; MARINONI, Luiz Guilherme; WAMBIER, Teresa Arruda Alvim. *Direito jurisprudencial*, São Paulo: Revista dos Tribunais, v. 2. p. 645-687.

[338] Precedentes: AR 569/RS; RMS 9598/SP; RE 46283/CE; RE 50816/SP.

Por consequência, a sentença no mandado de segurança passada em julgado nunca impediria a propositura de uma ação de conhecimento rediscutindo questão idêntica e não poderia ser atacada via ação rescisória (já que faltaria ao autor interesse processual).

Pois bem. Essa é a origem da súmula. Entretanto, ao longo do tempo, sem qualquer alteração em sua semântica, o sentido conferido ao enunciado sofreu profundas alterações. A expressão "não fazendo coisa julgada contra o impetrante", que, à luz dos casos que lhe deram origem, expressava "*jamais* fazendo coisa julgada contra o impetrante", passou a ser interpretada como "*quando* não fizer coisa julgada contra o impetrante".[339] É o que explicam Redondo, Oliveira e Cramer:

> O Supremo acabou por dar, à sua Súmula 304, interpretação diferente dos precedentes que a formaram. A jurisprudência posterior a essa Súmula entendeu que o enunciado queria dizer, na verdade, que a decisão denegatória, apenas quando não julgava o mérito, não impediria a formação do mesmo pedido em ação ordinária. Ou seja, para a jurisprudência do Supremo, a coisa julgada no mandado de segurança era *pro et contra*.[340]

O texto da súmula, pois, conservou-se intacto, mas o seu sentido mudou diametralmente.

Notemos que interessante: o STF, em verdade, modificou seu posicionamento, passando a entender que a decisão denegatória em mandado de segurança faria, sim, coisa julgada material. Todavia, não entendeu necessário revogar ou modificar a Súmula nº 304, já que sua semântica comportava interpretação condizente com esse novo entendimento!

Modificou-se a interpretação da súmula, mas não o seu texto.

Isso posto, sejamos francos: o que impede que juízes mais desaviados apliquem a súmula interpretando-a conforme o seu "sentido originário"? Essa situação não trará os mesmos problemas que discrepâncias interpretativas da lei?

---

[339] "É de evidente acerto a tese de que, se a decisão que denega a segurança, nega a existência do direito invocado, apreciando-lhe o mérito, faz coisa julgada. A isto não se opõe a súmula 304, que se refere a decisão denegatória que não constitua res iudicata: essa decisão que não impede o uso da ação própria. Mas a decisão que denega a segurança, apreciando o mérito da impetração, faz coisa julgada" (RE 78119, rel. Min. Rodrigues Alckmin, 1.ª T., j. 08.08.1975, DJ 05.09.1975, p. 6319, Ement v. 995-02, p. 256, RTJ v. 75-03, p. 508).

[340] REDONDO, Bruno Garcia; OLIVEIRA, Guilherme Peres de; CRAMER, Ronaldo. *Mandado de segurança*. Rio de Janeiro: Forense, 2009. p. 146-147.

Esse exemplo é excelente, pois comprova aquilo que sustentamos ao longo de todo o trabalho: confiar na semântica da súmula é reviver as crenças exegéticas de que textos podem ser aplicados sem interpretação ou podem congelarem um único sentido.

Assim como a lei, a súmula pode ser manipulada e deturpada a serviço do intérprete. Isso precisa ficar claro.

CAPÍTULO 5

SÚMULAS, FUNDAMENTAÇÃO DECISÓRIA E O RESGATE DE CONSTITUCIONALIDADE OPERADO PELO CPC/2015

Nos termos já adiantados, o legislador compreendeu os problemas que a autonomização das súmulas pode trazer, realizando um verdadeiro resgate de constitucionalidade do instituto. O CPC/2015 coloca a súmula em seu devido lugar, deixando claro que ela não poderá ser aplicada de maneira desapegada dos julgados que lhe deram origem. Ou seja: não há mais espaço para a utilização mecanizada de verbetes.

Antes de analisar a questão de forma pormenorizada, entretanto, julgamos importante tecer algumas considerações acerca do deve de fundamentar no novo código.

5.1 O dever de fundamentar no CPC/2015

O Código de Processo Civil de 2015, sem sombra de dúvidas, inaugura um verdadeiro marco em sede de fundamentação decisória no Brasil. O novo diploma pode não ser perfeito, mas foi democraticamente construído e, muito diferente das várias reformas operadas no Código de 1973, procurou atingir o problema da jurisprudência lotérica (e suas nefastas consequências) diretamente em seu núcleo: o voluntarismo decisório.

Isto, pois, o novo códex impõe deveres e regras muito bem definidas em sede de fundamentação jurisdicional. A qualidade das decisões *é* uma preocupação do CPC/2015.

O código pretende romper com qualquer possibilidade de decisões solipsistas, construídas unilateralmente pelo magistrado, instituindo um verdadeiro dever de comparticipação entre partes e julgador. Ainda, procura devolver a facticidade para os julgamentos, deixando claro que a justiça é construída em cada caso concreto, não sendo entregue pronta, seja pela lei, seja pelas decisões pretéritas.

É verdade que, seguindo as antigas tendências reformistas, a lei trouxe vários mecanismos de cortes obstativos com base em entendimentos jurisprudenciais. Entretanto, ao mesmo tempo, institui novas e necessárias diretrizes para o manejo de tais técnicas, superando um paradigma.

Dizemos isso pois a utilização de textos jurisprudenciais não mais poderá ser feita de forma mecânica e desarrazoada, exigindo-se que seja, sim, executada dialeticamente. Não há mais espaço para facilitações decisórias e presunções de similitude fática: o julgador, para se valer de uma decisão pretérita ou de uma súmula, precisa demonstrar cabalmente a semelhança entre os casos (passado e presente) e conhecimento quanto aos argumentos jurídicos esboçados nos julgados que integrarão sua fundamentação.

Ainda, ao levar a sério o dever de fundamentar, impondo que todos os Tribunais decidam de forma qualitativa, o CPC/2015 cria o ambiente perfeito para desenvolvermos uma jurisprudência consistente, cada vez mais coerente e coesa. Decisões de qualidade poderão (e deverão), com muito mais legitimidade, servir como parâmetro hermenêutico-decisório para outros casos. Além disso, mais difícil será para o juiz elidi-las ou superá-las.

Esse festejado "salto de constitucionalidade" encontra sua principal razão de ser no teor do art. 489, §1º do novo código, sem correspondente no CPC/1973. Preleciona o dispositivo:

> §1º Não se considera fundamentada qualquer decisão judicial, seja ela interlocutória, sentença ou acórdão, que:
>
> I - se limitar à indicação, à reprodução ou à paráfrase de ato normativo, sem explicar sua relação com a causa ou a questão decidida;
>
> II - empregar conceitos jurídicos indeterminados, sem explicar o motivo concreto de sua incidência no caso;
>
> III - invocar motivos que se prestariam a justificar qualquer outra decisão;
>
> IV - não enfrentar todos os argumentos deduzidos no processo capazes de, em tese, infirmar a conclusão adotada pelo julgador;

V - se limitar a invocar precedente ou enunciado de súmula, sem identificar seus fundamentos determinantes nem demonstrar que o caso sob julgamento se ajusta àqueles fundamentos;
VI - deixar de seguir enunciado de súmula, jurisprudência ou precedente invocado pela parte, sem demonstrar a existência de distinção no caso em julgamento ou a superação do entendimento.

Em verdade, todas as hipóteses constante do texto legal já foram, em maior ou menor medida, trabalhadas e justificadas nesta obra. Assim sendo, abordaremos rapidamente os quatro primeiros incisos supra, remetendo o interlocutor quando necessário às anotações já tecidas. Isso feito, na sequência, poderemos voltar nossa atenção para o ponto que diretamente nos interessa: o resgate de constitucionalidade operado pelos incisos IV e V em matéria sumular.

Pois bem. Diz o inciso primeiro que não se considerará fundamentada a decisão que se limitar à indicação, à reprodução ou à paráfrase de ato normativo, sem explicar sua relação com a causa ou a questão decidida.

Trata-se, na esteira do que viemos sustentando, de exigência bastante compreensível em tempos de pós-positivismo jurídico. Inicialmente, sabendo que a lei jamais será unívoca, uma livre e desmotivada escolha de sentidos pelo julgador jamais se mostrará suficiente para fundamentar uma decisão (ponto 2.2). Ainda, sabendo que o texto legal só é o dado de entrada do processo de estruturação normativa, é imperioso que, no momento decisório, seja realizada e demonstrada a devida fusão entre a lei e o caso sob julgamento (ponto 4.4.1). Nenhuma novidade.

O inciso segundo, por sua vez, traz consigo uma já tardia imposição antivoluntarista. Exige o novo códex que, ao empregar conceitos jurídicos indeterminados, o julgador explique o motivo concreto de sua incidência no caso.

Os conceitos jurídicos indeterminados, conforme sabido, são fruto de técnicas redacionais que conferem uma maior abertura semântica aos textos legais, almejando-lhes conferir maior durabilidade e adaptabilidade às novas realidades.[341] Conforme Rosa Maria de Andrade Nery, "os conceitos legais indeterminados e as cláusulas

---

[341] BRAGA, Paula Sarno. DIDIER JR, Fredie. OLIVEIRA, Rafael Alexandria de. *Curso de Direito Processual Civil*: teoria da prova, direito probatório, ações probatórias, decisão, precedente, coisa julgada e antecipação dos efeitos da tutela. 10. ed. Salvador: Juspodivm, 2015, p.330.

gerais são enunciações abstratas feitas pela lei, que exigem valoração para que o juiz possa preencher seu conteúdo.[342]

Ocorre que, exatamente por sua semântica mais aberta (e que, portanto, limita muito menos o espaço de atuação do juiz) tais textos legais vêm servindo para legitimar posturas discricionárias e voluntaristas de alguns julgadores. Diante de um conceito indeterminado, muitos intérpretes sentem-se livres para dele extraírem *o que quiserem*.

Este é o problema que se pretende superar. Por sua natureza mais fluída, esses textos legais podem facilmente ser utilizados para camuflar convicções e ideologias do próprio magistrado. Nesse contexto, o julgador invoca o texto legal para conferir uma falsa capa de legitimidade democrática à decisão, escondendo os seus valores pessoais por detrás do conceito aberto.

A questão é que, exclusivamente por sua semântica, tais textos normalmente podem justificar tanto o sim quanto o não. Indubitavelmente, para um aplicador com tendências liberais, o conteúdo da "função social do contrato" será absolutamente diverso do que seria para um aplicador com tendências mais sociais. Entretanto, somente pela textitude, não há como dizermos que um dos dois esteja errado.

Daí porque o preenchimento do conteúdo normativo de um preceito aberto também precisa seguir parâmetros intersubjetivos. Quando o novo código diz que o julgador deverá expor o motivo concreto de incidência de um conceito indeterminado, nada mais quer dizer que o preenchimento do conteúdo do texto legal (ou seja: o processo de estruturação normativa) precisa ser demonstrado e justificado ao jurisdicionado, permitindo-se que seja controlado. E, obviamente, essa justificação precisa escorar-se em parâmetros que superam as convicções pessoais do decisor.

É isso que, já há tempos, sustenta Olavo de Oliveira Neto. Ao tratar da responsabilidade do julgador diante dos conceitos indeterminados, diz o jurista:

> Ora, se aumenta o âmbito de atuação do magistrado, que agora também deve formular escolhas fundadas em juízo de valores, então também aumenta a necessidade de justificar o motivo pelo qual houve uma opção por um valor em detrimento do outro. Deve o magistrado ponderar e fundamentar quais motivos preponderam sobre outros e por qual razão isso acontece.

---

[342] NERY, Rosa Maria Andrade. *Introdução ao Pensamento Jurídico e à Teoria Geral do Direito Privado*. São Paulo: Revista dos Tribunais, 2008, p. 209.

Não basta, todavia, que a justificativa se dirija apenas às partes. Esse novo papel também exige que o magistrado fundamente sua decisão de modo a justificá-la perante a sociedade na qual está inserido, demonstrando que aplicou à sua decisão os valores da própria sociedade e não seus valores pessoais.[343]

Perfeito. É só assim que o juiz estará exercitando o seu dever de lealdade: demonstrando e fundamentando com base em critérios intersubjetivos por quais razões o modo como está aplicando o texto aberto *é o correto*. Com isso, almeja-se afastar do ato decisório as convicções pessoais do aplicador.

Esclarecido esse ponto, podemos passar à análise do inciso terceiro. Diz a nova lei que uma decisão que invoque motivos que se prestariam a justificar qualquer outra decisão não estará devidamente fundamentada.

Tenta o código, aqui, vedar "decisões carimbos", fórmulas prontas e fechadas que, sem fazer qualquer aporte específico à situação concreta sob julgamento, pretendem resolver algum ponto dentro do processo. Tratam-se, conforme inusitada analogia de Teresa Wambier, de decisões "vestidinho preto,[344] que bem serviriam para qualquer outro caso ou ocasião.

Falamos aqui de decisões que, por não enfrentarem as peculiaridades do caso sob julgamento, poderiam ser, sem qualquer adaptação, transladas, *ipsis litteris*, para outro processo.

São exemplos desse tipo de decisão: "presentes os requisitos, concedo a tutela antecipada"; "presentes os requisitos, concedo efeitos suspensivos à execução"; "diante das provas produzidas, defiro o pedido", dentre tantos outros vistos no dia a dia forense.

O infortúnio nessa forma de decidir é que ela não permite controle. Se não conhecemos as razões que levaram o magistrado a, por exemplo, concluir que estão presentes os requisitos para concessão da tutela antecipada, não há como verificarmos o acerto ou erro do *decisum*.[345] Tal prática, portanto, não se adequa ao dever constitucional de fundamentação.

---

[343] OLIVEIRA NETO, Olavo de. Princípio da fundamentação das decisões judiciais. *In*: LOPES, Maria Elizabeth de Castro e OLIVEIRA NETO, Olavo de (coords). *Princípios processuais civis na Constituição*. Rio de Janeiro: Elsevier, 2008, p. 200.
[344] WAMBIER, Tereza Arruda Alvim. *Embargos de declaração e omissão do juiz*. 2. ed. São Paulo: Revista dos Tribunais, 2014, p. 282.
[345] É o que expõe Olavo de Oliveira Neto: "(...) fundamentar uma decisão proferida exige mais do que uma mera referência genérica àquilo que se decide, devendo o magistrado analisar

Seguindo em frente, nos termos do inciso IV, não se considera fundamentada a decisão que deixe de enfrentar todos os argumentos deduzidos no processo capazes de, em tese, infirmar a conclusão adotada pelo julgador. Significa dizer: a parte derrotada no processo tem o direito de saber por que os seus argumentos não foram acatados pelo juízo.[346] É essa exigência que dá substância ao princípio do contraditório, tema já minuciosamente abordado no ponto 2.5.

Trata-se, sem dúvida, da inovação mais importante em matéria de fundamentação e, que, em verdade, complementa e norteia todas as outras hipóteses. Se a parte traz uma interpretação ao texto legal, e o juiz pretender adotar outra, deve demonstrar por que a sua é a correta. O mesmo para os conceitos jurídicos indeterminados. Se a parte aponta a existência de divergência doutrinária ou jurisprudencial, o magistrado não pode simplesmente escolher entre uma delas sem demonstrar o desacerto da outra.

Em termos bem pontuais, o inciso IV exige que o julgador demonstre que a sua resposta decisória, entre todas as outras trazidas aos autos, é a correta.

Muito bem. Os dois últimos incisos (V e VI) constituem o tema chave desse estudo e, portanto, serão analisados separadamente.

Antes, entretanto, duas anotações se colocam necessárias.

Primeira: não existe qualquer tipo de cisão entre cada uma das hipóteses elencadas no art. 489, §1º. Bem pelo contrário, e isso ficará claro na sequência, todas elas são complementares, inviscerando-se mutuamente.

---

o caso concreto e dele extrair a presença dos requisitos necessários ao atendimento ou não do pedido formulado. Não se admite, mesmo sob o pretexto de agilizar o serviço prestado, que uma mesma decisão genérica possa resolver casos diferentes, sem a atenção que cada caso merece. Se assim agir o magistrado estará infringindo seu dever ético de prestar tutela jurisdicional, limitando-se a ser um burocrata que se esquece do interesse público para preocupar-se mais com seus interesses pessoais, embora esse interesse possa limitar-se a manter seu serviço em dia." (OLIVEIRA NETO, Olavo de. *Princípio da fundamentação das decisões judiciais. In*: LOPES, Maria Elizabeth de Castro e OLIVEIRA NETO, Olavo de (coords). Princípios processuais civis na Constituição. Rio de Janeiro: Elsevier, 2008, p. 208).

[346] Assim, "se houver cumulação de fundamentos e apenas um deles for suficiente para o acolhimento do pedido (no caso de cumulação de causas de pedir, isto é, de concurso próprio de direitos) ou para o seu não-acolhimento (no caso de cumulação de *causae excipiendi*, ou seja, causas de defesa), bastará que o julgador analise o motivo suficiente em suas razões de decidir. Tendo-o por demonstrado, não precisará analisar os outros fundamentos, haja vista que já lhe será possível conferir à parte os efeitos pretendidos." (BRAGA, Paula Sarno. DIDIER JR, Fredie. OLIVEIRA, Rafael Alexandria de. *Curso de Direito Processual Civil*: teoria da prova, direito probatório, ações probatórias, decisão, precedente, coisa julgada e antecipação dos efeitos da tutela. 10. ed. Salvador: Juspodivm, 2015, p.335).

Segundo: o rol apresentado é meramente exemplificativo. Uma hipótese emblemática, que exige ampla fundamentação e não consta do art. 489, refere-se ao controle difuso de constitucionalidade das leis. Obviamente, pairando uma presunção de constitucionalidade sobre os textos emanados do parlamento, o juiz, para poder deixar de aplicá-lo, precisará fundamentar e demonstrar cabalmente sua inadequação com a Constituição.

5.2 Jurisprudência e fundamentação no CPC/2015: um resgate hermenêutico

Conforme já exaustivamente trabalhado, súmulas e ementas sempre foram utilizadas no Brasil como elementos facilitadores do dever de fundamentar. Nunca fora preocupação de nossos juristas desvelar os fatos ou a argumentação jurídica por detrás desses resumos de decisões.

Situação diuturnamente vivida no foro é a utilização desses textos jurisprudenciais de forma completamente dissociada de qualquer indagação acerca de suas origens, como se fossem normas gerais e abstratas. Súmulas e ementas são aplicadas mecanicamente, assim como a lei já fora nos tempos de exegese.[347]

Com efeito, nunca existiu uma preocupação com o *conteúdo* por detrás dos textos utilizados. A preocupação, em verdade, sempre foi a de convencer pela quantidade e autoridade das decisões invocadas, e não pela qualidade da argumentação desenvolvida nos julgados invocados.[348] A verdade é que normalmente sequer se conhece o teor dessas decisões.

---

[347] BAHIA, Alexandre. As súmulas vinculantes e a Nova Escola da Exegese. *RePro*, vol 206, p. 359-379, abril 2012.
[348] Criticando a situação, vale o alerta de Dierle Nunes e Alexandre Bahia: "O Juiz, assim, *não pode ser só a boca da jurisprudência* (como já fora da lei ao tempo dos exegetas), repetindo ementas ou trechos dos julgados descontextualizados dos fatos, ou usar julgados pontuais porque precisa ter uma noção do que os julgadores do passado fizeram coletivamente. Não dá para se usar julgados isolados como se estes representassem a completude do entendimento de um tribunal. Isto, além de uma simplificação odiosa, está em desconformidade com a práxis do *common law* de onde se diz estar buscando inspiração." (NUNES, Dierle. BAHIA, Alexandre Melo Franco. *"Jurisprudência instável" e seus riscos*: a aposta nos precedentes *vs* uma compreensão constitucionalmente adequada do seu uso no Brasil. *In*: MENDES, Aluisio Gonçalves de Castro. MARINONI, Luiz Guilherme. WAMBIER, Teresa Arruda Alvim (coords). Direito Jurisprudencial. São Paulo: Revista dos Tribunais, 2014, v. 2. p. 435).

Essa conjuntura, antes mesmo do advento da Constituição de 1988, já era criticada por Barbosa Moreira:

> Em nosso país, quem examinar os acórdãos proferidos, inclusive pelos tribunais superiores, verificará que, na grande maioria, a fundamentação dá singular realce à existência de decisões anteriores que hajam resolvido as questões de direito atinentes à espécie *sub iudice*. Não raro, a motivação reduz-se à enumeração de precedentes: o tribunal dispensa-se de analisar as regras legais e os princípios jurídicos pertinentes - operação a que estaria obrigado, a bem da verdade, nos termos do art. 458, nº II, do Código de Processo Civil, aplicável aos acórdãos nos termos do art. 158 - e substitui o seu próprio raciocínio pela mera invocação de julgados anteriores. Escusado aditar que outro tanto vale, *a fortiori*, para os juízos de primeiro grau.[349]

O problema é que tal modo de agir acaba instituindo um verdadeiro círculo vicioso. Uma decisão (muitas vezes voluntarista e mal fundamentada) gera uma ementa. Em um caso posterior, outro órgão, sem qualquer preocupação com o conteúdo da decisão pretérita, utiliza-se da ementa como um argumento de autoridade fundante. Agora já são duas ementas no mesmo sentido disponíveis para o próximo julgador. E o processo continua.

No final das contas, são dezenas ou centenas de julgados de absolutamente questionável solidez.[350] Pior: no mais das vezes o mesmo fenômeno se repete para o entendimento diametralmente oposto.

Como o método decisório brasileiro sempre fora opinativo (supra), não se preocupando em solucionar a antinomia de teses e

---

[349] MOREIRA, José Carlos Barbosa. Súmula, jurisprudência, precedente: uma escalada e seus riscos. In: *Revista de Direito do Tribunal de Justiça do Estado do Rio de Janeiro*, n. 64, p. 27-38, jul.-set. 2005, p. 27-28.

[350] Já era tempo dessa situação ser contornada. O fenômeno, na década de 1940, já havia sido detectado e atacado pela boa doutrina nacional: "No mesmo plano, o próprio uso e vêzo, ao qual, ultimamente, em virtude do excesso de trabalho -e, às vêzes por que não dizer, do comodismo-, advogados e juízes, se têm apegado, no sentido de descansar as suas razões e decisões sobre máximas judiciárias, sem qualquer ponderação de respectivo valor intrínseco, tem contribuído, como num círculo vicioso, para o alvitramento de uma grande parte da própria jurisprudência. Na verdade, causídicos e magistrados, socorrendo-se indiscriminadamente de Julgados de carregação, encaminham novos julgados, que, à falta do indispensável reexame, carecem igualmente de maior valor jurídico, e cujas ementas, por sua vez, passam a ser referidas como estribo de outras decisões, também destituídas de mais legítima." (FRANÇA, Rubens Limongi. *Jurisprudência – seu caráter de forma de expressão do Direito*. In: SANTOS, J.M de Carvalho, e DIAS, José de Aguiar (coords). Repertório Enciclopédico do Direito Brasileiro. Rio de Janeiro: Editor Borsoi, v. 30, p.284-285, 1947).

entendimentos, mas sim a mera opção entre eles, o último magistrado da cadeia terá a sua disposição, na feliz expressão de Humberto Theodoro Junior, um verdadeiro *self service* de julgados, podendo escolher aqueles que mais lhe agradam.[351]

É essa prática que o NCPC quer desconstruir. Não há mais como o julgador atuar enquanto um mero reprodutor mecânico de decisões pretéritas (ou, melhor dizendo, resumos de decisões), usando julgados escolhidos sem se preocupar com a completude do fenômeno jurídico.

A jurisprudência não pode fechar o debate e, sim, deve se abrir a ele. Conforme já abordado, as decisões pretéritas possuem importante papel na construção da resposta correta, mas não são capazes de, sozinhas, entregarem essa resposta. É sempre necessário um diálogo entre todas as fontes jurídicas, um diálogo com aquilo que foi trazido aos autos pelas partes e, igualmente importante, um diálogo com a facticidade sob julgamento.

Não por outra razão, o inciso IV do art. art. 489, §1º da nova lei expressamente exige do julgador que, para invocar precedente ou enunciados de súmula, identifique seus fundamentos determinantes e demonstre que o caso sob julgamento se ajusta àqueles fundamentos.

Ou seja: o trabalho com decisões pretéritas passa a ser um trabalho hermenêutico, de estudo de casos e argumentos, e não uma mera compilação mecânica de ementas e súmulas negritadas que somente pretendem confirmar a opinião do julgador. O trabalho passa a ser de desconstrução e nova reconstrução.

Para se utilizar de uma decisão passada, sumulada ou não, dentro da fundamentação o julgador precisará demonstrar que os casos (pretérito e atual) são semelhantes, minimizando assim, o risco de hiperintegração (e já conhecemos o grande perigo desse fenômeno).

Ainda, far-se-á necessário analisar os fundamentos determinantes da decisão pretérita para, com isso, saber-se se estes argumentos são consistentes e se possuem aplicação ao caso sob julgamento. Da mesma sorte, é somente essa análise que permitirá ao operador verificar se a legalidade que embasou a decisão invocada também se aplica ao novo caso.

---

[351] "(...) o uso do direito jurisprudencial não permite a escolha de trechos de julgados em consonância com o interesse de confirmação do aplicador, de acordo com suas preferências, é preciso promover uma reconstrução de toda história institucional do julgamento do caso, desde o seu leading case, para que evitemos o clima de self service insano, ao gosto do intérprete, que vivemos na atualidade" (THEODORO JÚNIOR, Humberto. NUNES, Dierle. BAHIA, Alexandre Melo Franco. PEDRON, Flavio Quinaud. *Novo CPC - Fundamentos e sistematização*. Rio de Janeiro: Forense, 2015, p. 307).

Com efeito, o método de trabalho com a jurisprudência sempre virá acompanhado da necessidade de um contraditório substancial. O inciso V sempre precisa ser lido conjuntamente ao inciso IV.

Se a parte trouxer novos argumentos, não analisados nas decisões pretéritas, ou apontar dissensões doutrinárias e jurisprudenciais sobre o tema, o juiz precisará fundamentar, à luz do direito enquanto integridade, qual entre todas as respostas possíveis é a correta. Isso significa que não mais pode o julgador escolher os argumentos ou os julgados que mais lhe parecem acertados, sem enfrentar todas as outras possibilidades aventadas.[352]

Essa exigência de confronto entre teses e posições, por si só, já trará importantes ganhos democráticos e um ganho qualitativo inimaginável para nossas decisões.

É claro que isso exigirá uma carga de trabalho muito maior aos juízes. Todavia, com o tempo, a prática instituirá um círculo virtuoso. A partir do momento que se exige do julgador trabalhar com argumentos sólidos, a tendência é que as decisões deixem de ser voluntaristas e opinativas, de modo que só sobrevivam e ganhem espaço os entendimentos com maior DNA democrático. Perdurarão as respostas corretas.

Dessa forma, a jurisprudência tende a se estabilizar, não por imposição legal, mas, sim, por sua qualidade e consequente credibilidade.[353] A verdade é que quanto mais consistentes se mostrem os entendimentos passados, muito difícil será para o novo julgador deles se distanciar.

---

[352] É o que sustentam Theodoro Júnior, Nunes, Bahia e Pedron: "O "velho" modo de julgamento promovido pelos Ministros (e Desembargadores) que, de modo unipessoal, com suas assessorias e sem diálogo e contraditório pleno entre eles, advogados e *amici curae*, proferem seus votos partindo de premissas próprias e construindo fundamentações completamente dispares, não atende a este novo momento que o Brasil passa a vivenciar." (THEODORO JÚNIOR, Humberto. NUNES, Dierle. BAHIA, Alexandre Melo Franco. PEDRON, Flavio Quinaud. *Novo CPC - Fundamentos e sistematização*. Rio de Janeiro: Forense, 2015, p. 272).

[353] Nesse sentido, Aluisio Gonçalves de Castro Mendes, abordando o que se passa dentro do *common law*, dá conta de esclarecer a questão: "As cortes são, portanto, muito ciosas no sentido da preservação dos seus precedentes. Por outro lado parece haver um respeito em relação a este posicionamento por parte das instituições jurídicas. Naturalmente, esta respeitabilidade, ou melhor, solidez decorre e é proporcional, em boa medida à capacidade de fundamentação contida nas razões da decisão (*ratio decidendi*)." (MENDES, Aluisio Gonçalves de Castro. Precedentes e jurisprudência: papel, fatores e perspectivas no direito brasileiro contemporâneo. *In*: WAMBIER, Teresa Arruda Alvim; MENDES, Aluisio Gonçalves de Castro; MARINONI, Luiz Guilherme (coords). *Direito Jurisprudencial*. São Paulo: Revista dos Tribunais, 2014, p. 20).

Notemos bem: quando o julgador pode decidir como quer e escolher os julgados que mais se adequam ao seu posicionamento pessoal, sem precisar elidir eventuais entendimentos divergentes, a tendência é que cada juiz faça valer sua vontade. É a opção mais fácil e mais agradável.

Agora, quando o juiz precisa demonstrar por que a sua decisão, quando comparada com as demais possíveis, é a correta, o espaço para voluntarismos diminui. No momento em que essa prática já tiver atingindo todos os tribunais, a jurisprudência será tão sólida (perdurando somente teses verdadeiramente consistentes e amplamente debatidas), que será muito difícil aos juízes justificarem a adoção de outro posicionamento.[354]

Se as coisas caminharem dessa forma, paulatinamente, a jurisprudência se tornará um complicador para julgamentos solipsistas e não, como ocorre hoje, um facilitador. E com uma grande vantagem: atingiremos segurança, previsibilidade e isonomia por intermédio de entendimentos verdadeiramente democráticos.

Torçamos para que isso ocorra.

5.3 A súmula colocada no seu devido lugar: a súmula é um índice

A partir dos apontamentos tecidos no ponto anterior, já conseguimos visualizar a profunda modificação operada pelo CPC/2015 também em matéria de aplicação sumular. Desde 1963, quando idealizada e instituída por Nunes Leal, a súmula sempre foi encarada

---

[354] Sobre a importância da qualidade das decisões pretéritas para que possam funcionar como parâmetro decisório em casos futuros, muito bem pontua Ana Paula de Barcellos que: "(...) a motivação deficiente dos precedentes judiciais pode inviabilizar sua própria funcionalidade. Isso porque, uma vez que não restem claro, por exemplo, quais os fundamentos jurídicos examinados e as razões que levaram à determinada conclusão, os eventuais destinatários do precedente poderão vir a aplicá-lo a hipóteses que estariam fora do seu escopo ou afastá-lo em casos em que ele deveria ser adotado. Ora se o precedente se tornar impreciso e aberto a múltiplas interpretações, sua capacidade e seu propósito de promover a estabilidade da disciplina jurídica e garantir a coerência do sistema jurídico e a isonomia dos jurisdicionados acabarão por se deteriorar. Em outras palavras, se o precedente, em vez de encerrar os eventuais debates existentes, der origem a uma nova série de debates acerca de seu sentido e alcance, pouco se terá obtido" (BARCELLOS, Ana Paula de. Voltando ao básico. Precedentes, uniformidade, coerência e isonomia. Algumas reflexões sobre o dever de motivação. *In*: WAMBIER, Teresa Arruda Alvim; MENDES, Aluisio Gonçalves de Castro; MARINONI, Luiz Guilherme (coords). *Direito Jurisprudencial*. São Paulo: Revista dos Tribunais, 2014, p. 153).

enquanto um ente abstrato, válido por sua semântica e capaz de facilitar julgamentos. Os riscos nessa postura (devidamente demonstrados nessa obra) felizmente foram compreendidos pelo legislador.

Sob a égide da Constituição de 1988 não existe mais espaço para esse enraizado método de trabalho. A súmula não pode valer somente por sua textitude e não é uma norma pronta a espera de um mero acoplamento ao caso concreto. A súmula traz consigo uma história e uma facticidade que precisam ser consideradas e reconstruídas no momento de sua aplicação.

Nos termos do CPC/2015 as máximas jurisprudenciais não mais poderão ser aplicadas longe dos casos concretos que lhes subjazem, muito menos das razões determinantes adotadas para a solução desses casos. Significa dizer: a súmula passa a ser um ente conteudístico.

Ao que parece, pretende o legislador, agora sim, aproximar o Brasil da boa experiência com precedentes desenvolvida dentro do *common law*. Trata-se do primeiro passo na construção de uma teoria brasileira de manejo jurisprudencial, coisa que nunca existiu por aqui.

Nesse contexto, alguns autores vêm sustentando que as súmulas seriam *rationes decidendi* dos casos que lhe deram suporte, já previamente fixadas e entregues pelo Tribunal.[355]

Demonstramos que essa entrega antecipada da *holding* pode trazer alguns inconvenientes e, no âmbito do *common law*, enfrenta severas críticas. Mesmo quando já dada de antemão, a *rule* preconstruída sempre será só um protótipo, uma sugestão, que pode se mostrar falha ou insuficiente diante da complexidade da vida.

Assim, em que pese o novo código diga expressamente que os enunciados sumulares deverão ser lidos à luz dos casos e fundamentos que lhe dão origem, temos um pouco de receio das consequências práticas dessa tentativa de equiparação entre *ratio* e súmula.

Sejamos francos. Poucos operadores efetivamente se debruçarão sobre a doutrina estrangeira para compreender a complexidade na aplicação de precedentes.

Com efeito, nossa preocupação é que somente se opere uma substituição de termos, sem qualquer modificação no *status quo*. Substitui-se a afirmação de que a súmula é norma pela afirmação de que

---

[355] BRAGA, Paula Sarno. DIDIER JR, Fredie. OLIVEIRA, Rafael Alexandria de. *Curso de Direito Processual Civil*: teoria da prova, direito probatório, ações probatórias, decisão, precedente, coisa julgada e antecipação dos efeitos da tutela. 10. ed. Salvador: Juspodivm, 2015. LUCCA, Rodrigo Ramina de. *O dever de motivação das decisões judiciais*. Salvador: Juspodivm, 2015.

a súmula é a *ratio dacidendi*, dando ao discurso ares mais sofisticados, mas mantem-se a sua aplicação mecanizada.

É assim que os operadores brasileiros estão acostumados a trabalhar: via subsunção de enunciados. Dizer que a súmula é a *ratio*, para aqueles que não conhecem a complexidade do sistema precedentalista, pouco coisa esclarece. Pode levar a falsa conclusão de que todo o trabalho hermenêutico já fora executado previamente pelo Tribunal, de forma que a súmula continuaria sendo encarada enquanto um ente abstrato, uma resposta pronta.[356]

Sendo bem elucidativos: não nos parece que a afirmação de que a súmula seja a *ratio* esteja absolutamente errada, mas ela traz consigo tantas implicações e a necessidade de tantos cuidados que mais dificultará do que ajudará na luta por uma (necessária) virada paradigmática.

Se realmente queremos construir uma teoria sólida de manejo jurisprudencial, precisamos deixar as coisas bastante claras. Uma modificação de paradigmas como a trazida pelo CPC/2015 (que tenta desconstruir um método de trabalho há setenta anos sedimentado) precisa vir acompanhada de uma doutrina que estampe a nova faceta do instituto em termos compreensíveis à grande massa de operadores.

É por essa razão que, ao que nos parece, a fala precisa ser outra. Mais simples, acessível e impactante. Um discurso que não se esconda atrás de termos estrangeiros, mas, sim, se apresente auto explicativo, promovendo no senso comum um verdadeiro choque de realidade.

Assim sendo, nesse momento histórico, acreditamos que o mais adequado seria definir a súmula enquanto um *índice*.[357] Um elemento

---

[356] O que se colocaria totalmente descabido, eis que a *ratio* é "não é uma regra jurídica que pode ser considerada por si só, ou seja, se ela for encarada isoladamente, ela deixará de ser *ratio decidendi*, uma vez que *ratio decidendi* deve, obrigatoriamente, ser analisada em correspondência com a questão fático-jurídica (caso concreto) que ela solucionou." (ABBOUD, Georges. STRECK, Lenio Luiz. *O que é isto - o precedente jurisprudencial e as súmulas vinculantes?* Porto Alegre: Livraria do Advogado, 2013, p. 43).

[357] Já tivemos a oportunidade de escrever sobre o tema, pontuando que: "O enunciado da súmula precisa ser abordado como o símbolo de um passado a ser respeitado, nunca de um futuro ao qual ser submetido. Cada uma das decisões que deram origem ao enunciado foi exarada para um caso concreto específico, e a súmula é tão somente a representação, em um só texto resumido, de toda a similaridade existente entre esses casos concretos e nada mais do que isso. Por isso, a súmula em si não é feita como uma resposta a casos futuros; ela é somente, como se disse reiteradamente, um índice do que já foi decidido." (SCHMITZ, Leonard Ziesemer; ABBOUD, Georges; LUNELLI, Guilherme. Como trabalhar – e como não trabalhar – com súmulas no Brasil: um acerto de paradigmas. *In*: MENDES, Aluísio Gonçalves Castro; MARINONI, Luiz Guilherme; WAMBIER, Teresa Arruda Alvim. *Direito Jurisprudencial*, São Paulo: Revista dos Tribunais, v. 2 p. 645-687).

que facilitará a localização de julgados (frisamos: a localização), cuja facticidade e razões determinantes poderão ou não ter pertinência ao caso sob julgamento.[358] Caberá ao juiz verificar.

Quando lemos a súmula, assim como fazemos com o índice de um livro, formamos uma preconcepção do seu conteúdo. Essa preconcepção pode se mostrar certa ou equivocada, mas isso só poderá ser detectado com a imersão no texto (no caso das súmulas, com a imersão nas peculiaridades dos julgados que lhe deram forma).

A ideia de que a súmula funciona como um indexador traz, intrinsecamente, a necessidade de cautela. Traz a ideia de que "nem tudo que parece é", colocando as coisas em termos bem elucidativos. Denota a necessidade de, para além do enunciado, olharmos para os fatos e debates que o sustentam. Mais do que isso, deixa bem claro que a súmula não é uma resposta pronta, mas, somente, um (possível) ponto de partida para a solução do caso.

Na feliz expressão de Francisco Motta, a súmula é exclusivamente um "indício formal" de como uma decisão deve ser decidida.[359] Quando o julgador verifica que um enunciado sumular pode possuir pertinência ao caso sob julgamento, ele está diante de um "indício de bom direito". Existe uma grande probabilidade, até por uma questão de coerência e integridade, daquele enunciado ser aplicável ao caso e, portanto, merecer se seguido.

Todavia, esse indício formal, precisa ser testado e confirmado. E essa confirmação só poderá ocorrer pela análise da similitude entre os fatos e razões de decidir dos julgados que originaram a súmula e do caso sob julgamento. E o mais importante: esse processo, por força

---

No mesmo sentido: PRESGRAVE, Ana Beatriz Ferreira Rebello. *A vinculação nas decisões de controle de constitucionalidade e nas súmulas vinculantes*: uma análise crítica da atuação do Supremo Tribunal Federal. 2013. 238f. Tese (Doutorado em Direito) Centro de Ciências Jurídicas Faculdades de Direito do Recife. Universidade Federal de Pernambuco, Recife 2013, p. 92.

[358] RAMIRES, Maurício. *Crítica à aplicação de precedentes no direito brasileiro*. Porto Alegre: Livraria do Advogado, 2010, p. 49-50.

[359] Conforme o autor: "Uma coisa, que é correta, é a invocação dos julgamentos anteriores que, quando tidos como acertos institucionais, bem servem como "indício formal" das decisões que se seguirão a ele, e que com ele devem guardar a coerência de princípio. É louvável que as partes compreendam, pois, que a sua causa integra a história institucional, e que chamem a atenção do juiz para a necessidade de sua continuidade. Agora, outra coisa, bem diferente é a fraude que decorre da utilização de verbetes jurisprudenciais, como se fundamentação fosse, sem a devida reconstrução que foram decisivos num ou noutro caso. (MOTTA, Francisco José Borges. *Levando o direito a sério*: uma crítica hermenêutica ao protagonismo judicial. 2. ed. rev. e ampl. Porto Alegre: Livraria do Advogado, 2012, p. 183).

do dever constitucional de fundamentação, precisa ser transladado para a decisão.

Isso quer dizer que a súmula, sozinha, não encerra qualquer discussão, sendo absolutamente insuficiente para fundamentar uma decisão. O enunciado sumular, utilizando duas expressões consagradas no *common law* para o uso de precedentes (mas plenamente aplicáveis, *mutatis mutandis*, ao uso enunciados sumulares) se apresentam enquanto um *principium*, o *starting point* do *legal reasoning*.[360]

Por consequência, nunca poderá haver qualquer tipo de aplicação mecanizada da súmula, por subsunção. A aplicação dos verbetes sempre deverá ocorrer de forma discursiva, no bojo da fundamentação, existindo um pleno diálogo entre a máxima (e seu passado), os elementos do caso sob julgamento e as alegações das partes.[361] Conforme perfeita ponderação de Hermes Zanetti Júnior:

> A aplicação será obtida da razão de decidir, e não pelo enunciado da súmula, que serve apenas como guia e fórmula sintética, jamais como regra abstrata, até porque na sua formação, tem como premissa casos concretos, dos quais não se pode distanciar sem perder substância.[362]

O alerta do jurista é impecável: a súmula é um mero guia, uma fórmula sintática que facilita o trabalho do operador na localização e identificação de como certo tema vem sendo decidido. A fórmula abstrata constante do enunciado tem o condão de sintetizar um posicionamento consolidado, possibilitando que o operador rapidamente identifique que aquele tema já possui uma história institucional que, via de regra, deve ser seguida.[363]

---

[360] RE, Edward D. *Stare decisis*. Tradução Ellen Gracie Northfleet. Rio de Janeiro: Revista Forense, v. 327. jul.-set., 1994., p.8.

[361] É o que explicam Alexandre Bahia e Dierle Nunes: "(...) os enunciados de súmulas somente podem ser interpretados e aplicados levando-se em consideração os julgados que os formaram, então, sua aplicação deve se dar de modo discursivo, e não mecânico, levando-se a sério seus fundamentos (julgados que a formaram) e as potenciais identidades com o atual caso concreto. Nenhum país que leve minimamente a sério o direito jurisprudencial permite a aplicação de enunciados mecanicamente." (NUNES, Dierle. BAHIA, Alexandre Melo Franco. "Jurisprudência instável" e seus riscos: a aposta nos precedentes *vs* uma compreensão constitucional adequada do seu uso no Brasil. *In*: MENDES, Aluisio Gonçalves de Castro. MARINONI, Luiz Guilherme. WAMBIER, Teresa Arruda Alvim (coords). *Direito Jurisprudencial*. São Paulo: Revista dos Tribunais, 2014, v. 2. p. 442).

[362] ZANETTI JR, Hermes. *O valor vinculante dos precedentes*. Salvador: Juspodivm, 2015, p. 201.

[363] Dessa forma, "as Súmulas, formalmente, têm somente o condão de indicar a orientação que os tribunais vêm trilhando." (STRECK, Lenio Luiz. *Súmulas no Direito brasileiro*: eficácia, poder e função: a ilegitimidade constitucional do efeito vinculante. 2 ed. rev. ampl. Porto Alegre: Livraria do Advogado, 1998, p.224).

Porém, essa história institucional jamais conseguirá ser aprisionada em uma locução única, razão pela qual sempre será necessário analisar a facticidade e as razões determinantes que ensejaram a edição do verbete. Acreditar que a súmula poderia resolver problemas concretos por simples subsunção é retomar a ingênua crença exegética de que um texto poderia aprisionar sentidos.

A súmula integra a história institucional do Direito e, uma vez confrontado com o enunciado, o julgador, para dar continuidade ao romance, precisa lidar com aquele texto. Seja para verificar sua adequação ao caso, seja para elidir sua aplicação. Entretanto, sozinha, a súmula nada representa. O enunciado remete a um passado a ser seguido mas que sempre precisará ser, na fundamentação, reconstruído.

5.4 Desenvolvendo um método de trabalho com súmulas apropriado ao CPC/2015: aplicação discursiva a partir da verificação de três elementos

Dissemos no ponto anterior que a súmula é um índice. Pois bem, dessa afirmação obrigatoriamente emerge uma indagação: se a súmula funciona como um indexador, ao que ela remete?

A resposta mais simples para essa pergunta é que a súmula remete ao conjunto de decisões que lhe dão origem. A força hermenêutica-conformadora da súmula advém do comportamento reiterado dos tribunais solucionando determinada questão fático-jurídica, situação que não pode ser ignorada no momento decisório pelo julgador que pretenda, de forma integra e coerente, dar continuidade ao romance.[364]

Daí podermos dizer que a súmula enfrenta uma verdadeira vinculação interpretativa.[365] Se no atual paradigma jurídico não podemos

---

[364] É o que, antes mesmo do CPC/2015, já expunha Marinoni: "Portanto, fora o grave e principal problema de o instituto da súmula não ter sido atrelado á afirmação da coerência da ordem jurídica e da igualdade, as súmulas foram vistas como normas gerais e abstratas, tentando-se compreendê-las como se fossem autônomas em relação aos fatos e aos valores relacionados com os precedentes que as inspiraram. Esqueceu-se, como está claro, que as súmulas só têm sentido quando configuram o retrato da realidade do direito jurisprudencial de determinado momento histórico e que, assim, não se podem deixar de lado não apenas os precedentes que as fizeram nascer, mas também os fundamentos e os valores que os explicam num certo ambiente político e social." (MARINONI, Luiz Guilherme. *Precedentes Obrigatórios*. São Paulo: Revista dos Tribunais, 2010, p. 482).

[365] SCHMITZ, Leonard Ziesemer; ABBOUD, Georges; LUNELLI, Guilherme. Como trabalhar – e como não trabalhar – com súmulas no Brasil: um acerto de paradigmas. *In*: MENDES, Aluísio Gonçalves Castro; MARINONI, Luiz Guilherme; WAMBIER, Teresa Arruda Alvim. *Direito Jurisprudencial*, São Paulo: Revista dos Tribunais, v. 2 p. 645-687.

mais falar em "vontade do legislador", o mesmo não ocorre com a súmula, que estará sempre vinculada ao conteúdo dos precedentes que lhe deram origem.[366]

Na esteira do que viemos sustentando nesse trabalho, essa vinculação interpretativa tem a imprescindível função de evitar a hiperintegração do enunciado. Ou seja, evitar que o enunciado seja utilizado em situações diversas daquelas onde deita raízes. Conforme muito bem pontuado por Marinoni, "se a súmula é compreendida como enunciado geral e abstrato, a sua leitura pode aproximá-la ou afastá-la, sem qualquer critério racionalmente adequado, do caso sob julgamento".[367]

Essa necessidade de controle sobre o alcance do enunciado sumular, em verdade, é uma grande novidade em nosso ordenamento. O que sempre se buscou dentro dos Tribunais foi a máxima abstrativização dos textos sumulares, de maneira que pudessem ser aplicados no maior número possível de casos.[368]

Isso porque, para os julgadores, a hiperintegração da súmula sempre foi algo extremamente útil e interessante, já que permitia resolver um maior número de casos mecanicamente, via simples subsunção. Diante de uma situação que minimamente parecesse se adequar a súmula, o decisor, invocando-a, poderia, quase que instantaneamente, solucionar a lide ou obstar o procedimento.[369] Ou seja: "menos um" processo.

---

[366] NUNES, Dierle. BAHIA, Alexandre Melo Franco. "Jurisprudência instável" e seus riscos: a aposta nos precedentes *vs* uma compreensão constitucionalmente adequada do seu uso no Brasil. In: MENDES, Aluisio Gonçalves de Castro. MARINONI, Luiz Guilherme. WAMBIER, Teresa Arruda Alvim (coords). *Direito Jurisprudencial*. São Paulo: Revista dos Tribunais, 2014, v. 2. p. 438. No mesmo sentido, esclarece Eduardo Higashiyama que: "Embora enunciado sumular e precedente sejam coisas diversas, isso não significa que enunciado e precedente, enquanto elementos do enunciado sumular, não dialoguem entre si. Assim, deve-se considerar sempre que o precedente faz parte da estrutura do enunciado sumular. (...) Enfim, o precedente elemento do enunciado sumular tem papel fundamental na compreensão do próprio enunciado, principalmente quando houver dúvida quanto ao seu alcance e a sua limitação." (HIGASHIYAMA, Eduardo. Teoria do direito sumular. *RePro*. São Paulo, v. 36, n. 200 , p. [71]-124, out. 2011).

[367] MARINONI, Luiz Guilherme. *Precedentes obrigatórios*. São Paulo: Revista dos Tribunais, 2010, p. 482.

[368] Nas palavras de Streck, os verbetes sumulares sempre foram tratados como se deles "irradiasse uma "certeza-significativa-fundante", tornando a tarefa interpretativa do jurista um "simples" caso de *adequatio* do fato ao direito (que, no caso da súmula, estará pré-definido). Para atingir esse desiderato, a dogmática jurídica procura critérios absolutos, cuja função é pré-normatizar (o sentido do) texto, suprimindo-lhe a história e o tempo." (STRECK, Lenio Luiz. *Verdade e consenso*: constituição hermenêutica e teorias discursivas. 4. ed. São Paulo: Saraiva, 2011, p. 256).

[369] NUNES, Dierle. BAHIA, Alexandre Melo Franco. "Jurisprudência instável" e seus riscos: a aposta nos precedentes *vs* uma compreensão constitucionalmente adequada do seu

Sob essa ótica, a súmula se apresentava enquanto um super-argumento de autoridade facilmente manipulável pelo intérprete. Uma vez que o sentido do texto, longe dos julgados que lhe dão origem, é extremamente maleável, o decisor discricionariamente poderia lhe conferir o sentido que lhe fosse mais conveniente.[370] Normalmente aquele sentido que garantisse a mais fácil e rápida solução do caso (lembremos do ocorrido com as súmulas 214/STJ, 259/STJ e Súmula Vinculante nº 5).

As máximas judiciárias, assim como a lei, permitem deturpações interpretativas-aplicativas pelo operador. Com efeito, mesmo que de forma inconsciente, o julgador pode conferir certa elasticidade ao enunciado para facilitar o seu dever decisório. Nesse processo, a súmula acaba funcionando como uma porta aberta para ainda mais discricionariedade. Ironicamente, conforme o ideário dominante, era exatamente essa discricionariedade que os verbetes se prestariam a combater.

É essa perigosa realidade que o CPC/2015 almeja superar.

Para isso o código exige que o trabalho com súmulas sempre se desdobre na análise de dois elementos fundamentais, a serem expressamente pontuados dentro da fundamentação: equivalência fática e equivalência entre razões determinantes.

Verificamos aqui, portanto, uma tentativa de aproximação do nosso sistema à boa experiência acumulada dentro do *common law* com o trato de precedentes. Dessa forma, todas as anotações tecidas no ponto 4.5. se colocam bastante valiosas para a compreensão de como deverá ocorrer o manejo de decisões pretéritas no Brasil a partir de agora.

Todavia, ao que nos parece, não bastará ao julgador somente proceder a análise desses dois aspectos expressamente trazidos pelo código. Faltou ao dispositivo uma "pitada" de *civil law*.

---

uso no Brasil. *In*: MENDES, Aluisio Gonçalves de Castro. MARINONI, Luiz Guilherme. WAMBIER, Teresa Arruda Alvim (coords). *Direito Jurisprudencial*. São Paulo: Revista dos Tribunais, v. 2. p. 438. 2014.

[370] Conforme já pontuamos: "Ocorre que, se for possibilitado ao julgador valer-se da súmula como algo já interpretado, apostaremos em uma "tensão" (para usar as palavras de Müller) entre direito e realidade, entre teses e fatos, e estaremos deixando livre um *gap hermenêutico*, um espaço aberto e fictício, que o julgador poderá preencher atribuindo o sentido que preferir ao texto. Isso passa a ser um instrumento de discricionariedade, que mascara as convicções pessoais do julgador, seus valores morais ou ainda um senso de justiça próprio, quando há necessidade de fundamentar em determinado sentido." (SCHMITZ, Leonard Ziesemer; ABBOUD, Georges; LUNELLI, Guilherme. Como trabalhar – e como não trabalhar – com súmulas no Brasil: um acerto de paradigmas. *In*: MENDES, Aluísio Gonçalves Castro; MARINONI, Luiz Guilherme; WAMBIER, Teresa Arruda Alvim. *Direito jurisprudencial*, São Paulo: Revista dos Tribunais, v. 2. p. 645-687).

Seja como consequência direta do princípio da legalidade, seja por também ser uma exigência implícita à ideia de "fundamentos determinantes", fato é que, ao trabalhar com os enunciados sumulares, o operador não poderá deixar de identificar o elemento democrático (regra ou princípio, expresso ou implícito) que embasou a edição do verbete, bem como verificar a aplicabilidade deste elemento ao caso sob julgamento.

Assim sendo, o trabalho com súmulas sempre exigirá do operador a identificação e confronto de três elementos: um elemento fático (equivalência de situações), um elemento jurídico-dialético (fundamentos determinantes) e um elemento democrático (regra ou princípio que justifica o posicionamento). Vejamos um por um esses elementos.

5.4.1 Elemento fático

O primeiro elemento que merece atenção do operador ao trabalhar com súmulas são os fatos constantes dos julgados que originaram o verbete e a similitude desses fatos com o caso sob julgamento. Sobre o tema, bem explica Luiz Guilherme Marinoni que:

> Como as súmulas foram utilizadas de modo apenas a facilitar as decisões, estas foram pensadas como normas com pretensões universalizantes, ou melhor, com enunciados abstratos e gerais voltados à solução de casos. Nota-se, entretanto, que as súmulas são calcadas em precedentes e, portanto, não podem fugir do contexto dos casos que por eles foram solucionados. Bem por isso, para saber se uma súmula é aplicável a outro caso, é necessário verificar o contexto fático dos casos que lhe deram origem, assim como as proposições sociais que fundamentaram os precedentes que os solucionaram.[371]

Por detrás da súmula existem julgados que resolveram casos reais. O enunciado sumular é símbolo de um passado a ser seguido. Denota que o Tribunal vem julgando determinadas situações de uma forma específica, existindo, assim, uma história decisória que merece ser levada em consideração pelos futuros julgadores.[372]

---

[371] MARINONI, Luiz Guilherme. *Precedentes Obrigatórios*. São Paulo: Revista dos Tribunais, 2010, p. 481.
[372] Em expressão digna de reflexão, Abboud e Streck dizem que "as súmulas são o direito observando a si próprio." (ABBOUD, Georges. STRECK, Lenio Luiz. *O que é isto - o precedente jurisprudencial e as súmulas vinculantes*? Porto Alegre: Livraria do Advogado, 2013, p. 63).

Contudo, sabendo que não existe normatividade longe da realidade, é lógico que essa história só pode ser reconstruída quando tomamos em conta as peculiaridades fáticas dos casos que a integram. Se não podemos cindir a norma dos casos onde foi estruturada, também não será possível reconstruirmos a cadeia do romance de uma questão jurídica sem olharmos para as peculiaridades fáticas que a justificam.

Para que se mantenha a coerência e integridade do fenômeno jurídico, é natural que casos iguais sejam tratados de forma igual (*treat like cases alike* – *supra*). Todavia, o tratamento igualitário para casos semelhantes só será possível se fixarmos nosso olhar sobre, evidentemente, os casos. É somente compulsando as peculiaridades das situações passadas e atuais, suas similitudes e diferenças, que poderemos concluir pela necessidade de manutenção de uma cadeia decisória.

A afirmação parece lógica, mas nunca foi valorizada em sede de direito sumular.

Conforme já abordado, o escopo por detrás da súmula sempre foi proporcionar um "aproveitamento normativo". É como se a norma produzida para um caso pudesse ser dissecada e utilizada em uma infinidade de outras situações. O problema é que, nesse processo, acaba-se esquecendo não só a facticidade que originou o verbete, mas também a do novo caso, que, pelos variados motivos que já pontuamos, acaba soterrada por uma facilitadora presunção de similitude.

Claro que a maneira como se decidiu no passado precisa ser levada em conta pelo julgador presente (afinal, a jurisprudência conforma a jurisdição e o Direito deve manter-se íntegro e coerente). Mas isso não permite que o julgador se furte de estruturar a norma de cada caso específico. Cada caso exige uma resposta única e irrepetível, não havendo como operar-se uma reciclagem de respostas.

Por essa razão, ninguém pode pretender aplicar abstratamente o enunciado sumular. Sem a facticidade que lhe dá corpo, a utilização mecânica da súmula pode não representar qualquer continuidade no fenômeno jurídico. Bem pelo contrário, poderá representar uma descontinuidade, acabando por permitir a utilização do verbete em situações diferentes daquelas onde deita raízes, ensejando a criação de uma verdadeira "tradição inautêntica".[373] Falamos aqui do já conhecido risco de hiperintegração do enunciado.

---

[373] Aqui, vale o alerta de Dalton Sausen: "Nesse diapasão, é preciso lembrar, por oportuno, que a súmula, assim como os topoi em que foi reconhecida a existência da repercussão geral e também um recurso repetitivo, não irão carregar o seu próprio significado (sentido),

Não há como existir uma presunção de "facticidade equivalente". Muito menos, não há como aceitarmos que o julgador, identificando a similitude de casos, possa aplicar uma decisão *standard* sem demonstrar a sua pertinência à situação em debate. Na esteira do que viemos sustentando até aqui, isso só abriria espaço para arbítrios e injustiças.

Conforme lembra-nos Calmon de Passos, "na medida em que se fragiliza ou minimiza essa prévia verificação dos fatos desvirtua-se, em sua essência, toda a dignidade do jurídico, retomando ele a sua vetusta cara de pura dominação".[374] Assim, o simples fato de já existir um enunciado, que (aparentemente) se assemelha ao caso sob julgamento, não permite ao julgador deixar de analisar as especificidades do caso julgando e sua similitude com os casos que integram a história institucional da súmula.

E, exatamente para evitar qualquer tipo de injustiça ou descontinuidade no fenômeno jurídico, não basta ao decisor a mera constatação de semelhança entre os casos que originaram a súmula e o caso sob julgamento. Essa verificação precisa ser expressamente transladada e demonstrada na motivação.

Não podemos perder de vista que o dever de fundamentar as decisões tem por escopo evitar arbítrios por parte do órgão judicante. E, como vimos, a ampliação do nicho aplicativo de um enunciado pode ser extremamente produtiva para quem julga.

Assim, na esteira do que sustentamos no ponto 2.4, a imposição de que o magistrado expressamente demonstre o confronto entre os casos passadas e o caso presente não é uma garantia somente para o jurisdicionado. É também uma garantia para o próprio julgador, que só assim saberá que, mesmo inconscientemente, não está utilizando-se de atalhos decisórios e está verdadeiramente mantendo a continuidade, integridade e coerência do direito.

---

porquanto este será sempre desvelado pela nova situação concreta, daí por que é preciso atentar para a especificidade desse novo caso apreciado que irá diferenciá-lo, ou não, da cadeia decisional adotada pelo Tribunal, e que, impedirá a formatação de uma tradição inautêntica no direito." (SAUSEN, Dalton. *Súmulas, repercussão geral e recursos repetitivos*: crítica à estandarização do direito. Porto Alegre: Livraria do Advogado, 2013, p.118).

[374] PASSOS, J. J. Calmon de. Cidadania e efetividade do processo. *In*: *Ensaios e Artigos*. v. 1. Salvador: Juspodivm, 2014, p. 391.

5.4.2 Elemento jurídico-dialético

O segundo elemento que obrigatoriamente deverá ser analisado e demonstrado na fundamentação pelo julgador que pretenda se utilizar de uma súmula, chamaremos de jurídico-dialético.

O CPC/2015 preleciona que não se considerará fundamentada a decisão que se limite a invocar enunciado de súmula, sem identificar seus fundamentos determinantes nem demonstrar que o caso sob julgamento se ajusta àqueles fundamentos.

Em termos simples, a edição de toda súmula encontra justificativa num problema hermenêutico. Conforme já pontuamos, no processo de interação entre a atividade jurisdicional e o direito positivo, naturalmente surgirão dúvidas aplicativas que precisarão ser solucionadas pelo julgador. Entre as várias soluções aventadas, caberá ao decisor, com escoro na ideia de coerência e integridade do fenômeno jurídico, justificar qual é a correta.

Nesse processo, a linha argumentativa adotada para a solução da questão, as razões que justificam a decisão tomada, constituem um importante elemento a ser considerado pelos futuros julgadores que pretendam dar continuidade à cadeia de julgados sobre aquele tema.

É essa linha argumentativa, as razões de decidir que justificam a maneira como os casos que originaram a súmula foram julgados, que o código chama de fundamentos determinantes.

O tema já fora quase esgotado quando falamos do conteúdo vinculante dos precedentes dentro do *common law* (ponto 4.5.3). Os fundamentos determinantes nada mais são do que as razões de decidir dos julgados que originaram a súmula.

Uma questão, entretanto, merece nossa especial atenção. Os fundamentos determinantes de uma decisão construída sobre a égide de um contraditório substancial serão compostos tanto pelos argumentos que ao fim prevalecerem quanto pelas razões pelas quais outros argumentos venham a não prosperar.

Por força da exigência de manifestação jurisdicional sobre todos os pontos capazes de infirmarem a conclusão adotada, se o autor trouxer em um processo os argumentos X, e o réu os argumentos Y e Z, para que prevaleça o argumento X as razões que levaram o não acatamento dos argumentos Y e Z precisarão constar expressamente da decisão. E esses fundamentos integrarão as razões determinantes do *decisum*. Tanto integrarão que, se o julgador não tivesse conseguido elidi-los, o resultado seria outro ("infirmado", nos termos do CPC/2015).

É por esse motivo que chamamos esse elemento de *jurídico-dialético*. Os fundamentos determinantes só podem ser extraídos do *diálogo* entre tese, antítese e síntese da decisão. Ou, em outras palavras, os fundamentos determinantes são uma decorrência lógica da dialeticidade processual.

Dessa feita, quando falamos em fundamentos determinantes a argumentos "perdedores" (ou, mais especificamente, as razões pelas quais foram perdedores) possuem tanta importância quanto os vencedores. O fato de o julgador ter conseguido afastá-los (e os fundamentos que possibilitaram isso) é absolutamente determinante ao resultado.

Essas anotações são extremamente importantes quando lembramos que a súmula não é um argumento que encerra o debate, mas, sim, o ponto de início do debate.

Muito possivelmente, nos processos posteriores à edição do verbete, as partes trarão linhas argumentativas que já foram elididas pelos julgadores pretéritos quando julgaram os casos que deram azo à edição da súmula. Nessa situação, o novo julgador não terá maiores dificuldades para elidir tais argumentos invocando os *fundamentos determinantes* da súmula (frisamos: os *fundamentos*).

Por expressa exigência legal, a partir de agora o julgador precisará trabalhar com os fundamentos trazidos nos casos pretéritos, não sendo suficiente simplesmente invocar a súmula para encerrar a questão. Até a exaustão: a súmula jamais possuirá um peso auto evidente, jamais será uma resposta universal que, uma vez invocada, terá o condão de elidir todos os argumentos trazidos pela parte. A súmula não é uma resposta pronta!

Elidir cada um dos argumentos trazidos pela parte é, por imposição constitucional (e agora legal) fundamental e decorre do próprio princípio do contraditório. É por esse motivo que dissemos que o inciso V do art. 489, §1º sempre precisa ser lido conjuntamente ao inciso IV.

O enunciado é um índice que leva a julgados cuja conclusão, por uma questão de coerência e integridade deve ser mantida. Mas o simples fato de discussões semelhantes terem sido travadas nesses julgados não autoriza o julgador a, tão somente invocando da súmula, deixar de analisar todas as alegações trazidas aos autos. Se argumentos semelhantes já foram analisados antes (sendo que a questão já até se encontra sumulada) será bastante simples ao juiz elidi-los. Mas ele precisa fazer isso de forma dialética, não bastando evocar o verbete.

Ao julgador caberá demonstrar na fundamentação cabalmente que os fundamentos que ensejaram a edição da súmula são também aplicáveis ao caso. Mesmo porque, conforme demonstraremos oportunamente, pode a parte trazer argumentos novos e o juiz precisará lidar com esses novos argumentos.

Todas essas exigências almejam, tão somente, um maior controle sobre a atuação jurisdicional. Lembremos que todo poder sem controle tende ao arbítrio.

5.4.3 Elemento democrático

No atual estágio do conhecimento jurídico, sabemos que não há como existir igualdade de todos perante a lei se esta não for aplicada da mesma forma para todos.[375] Daí a importância das súmulas enquanto guias decisórias, mecanismos que facilitam a compreensão e acesso do operador a um entendimento sobre dada questão fático-jurídica.

A existência de uma súmula demonstra que certa dissensão hermenêutica não é nova, já possuindo uma história institucional a ser seguida. Lembra o operador que ele não poderá partir de um marco zero interpretativo ao solucionar um caso, devendo zelar pela coerência e integridade do fenômeno jurídico, garantindo assim um tratamento isonômico aos jurisdicionados.

Todavia, essa necessidade de coerência e isonomia de forma alguma significa que a súmula possa substituir ou se sobrepor ao direito democraticamente instituído. Os enunciados sumulares são elementos que auxiliam o julgador no momento de estruturação normativa, mas o processo decisório obrigatoriamente deve pautar-se prioritariamente em um elemento democrático.[376]

No atual estágio do conhecimento jurídico, esse elemento democrático, na maioria das vezes virá de um elemento textual, entregue pela lei ou pela Constituição. Em situações excepcionais, contudo, poderá se apresentar de forma implícita dentro do sistema, tal qual ocorre com alguns princípios não positivados.[377]

---

[375] MARINONI, Luiz Guilherme. *Precedentes Obrigatórios*. São Paulo: Revista dos Tribunais, 2010, p. 149.

[376] Remetemos nosso interlocutor ao ponto *4.4.1*, em especial à nota 234.

[377] Falamos aqui em princípios jurídicos não positivados, mas que possuam DNA democrático. Como não poderia ser diferente, nos utilizamos de uma concepção dworkiana de princípios, entendo-os enquanto axiomas que podem ser democraticamente compartilhados por uma sociedade. Desta forma, princípios não são criados pelos juristas,

Assim, por detrás de todo enunciado de súmula existe uma regra ou um princípio jurídico que o justifica. Conforme Eduardo Higashiyama, "o enunciado sumular, porque não é lei, sempre se refere a um dispositivo legal, ou a vários deles, donde sobrevirá a interpretação, objeto da enunciação".[378]

O autor utiliza-se da expressão "dispositivo legal", mas devemos incluir aí também a ideia de princípios jurídicos, ainda que não expressamente positivados. Hoje não existem dúvidas de que os princípios possuem força normativa, integrando também o conceito de legalidade.[379]

Muitos dos enunciados têm seu nascimento marcado pelas dificuldades no momento aplicativo-interpretativo de um texto normativo, de maneira que a súmula se presta a auxiliar hermeneuticamente a futura aplicação do texto. Nesse caso, a relação de dependência entre o enunciado e o direito positivo é flagrante.[380]

Em outros casos, entretanto, a edição do verbete deriva exatamente do fato de existirem vácuos de legalidade, situações não reguladas expressamente pelo direito positivo. Nessa situação, eventual súmula sobre o tema possuirá função marcantemente integrativa.[381]

---

mas, sim, construídos pela (e na) história. Para uma maior compreensão do tema, ver: DWORKIN, Ronald. *Levando os direitos a sério*. Tradução de Nelson Boeira. 3. ed. São Paulo: WMF Martins Fontes, 2010. (OLIVEIRA, Rafael Thomaz de. *Decisão judicial e o conceito de princípio*. Porto Alegre: Livraria do Advogado, 2008). Sobre a existência de princípios implícitos, Canotilho chega a afirmar que princípios não escritos só existem quando reconduzíveis (ou derivados) diretamente a princípios positivados: "A consideração de princípios constitucionais não escritos como elementos integrantes do bloco da constitucionalidade só merece aplauso relativamente a princípios reconduzíveis a uma densificação ou revelação específica de princípios constitucionais positivamente plasmados" (CANOTILHO, José Joaquim Gomes. *Direito constitucional e teoria da constituição*, cit., p. 980).

[378] HIGASHIYAMA, Eduardo. *Teoria do direito sumular*. Revista de Processo, São Paulo, v. 36, n. 200. p.71-124, out. 2011.

[379] WAMBIER, Teresa Arruda Alvim. *Recurso especial, recurso extraordinário e ação rescisória*. São Paulo: Revista dos Tribunais, 2008.

[380] Conforme Teresa Wambier, em texto datado de 1985, mas ainda bastante atual em conteúdo, as súmulas representam a orientação pacífica de um Tribunal, "no que concerne à exegese de leis, quer de direito material, quer de direito processual, e no que diz com assuntos não tratados de forma específica pelo texto do direito positivo. No primeiro caso, há súmulas que dizem exatamente o que diz a lei; há outras que são, verdadeiramente, uma forma de interpretar a lei; e outras que são, flagrantemente, contra legem." (WAMBIER, Teresa Arruda Alvim. A Função das súmulas do supremo tribunal federal em face da teoria geral do direito. *In: Revista de processo*, v. 10, n. 40, p. 224-235, out.-dez. 1985, p. 225).

[381] WAMBIER, Teresa Arruda Alvim. A Função das súmulas do supremo tribunal federal em face da teoria geral do direito. *In: Revista de processo*, v. 10, n. 40, p. 224-235, out.-dez. 1985, p. 225.

Nesse último caso, não há como o julgador futuro retornar ao texto legal, eis que o problema hermenêutico nasceu justamente da ausência deste. Esse fato, contudo, não significa que a súmula não possua justificativa em um elemento democrático que deve ser localizado e testado pelo aplicador.

Com Dworkin aprendemos que o fechamento hermenêutico do sistema deverá sempre ser norteado por argumentos de princípio. É claro que esse fechamento vale também para o processo interpretativo-aplicativo, já que, longe dos princípios (compreendidos enquanto axiomas compartilhados democraticamente) não há como existir intersubjetividade decisória.[382] Entretanto, quando falamos do preenchimento de uma zona de parca legalidade esse papel de fechamento hermenêutico dos princípios fica ainda mais evidente.

A solução de problemas hermenêuticos decorrentes da ausência de solução legal expressa não pode se pautar em escolhas voluntaristas, mas, sim, precisa seguir premissas intersubjetivas.[383] Para tanto, o julgador encontrará na comunidade de princípios o principal referencial decisório.

Dessa feita, por detrás de toda súmula deve existir um elemento democrático, legal e/ou, principiológico, que lhe dá substância e precisa ser identificado por quem quer que pretenda compreender o conteúdo de verbete judicial.

Esse movimento de retorno ao elemento democrático que embasa a súmula é necessário pois, em um Estado de Direito, regido pela legalidade, a súmula sempre (e somente) poderá ter alguma eficácia conformadora quando se apresentar conforme o ordenamento.[384]

---

[382] O fechamento hermenêutico decorrente dos princípios reside no seu caráter de transcendência histórica, que impede a discricionariedade e livre atribuição de sentidos na decisão judicial, eis que pressupõe atenção ao sentido histórico-temporal que a comunidade de princípios projeta no caso posto à decisão. Ver: DWORKIN, Ronald. *Levando os direitos a sério*. Tradução de Nelson Boeira. 3. ed. São Paulo: WMF Martins Fontes, 2010.

[383] "Os princípios constitucionais devem superar o modelo discricionário do positivismo de forma a justificar uma decisão no interior da prática interpretativa que define o direito. No esteio deste entendimento, o princípio, longe de ser concebido como cláusula geral de abertura axiológica, realiza um fechamento hermenêutico, pois não autoriza o intérprete e o vincula desde fora." (DELGADO, Ana Paula Teixeira. Perspectivas para a justiça constitucional em tempos de pós-positivismo: legitimidade, discricionariedade e papel dos princípios. *Revista Interdisciplinar de Direito*, v. 9, p. 239, 2012).

[384] "Por essas razões, não se pode examinar os enunciados sumulares sem antes verificar o dispositivo legal e os precedentes a eles vinculados – para se saber as circunstâncias em que a norma prevista no enunciado sumular fora criada –, pois quaisquer modificações nestes implica alteração na interpretação daqueles." HIGASHIYAMA, Eduardo. Teoria do direito sumular. *Revista de Processo*, São Paulo, v. 36, n. 200, p. 71-124, out. 2011.

Existe uma verdadeira relação de dependência entre o enunciado e os balizamentos democráticos impostos pelo sistema.[385] O desaparecimento da lei que justifica a súmula, impõe ao verbete o mesmo destino. A edição de lei contrária ao enunciado obviamente implica a perda da sua eficácia. E que não se fale em súmulas já nascidas *contra legem* (ou pior: inconstitucionais) que jamais poderão ser aplicadas.[386] Não há garantia de isonomia, segurança ou previsibilidade que possa justificar a permanência e aplicação de entendimentos jurisprudenciais ilegais ou inconstitucionais.

A título de argumento de reforço, queremos reafirmar o ponto de vista até aqui exposto a partir de, veja só, posicionamento sumulado pelo STJ. Diz o enunciado sumular 518/STJ daquela Corte que:

> Para fins do art. 105, III, a, da Constituição Federal, não é cabível recurso especial fundado em alegada violação de enunciado de súmula.

Da análise de todos os acórdãos que deram suporte a edição do verbete, retira-se uma clara conclusão: a súmula não é lei e, portanto, sua violação não enseja a interposição de recurso especial sob o argumento de contrariedade ou negativa de vigência a lei federal. Se a parte pretende o manejo de recurso especial com base no art. 105, III, "a", obrigatoriamente deverá buscar o amparo legal que embasou a edição do enunciado de súmula e que, reflexamente, também foi ofendido.[387]

O posicionamento é acertado e, mesmo que esse aspecto pareça não ter sido pensado pelos ministros, confirma o ponto de vista que aqui sustentamos. Ora, se a relação de dependência entre o enunciado e a legalidade vale para as partes no manejo do recuso especial, obrigatoriamente deverá valer também para o próprio Poder Judiciário, que não poderá invocar enunciado de súmula sem identificar o seu conteúdo democrático. Podemos pontuar dois bons motivos para tanto.

---

[385] HIGASHIYAMA, Eduardo. Teoria do direito sumular. *Revista de Processo*, São Paulo, v. 36, n. 200 p. 71-124, out. 2011.
[386] STRECK, Lenio Luiz. *Súmulas no Direito brasileiro*: eficácia, poder e função: a ilegitimidade constitucional do efeito vinculante. 2. ed. rev. ampl. Porto Alegre: Livraria do Advogado, 1998, p.84-85.
[387] CF/1988 - Art. 105. Compete ao Superior Tribunal de Justiça:
III - julgar, em recurso especial, as causas decididas, em única ou última instância, pelos Tribunais Regionais Federais ou pelos tribunais dos Estados, do Distrito Federal e Territórios, quando a decisão recorrida:
a) contrariar tratado ou lei federal, ou negar-lhes vigência;

Primeiro, qualquer entendimento diverso poderia conduzir a uma prevalência da súmula sobre a legalidade ou até um desvirtuamento da legalidade.[388] Imaginemos uma súmula elaborada com base no sistema consumerista e que, diante de sua autonomização, passe a ser invocada em outras situações não abarcadas pelo Código de Defesa do Consumidor. A bem da verdade, o perigo nesse caso acaba sendo também o de hiperintegração.

Não obstante, se o Poder Judiciário, por intermédio de sua mais alta Corte em matéria infraconstitucional, entende que a súmula nada é sem a legalidade que a subjaz, por força do dever de boa-fé, essa exigência deve valer também para o próprio judiciário. Postura diversa constituiria verdadeiro *venire contra factum próprio*:[389] para o jurisdicionado a regra seria uma, para os julgadores, outra.

Assim sendo, diante desse macro contexto, apesar de não existir expressa previsão legal nesse sentido, nos parece que, em decorrência do próprio modelo constitucional brasileiro, afigura-se necessário que o julgador, ao reconstruir o conteúdo da súmula, identifique a regra ou princípio que a justifique. Trata-se de uma decorrência do próprio princípio da legalidade, da imposição de que ninguém seja obrigado a fazer ou deixar de fazer nada senão em virtude de lei.

---

[388] É o que explica Lenio Streck: "Assim, e na medida em que - e isso parece obvio - somente a lei tem força vinculativa no ordenamento jurídico em vigor no Brasil, toda vez que uma Súmula é esgrimida como autossuficiente/satisfatória como fundamentação da resolução jurídica apresentada, ocorre um equivocado entendimento a respeito do tipo de sistema jurídico adotado no país. As Súmulas, formalmente, têm somente o condão de indicar a orientação que os tribunais vêm trilhando. Aliás, geralmente as Súmulas, como assim chamadas as jurisprudências pacíficas e dominantes, são citadas de forma descontextualizadas, transformando-se em nada menos que *prêt-à-porter* significativos." (STRECK, Lenio Luiz. *Súmulas no Direito brasileiro: eficácia, poder e função*: a ilegitimidade constitucional do efeito vinculante. 2 ed. rev. ampl. Porto Alegre: Livraria do Advogado, 1998, p.224.

[389] O *venire contra factum proprium* trata-se de uma figura parcelar da boa-fé objetiva, que nasce da contradição entre duas condutas do mesmo agente. Em um primeiro momento, o indivíduo pratica determinada conduta. Ato contínuo, este mesmo indivíduo age de forma contrária a conduta antecedente, adotando comportamento incompatível com o anteriormente assumido. Conforme Menezes Cordeiro: "*Venire contra factum proprium* postula dois comportamentos da mesma pessoa, lícitos em si e diferidos no tempo. O primeiro – *factum proprium* – é, porém, contrariado pelo segundo". (CORDEIRO, António Manuel da Rocha e Menezes. *Da boa-fé no direito civil*. 2. ed. Coimbra: Almedina, 2001. p. 745.). A aplicação do factum próprio dentro do processo vem sendo amplamente sustentada pela doutrina, sendo que o CPC/2015 consagrou expressamente a proteção a boa-fé no âmbito processual. Sobre o tema, ver: PEIXOTO, Ravi. *Superação do precedente em segurança jurídica*. Salvador: Juspodivm, 2015. THEODORO JÚNIOR, Humberto. NUNES, Dierle. BAHIA, Alexandre Melo Franco. PEDRON, Flavio Quinaud. Novo CPC - Fundamentos e sistematização. Rio de Janeiro: Forense, 2015.

Em termos claros, a súmula não pode se sobrepor ao direito democraticamente instituído. Para evitarmos isso, é imperioso que o julgador, ao trabalhar com temas já sumulados, sempre identifique o elemento democrático que lhes deu vida, verifique sua permanência dentro do sistema e teste sua conformidade com o novo caso sob julgamento.

5.5 Fundamentação e o flexível regime de aplicação dos enunciados sumulares no CPC/2015: distinção e superação

O CPC/2015 deixa claro que, por regra, o direito sumulado deve ser seguido e mantido, tutelando-se com isso a coerência e integridade do sistema. Contudo, ciente de que a súmula não é capaz de congelar uma verdade anistórica e universal, o novo diploma também deixa claro que o dever de seguir tais entendimentos não é absoluto, podendo (e devendo) ser flexibilizado pelo julgador em algumas situações.

Nos termos do art. 489, §1º, inciso VI, não se considerará fundamentada a decisão que deixar de seguir enunciado de súmula sem demonstrar a existência de distinção entre os casos que deram origem ao verbete e o caso sob julgamento. Da mesma sorte, não se considerará fundamentada a decisão que deixar de seguir enunciado de súmula sem demonstrar a necessidade de superação do entendimento anteriormente construído.

Do texto legal, podemos extrair três conclusões basilares: (i) os entendimentos sumulados, por regra, deverão ser mantidos e seguidos, garantindo-se assim a continuidade do fenômeno jurídico; (ii) fatos diferentes daqueles que originaram a súmula, mediante específica fundamentação, poderão não sofrer incidência do posicionamento judicial já sedimentado; (iii) os entendimentos sumulados, em situações excepcionais e desde que de forma absolutamente fundamentada, poderão, mesmo em situações similares àquelas que deram origem à súmula, serem superados e não aplicados.

Isso significa que a aplicabilidade de tema já sumulada pode sofrer flexibilizações. Para tanto, todavia, deverá o julgador se desincumbir de um ônus argumentativo, motivando seriamente porque está deixando de aplica-la. É o dever de fundamentação sendo levado a sério.

As súmulas integram a cadeia do romance jurídico, de forma que jamais poderão ser ignoradas pelo decisor. Existindo uma súmula que aparentemente tenha pertinência na solução do caso sob julgamento, o juiz não pode simplesmente deixar de se manifestar sobre o tema (como é feito diuturnamente, não só com súmulas, mas com a própria lei).[390] Precisará trabalhar com a questão e, mesmo que entenda ser caso de não aplicação do entendimento consolidado no verbete (por não possuir pertinência ao caso ou não se encontrar correto), deverá demonstrar isso cabalmente na fundamentação.

Para que o romance não perca sua coerência, o "destino" do personagem súmula precisa ser traçado pelo magistrado. Uma vez confrontado com um entendimento sumulado, o julgador, de alguma forma, precisará lidar com ele. Seja para seguir o entendimento, seja para dele se distanciar. Em qualquer das hipóteses, bem precisará motivar a opção tomada.

Assim, ratificando tudo que até agora sustentamos, não existe qualquer forma de vinculação cega, mecânica ou absoluta à súmula. A sua força conformadora será verificada casuisticamente pelo magistrado, sendo inclusive possível que, legitimamente, ele não siga esses entendimentos em algumas situações.

5.5.1 Distinção

A primeira situação em que o julgador poderá deixar de seguir o entendimento já sedimentado na súmula verifica-se quando existirem diferenças suficientes entre os casos que deram origem ao enunciado e os casos sob julgamento. O código, em clara adaptação da nomenclatura utilizada no *common law* (*distinguishing*), chama essa técnica de *distinção*.

Basicamente, aplica-se aqui a regra de que casos iguais deverão ser tratados de forma igual, casos diferentes deverão ser tratados de forma diferente. Existindo diferenças fáticas (entre os casos pretéritos e atual), naturalmente o resultado do processo de estruturação normativa para a nova situação será diverso.[391]

Exemplo emblemático dessa necessidade de distinção retiramos do ocorrido com a Súmula Vinculante nº 5. O procedimento administrativo no âmbito da execução penal não traz as mesmas consequências e implicações que em outros ramos do direito, de maneira que não poderia sofrer o mesmo tratamento dos entendimentos

---

[390] Fenômeno que a doutrina chama de declaração branca de constitucionalidade. Sobre o tema, ver: BIM, Eduardo. A inconstitucionalidade branca ou não declarada (velada) e o papel da Ação Declaratória de Constitucionalidade (ADC). In: FRANÇA, V. R.; ELALI, A.; BONIFÁCIO, A. C. (Coord.). *Novas Tendências do Direito Constitucional* - Em Homenagem ao Professor Paulo Lopo Saraiva. 1. ed. Curitiba: Juruá, 2011, p. 237-253.
[391] DUXBURY, Neil. The Nature and Authority of Precedent. New Tork: Cambridge University Press, Kindle Edition, 2008, p. 113.

consolidados na súmula vinculante. As situações são absolutamente diferentes, de maneira que a norma para cada caso também acabará sendo diferente.

Daí se notar que a técnica da distinção pode ser utilizada por qualquer magistrado, inclusive de hierarquia inferior àquele que emitiu a súmula.[392] Como o escopo do instituto é visivelmente o de evitar a hiperintegração de entendimentos, nada impede que um juiz de primeiro grau, mediante distinção, afaste-se de posição consolidada até em súmula vinculante.[393]

Isto, pois, na *distinção* o julgador não infirma ou nega o acerto do resultado atingido nos casos passados.[394] Em verdade, o magistrado, diante das peculiaridades fáticas do novo caso, somente verifica que, nele, o resultado normativo deverá ser outro. Daí alguns autores falarem em "método de contraposição":[395] contrapondo as situações (pretéritas e atual), o operador percebe que existem diferenças suficientes que justificam a estruturação de normas com diferente conteúdo e consequências.

Assim, na distinção, inexiste qualquer rompimento com a sequência de decisões que conformam a súmula. Existem somente diferenças fáticas que geram diferenças normativas. A maneira como os casos passados foram decididos (apesar de correta e válida) não pode ser a mesma do novo caso, que possui peculiaridades que justificam uma normatividade diversa.

Todavia, cumpre ressaltar que não é qualquer diferença que justificará a construção de normas com diferente conteúdo. Fatos que não sejam verdadeiramente relevantes, questões acessórias ou periféricas, não têm o condão de negar a continuidade (coerência e integridade) na maneira como vêm-se decidindo uma questão.[396]

---

[392] Nesse sentido, enunciado 174 do Fórum Permanente de Processualistas Civis: "A realização da distinção compete a qualquer órgão jurisdicional, independente da origem do precedente invocado".

[393] PEIXOTO, Ravi. *Superação do precedente em segurança jurídica*. Salvador: Juspodivm, 2015, p. 214.

[394] DUXBURY, Neil. The Nature and Authority of Precedent. New Tork: Cambridge University Press, Kindle Edition, 2008, p. 114.

[395] BRAGA, Paula Sarno. DIDIER JR, Fredie. OLIVEIRA, Rafael Alexandria de. *Curso de Direito Processual Civil*: teoria da prova, direito probatório, ações probatórias, decisão, precedente, coisa julgada e antecipação dos efeitos da tutela. 10. ed. Salvador: Juspodivm, 2015, p. 340.

[396] MARINONI, Luiz Guilherme. *Precedentes Obrigatórios*. São Paulo: Revista dos Tribunais, 2010, p. 327.

É por isso que "para realizar o *distinguishing*, não basta ao juiz apontar fatos diferentes, cabendo-lhe argumentar para demonstrar que a distinção é material, e que, portanto, há justificativa para não se aplicar o precedente".[397]

Significa dizer: para realizar a distinção, o julgador precisa fundamentar pormenorizadamente quais são as diferenças entre os casos (e porque são relevantes) que justificam uma estruturação normativa diversa. Com isso, tenta-se inibir a possibilidade de condutas voluntaristas que, para "escaparem" de um posicionamento contrário a posições subjetivas de quem julga, pretendam se valer da técnica.[398]

A exigência expressa de fundamentação para o caso de distinção almeja controlar a atividade jurisdicional, diminuindo o espaço para discricionariedades e voluntarismos. Ao mesmo tempo que veda ao magistrado ignorar um entendimento já sumulado, obriga-o a, para deixar de segui-lo, bem fundamentar quais são as diferenças fáticas que justificam uma normatização diferente.

5.5.2 Superação

Situação absolutamente diversa da distinção ocorrerá nos casos de *superação* (adaptação brasileira à nomenclatura utilizada no *common law*, qual seja, *overruling*). Nessa hipótese, o entendimento sumulado deixará de ser tomado em conta pelo órgão judicante, não por se tratar de uma situação diferente daquelas anteriores, mas, sim, por não ser (mais) válido ou correto. Significa dizer: na superação, reconhece-se o erro em um posicionamento e, diante desse erro, a maneira como vinha-se decidindo deixa de possuir relevância para a decisão de novos casos.

Daí surgir a dúvida: essa superação (que logicamente implica um rompimento institucional) é possível ou necessária em quais situações?

---

[397] MARINONI, Luiz Guilherme. *Precedentes Obrigatórios*. São Paulo: Revista dos Tribunais, 2010, p. 327.
[398] A essa realização indevida de distinção, a doutrina chama de "distinção inconsistente". Conforme Ravi Peixoto: "Quando a diferença entre os casos não são relevantes ao ponto de haver uma fuga legítima ao âmbito de incidência de um determinado precedente, a doutrina passa a utilizar a nomenclatura de distinção inconsistente. *Por meio dela há uma contração indevida de precedentes, por meio de fatos e argumentos que não são capazes de justificar a diferenciação. Trata-se, na verdade, de uma infringência à técnica da distinção*. Ela se aproxima mais da superação de precedentes do que da distinção realizada de forma adequada". (PEIXOTO, Ravi. *Superação do precedente em segurança jurídica*. Salvador: Juspodivm, 2015, p. 220).

J. W. Harris, em estudo intitulado "Towards Principles of Overruling – When Should a Final Court of Appeal Second Guess?"[399] procura, por meio da análise de casos extraídos da antiga *House of Lords* inglesa e da Suprema Corte australiana entre 1966 e 1990, identificar quais seriam os princípios existentes por detrás da possibilidade (ou não) de superação de entendimentos já firmados por uma Corte. A empreita de Harris, dentro do próprio *common law*, apresenta-se até hoje como verdadeiro norte para todos que se prestam a estudar o assunto, razão pela qual nos dará um bom panorama da questão.

Para Harris, em toda e qualquer hipótese em que se pretenda abandonar um precedente, existe um princípio geral, uma exigência a ser verificada *prima facie*: o novo entendimento, necessariamente, deverá promover o aperfeiçoamento do Direito, trazendo-lhe melhorias (*improvement to the law*).

Todavia, sendo a noção de "aperfeiçoamento do Direito" demasiadamente aberta e de difícil conceituação (fato que, por consequência, poderia servir de álibi para qualquer tentativa indevida de superação de precedentes), põe-se necessária a sua mensuração, o que, conforme propõe o jurista, deve ocorrer sob três dimensões: *justiça*, *certeza* e *coerência*.

A primeira dessas dimensões, *justiça*, refere-se às hipóteses em que a aplicação do precedente tende a, de forma *universal*, se mostrar injusta para toda uma classe ou grupo identificável de pessoas.

A segunda dimensão visualizada por Harris relaciona-se ao requisito *certeza*. Não se fala aqui de certeza no sentido de conhecer-se ou confiar-se no Direito, pois, neste senso, o conceito sempre militaria contra a superação de um entendimento já firmado. Trata-se, com efeito, de certeza no sentido da superação de um precedente ambíguo em prol de um precedente claro, propiciando menores dúvidas quando da aplicação do entendimento jurisprudencial. Aperfeiçoa-se o Direito pela substituição de um precedente de índole confusa ou nebulosa por outro que denote maior clareza e elucidação.

Por fim, diz o jurista que o aperfeiçoamento do Direito também poderá ocorrer sob a égide da *coerência*. Fala-se, aqui, em harmonia do sistema: um entendimento visto de forma isolada pode se apresentar aparentemente adequado, mas sua implementação, em conjunto com outras regras do sistema, o torna incoerente. Em tal contexto,

---

[399] HARRIS, J. W. Towards Principles of Overruling – When Should a Final Court of Appeal Second Guess? *In*: *Oxford Journal of Legal Studies* v. 10, n. 2, p. 135-199. 1990.

inexistindo qualquer razão que justifique a coexistência simultânea de duas disposições antagônicas, a superação de uma delas põe-se imprescindível para o bem do próprio sistema.

Entretanto, para J. W. Harris, essa exigência de *improvement to the law* não pode ser lida sozinha. Existem alguns princípios constritivos que, uma vez presentes, poderão conter a superação de um entendimento.

O primeiro, e talvez mais importante, desses princípios constritivos relaciona-se à *ausência de qualquer nova razão* (*no new reasons*) que justifique o abandono de um entendimento previamente fixado. Essas novas razões podem se relacionar a: (i) modificações de cunho político, social, econômico ou moral; (ii) alterações ocorridas na legislação que escorava o precedente; (iii) revisitação do antigo precedente, tomando em conta razões ou argumentos não analisados pela corte que, pioneiramente, firmou o entendimento.

O segundo princípio constritivo identificado por Harris refere-se à *confiança justificada* (*justified reliance*) que o precedente pode ter despertado na comunidade, levando as pessoas a organizarem seus afazeres, suas atividades, com base na orientação fixada pelo tribunal. Se os cidadãos assumiram obrigações, firmaram contratos, tomaram compromissos ou fizeram planos pautados em uma decisão da corte, tal precedente não deve ser superado. Tutela-se, aqui, a segurança jurídica e a previsibilidade.[400]

O estudo desenvolvido pelo jurista é um pouco mais complexo do que fora aqui apresentado, mas, para um país que está dando os primeiros passos em direção a uma teoria séria de manejo jurisprudencial (e para os fins desse trabalho), essas anotações já parecem suficientes.[401]

Delas extraímos que, por regra, os entendimentos já sedimentados deverão ser mantidos, sendo a sua superação uma situação excepcional. A superação de um entendimento já pacificado deverá obrigatoriamente promover alguma melhoria no Direito (leia-se: não pode ser fruto de meras posturas voluntaristas ou convicções dos

---

[400] Não é nosso objeto de estudo, mas esse perigo pode ser minimizado mediante técnicas de modulação temporal. Sobre o interessante tema, ver: PEIXOTO, Ravi. *Superação do precedente em segurança jurídica*. Salvador: Juspodivm, 2015, p. 214. ATAÍDE JUNIOR, Jaldemiro Rodrigues. *Precedentes vinculantes e irretroatividade do direito no sistema processual brasileiro*. Curitiba: Juruá, 2012, v. 1.

[401] Para maiores informações, remetemos nosso interlocutor ao artigo original, ou ao nosso: LUNELLI, Guilherme. Cortes nomofiláticas e a superação de seus precedentes: Contribuições da Doutrina de J.W. Harris à Realidade Brasileira. *Revista Em Tempo*, v. 12, p. 372-389, 2013.

atuais julgadores) exigindo novas razões que justifiquem uma ruptura institucional. Ainda, sempre exigirão máxima cautela, para que não se ofenda a confiança justificada e a segurança que se espera do sistema jurídico.

Nesse contexto, existindo uma preferência pela continuidade e manutenção de entendimentos, a possibilidade de sua superação exige o exercício de um gigantesco ônus argumentativo fundante por parte daquele que pretenda romper essa continuidade. Seja por parte do advogado, seja por parte do magistrado.[402]

Constituindo o Direito um romance que deve permanecer íntegro e coerente, qualquer reviravolta em sua trama precisa ser justificada e explicada. Mais do que isso, só poderá ocorrer quando conseguir-se demonstrar que a nova postura é mais adequada que a passada, ou melhor, que a nova postura é *a correta*. Evidentemente, essa mudança de rumo no romance precisa ser justificada e demonstrada. É dizer: o acerto dessa nova resposta demandará uma profunda e qualitativa fundamentação.[403]

Isso posto, uma última questão merece nossa atenção.

Em razão de sua excepcionalidade, no âmbito do *common law* a superação de um precedente, por regra, só pode ser feita pela Corte que o firmou ou por uma Corte de maior hierarquia.[404] Trata-se de uma consequência natural da doutrina do *stare decisis*.

Ocorre que o CPC/2015, em que pese deixe claro que o juiz só possa deixar de seguir um entendimento sumulado mediante idônea fundamentação, não esclarece quem poderá operar essa superação. Poderá ela ser feita por qualquer juiz ou, aproximando-nos do modelo anglo-saxão, só poderá ser realizada pela mesma Corte que editou o verbete (ou Corte de maior hierarquia)?

A questão ainda não foi devidamente aprofundada pela doutrina brasileira. Muitos autores se prestam a estudar o instituto dentro do *common law*, mas não esclarecem exatamente qual amplitude deverá tomar no Brasil.[405]

---

[402] ATAÍDE JUNIOR, Jaldemiro Rodrigues. O princípio da inércia argumentativa diante de um sistema de precedentes em formação no direito brasileiro. *Revista de Processo*, v. 229, p. 377-401, 2014.
[403] SCHMITZ, Leonard Ziesemer. *Fundamentação das decisões*: a crise na construção de respostas no processo civil. São Paulo: Revista dos Tribunais, 2015. (Coleção Liebman).
[404] CAPPALLI, Richard B. *The American common law method*. New York:Transnational Publisher, 1996, p. 86.
[405] A título de exemplo ver: PEIXOTO, Ravi. *Superação do precedente em segurança jurídica*. Salvador: Juspodivm, 2015, p. 214.

Dentre aqueles que já se manifestaram sobre a questão, Marinoni, Arenhart e Mitidieiro, de forma peremptória, dizem que a superação só poderá ser realizada pelo órgão que editou a súmula. Para os autores:

> apenas as cortes supremas podem superar os próprios precedentes. [...] Os juízes e tribunais submetidos ao precedente ou à jurisprudência vinculante não podem deixar de aplicá-los invocando a necessidade da respectiva superação. O máximo que podem fazer é a crítica ao precedente e à jurisprudência vinculante – inclusive a título de colaboração para oportuna superação.[406]

A opção não nos parece a mais acertada. Por regra, sim, a superação de um entendimento só poderá ser feita pelo mesmo órgão que sedimentou a questão.[407] Essa é uma consequência da própria engenharia constitucional brasileira.[408] Entretanto, também por imposição constitucional, conseguimos identificar ao menos três hipóteses em que a superação poderá ser feita por qualquer magistrado, mesmo

---

[406] MARINONI, Luiz Guilherme; ARENHART, Sérgio Cruz; MITIDIERO, Daniel. *Novo código de processo civil comentado*. São Paulo: Revista dos Tribunais, 2015, p. 494.

[407] Aqui, duas observações se fazem necessárias. Primeira, visando ampliar o diálogo e garantir uma maior legitimidade democrática aos entendimentos sumulados, prevê o CPC/2015 que a alteração de tese jurídica adotada em enunciado de súmula poderá ser precedida de audiências públicas e da participação de pessoas, órgãos ou entidades que possam contribuir para a rediscussão da tese. Segunda, no que toca à súmula vinculante, possui esta um processo específico de revisão e cancelamento, regulamentado pela Lei 11.417/2006. A lei regula o procedimento para tanto, mas não traz quais são as hipóteses que autorizariam a revisão ou cancelamento do enunciado de súmula. Assim sendo, ao que nos parece, as considerações ora tecidas para a superação possuem plena pertinência também às súmulas vinculantes.

[408] Muito antes do CPC/2015, já dizia Calmon: "De tudo quando exposto, concluímos por afirmar que o problema da força vinculante das decisões dos tribunais superiores, mesmo sem texto expresso, até desnecessário, ainda quando conveniente, decorre da lógica do sistema e só pode existir nessa perspectiva. Se esquecermos nossos "melindres corporativos", nosso "autoritarismo congênito", nossa tendência para o falar pelo falar sem ter a preocupação de pensar para falar, se nos esforçarmos nessa linha, creio que chegaremos ao entendimento sempre possível entre os que realmente põem o coletivo, o público, o que é do interesse geral como prioridade, porque sabem que se o indivíduo é a única realidade, e não há interesse que também não lhe diga respeito, sabem também que nenhum interesse individual é viável, em teremos duradouros e profícuos, se for apenas, estreita e mesquinhamente um interesse individual, ou um interesse dito coletivo mas em verdade corporativo, de grupinhos, grupelhos ou grupamentos. Se a parte não for referida sempre ao todo a que pertence e de que foi retirada, mas ao qual necessariamente deve se integrar, poderemos ser sujeitos sabidos, nunca teremos, entretanto, a sabedoria, indispensável para que se possa ter aquela boa vida humana da multidão, sem a qual até mesmo a felicidade pessoal se faz problemática." (PASSOS, José Joaquim Calmon de. Súmula vinculante. *Revista Diálogo Jurídico*, Salvador, CAJ - Centro de Atualização Jurídica, n. 10, jan., 2002).

que de menor hierarquia. São elas: (i) súmula ilegal; (ii) súmula inconstitucional; (iii) existência de argumento novo, não analisado quando da edição da súmula.

Nessas hipóteses, negar a possibilidade de superação de um entendimento sumulado por qualquer magistrado seria negar a própria separação de Poderes, de forma que a súmula valeria mais que a própria lei ou do que a Constituição.

Primeiramente, mesmo no âmbito do *common law*, onde a lei não é a principal fonte normativa, a ideia de supremacia do Parlamento é absoluta. Não há precedente que se sobreponha a vontade geral.[409]

Assim sendo, sustentar que a superação de um entendimento sumular ilegal só seria possível pela própria Corte que o firmou acabaria beirando o absurdo. Não existe nenhuma possibilidade de um magistrado, por mais abaixo que se encontra na escala hierárquica, ser obrigado a aplicar um entendimento sumulado *contra legem*. Seja essa contrariedade originária (quando a súmula já nasce ilegal),[410] seja superveniente (quando, em razão de mudanças legislativas posteriores à edição da súmula, esta se torna ilegal),[411] poderá o magistrado, nesses casos, sempre deixar de aplicar o entendimento sumulado.

Da mesma sorte, não há como qualquer juiz pretender aplicar entendimentos inconstitucionais. Posicionamento diverso criaria a esdrúxula situação de, no nosso ordenamento, poder o juiz afastar-se da lei quando inconstitucional (via controle difuso), mas não de um entendimento sumulado.[412] No final das contas, a súmula valeria mais do que a legislação posta.

---

[409] "Precedent is, as we have seen, subordinate to legislation as a source of law in the sense that a statute can always aborgate the effect of a judicial decision, and the courts regard themselves as bound to give effect to legislation once they are satisfied that it was duly enacted." (CROSS, Rupert. HARRIS, J.W. *Precedent in English Law, Claredon Law Series*, 4. ed., Claredon Press, Oxford, 1991, p. 173).

[410] Sobre a impossibilidade do magistrado aplicar súmulas ilegais, ver: STRECK, Lenio Luiz. *Súmulas no Direito brasileiro*: eficácia, poder e função: a ilegitimidade constitucional do efeito vinculante. 2 ed. rev. ampl. Porto Alegre: Livraria do Advogado, 1998.

[411] No que toca à ilegalidade superveniente, assim dispõe o enunciado n. 324 do Fórum Permanente de Processualistas Civis: "Lei nova, incompatível com o precedente judicial, é fato que acarreta a não aplicação do precedente por qualquer juiz ou tribunal, ressalvado o reconhecimento de sua inconstitucionalidade, a realização de interpretação conforme ou a pronúncia de nulidade sem redução de texto".

[412] Abordando o tema sob a ótica das súmulas vinculantes (mas com plena aplicabilidade para qualquer tipo de verbete), assim expõe Georges Abboud: "Não admitir o controle de constitucionalidade das súmulas vinculantes é algo desarrazoado, porque num sistema que admite o controle difuso de constitucionalidade das leis, passaria a proibir o controle difuso de constitucionalidade das súmulas vinculantes, que não poderiam

Assim, se ao julgador é dado não seguir um dispositivo de lei quando conduzir a uma inconstitucionalidade, nada diferente poderia ser dito em relação a ao entendimento plasmado na súmula.[413] É o que também pensa Teresa Arruda Alvim Wambier:

> Haverá súmulas erradas? Talvez. Haverá súmulas inconstitucionais? É provável. Ao juiz caberá não aplicá-las, se demonstrar que a situação de fato em que incide aquela súmula não é igual à dos autos; ao juiz também caberá recusar seu cumprimento, se a entender inconstitucional. Isto já ocorre hoje com textos de lei infraconstitucionais.[414]

Por fim, mas não menos importante, entendemos que qualquer magistrado poderá realizar a superação de um entendimento sumulado verificando a existência de argumento novo, não analisado no bojo dos julgados que deram origem ao verbete. Trata-se de posição extremamente rente à Constituição e em total sintonia com tudo o que sustentamos até aqui. Qualquer outro entendimento acabaria por ofender a garantia de um contraditório substancial.

Ora, a súmula não é um ente abstrato, sua força conformadora não advém de sua semântica, mas, sim da cadeia de julgados que lhe dão origem e nos fundamentos determinantes destes. Nesse contexto, havendo argumentos novos, não analisados nos julgados pretéritos, inexiste força conformadora sobre esse tema.

A vida e o Direito são muito mais dinâmicos do que qualquer julgador pode imaginar e, por essa razão, sempre existirá a possibilidade de emergirem novos argumentos, não aventados e analisados nos casos que deram origem à súmula. Como o fato do Tribunal ter editado um enunciado não torna a questão absoluta, o surgimento de novos argumentos implicará a impossibilidade de aplicação do entendimento já sedimento.[415]

---

ser afastadas no caso concreto de nenhuma maneira, mesmo que sua aplicação acarrete inconstitucionalidades para o caso a ser decidido, logo, não seria nenhum exagero parafrasear a máxima hobbesiana e afirmar que diante do atual modelo, '*Autoritas non Veritais, facit Summula*'." (ABBOUD, Georges. *Jurisdição constitucional e direitos fundamentais*. São Paulo: Revista dos Tribunais, 2011).

[413] SCHMITZ, Leonard Ziesemer. *Fundamentação das decisões*: a crise na construção de respostas no processo civil. São Paulo: Revista dos Tribunais, p. 312, 2015. (Coleção Liebman).

[414] WAMBIER, Teresa Arruda Alvim. *Recurso especial, recurso extraordinário e ação rescisória*. São Paulo: Revista dos Tribunais, 2008, p. 240.

[415] Conforme perfeita ponderação de Dierle Nunes e Alexandre Bahia: "não é possível conceber que, por ocasião da elaboração de um precedente se atenham imaginado/debatido todas as teses possíveis sobre o tema; não apenas porque é virtualmente impossível que isso

Isto, pois, não poderia a súmula responder perguntas que nunca antes haviam sido feitas. Se o argumento é novo, a Corte que emitiu a súmula não o levou em consideração quando da edição do verbete.

A Constituição exige um contraditório dinâmico. O CPC/2015 bem expõe que a força normativa-estruturante da súmula advém de seus fundamentos determinantes e que todos os argumentos que possam modificar o resultado do julgamento precisam ser analisados. Daí se concluir que, se o novo argumento não foi analisado nos casos pretéritos, as razões de decidir que embasaram a súmula não conseguiram auxiliar o futuro julgador na solução dessa questão.

Por consequência, ao analisar o novo argumento (e ele precisará ser analisado, essa é uma imposição legal e constitucional) o julgador poderá verificar que a tese nova é correta. Assim, poderá sim se afastar do entendimento já sumulado por órgão de superior hierarquia.

No atual momento histórico esse ponto merece muita atenção.

Já por diversas vezes sustentamos nessa obra que a força conformadora da jurisprudência deriva muito mais da qualidade das decisões pretéritas do que do da autoridade do órgão que as proferiu. Posturas ou decisões voluntaristas por parte dos órgãos de cúpula, pela simples qualidade de quem as exalou, não adquirem a condição de verdades intangíveis.

Aos órgãos de cúpula cabe a importante função de pacificação de entendimentos, mas essa pacificação deve se dar por critérios intersubjetivos e escorados em uma concepção material de contraditório. É dizer: para que uma decisão possa servir como parâmetro decisório em outros casos é preciso que se decida de forma séria.

Retomamos a essa discussão pois ela possui estreita relação com a possibilidade de superação de entendimentos sumulados. Quanto mais frágil se mostrar a fundamentação das decisões que justificam o verbete jurisprudencial, mais provável será que ele deixe de ser aplicado mediante uso da técnica de superação.

---

seja feito de uma só vez, mas também porque novas teses, novas formas de lidar com os mesmos temas surgem a todo tempo. Assim, há que se ter um sistema aberto à possibilidade de rediscussão de matéria sobre outras bases, a partir de outras teses não avençadas à época. Isso é importante não apenas em razão do cumprimento do contraditório e ampla defesa, mas também porque possibilita o aperfeiçoamento do próprio precedente, que será enriquecido com novas perspectivas aumentando o leque de sua incidência no futuro." (NUNES, Dierle; BAHIA, Alexandre Melo Franco. "Jurisprudência instável" e seus riscos: a aposta nos precedentes *vs* uma compreensão constitucionalmente adequada do seu uso no Brasil. *In*: MENDES, Aluisio Gonçalves de Castro. MARINONI, Luiz Guilherme. WAMBIER, Teresa Arruda Alvim (coords). *Direito Jurisprudencial*. São Paulo: Revista dos Tribunais, v. 2. 2014, p. 468-469).

Isso quer dizer que, no atual estágio da arte, a grande maioria dos entendimentos sumulados no Brasil poderão facilmente ser objeto de superação. A justiça opinativa é um problema que afeta igualmente todos os órgãos brasileiros, de forma que a gigantesca massa das decisões proferidas pelas Cortes Superiores padecem de DNA democrático. A bem verdade, em razão do modelo de decisão que vinha-se adotando, a necessidade de extração dos fundamentos determinantes de uma decisão, por si, já pode se tornar uma tarefa hercúlea.[416]

Nessa esteira, lembremos que existe uma absoluta diferença entre uma questão ter sido *aventada* no processo e a questão ter sido efetivamente *discutida* e *decidida*. A virada paradigmática operada pelo CPC/2015, de um modelo em que teses divergentes eram simplesmente ignoradas (prevalecendo as teses discricionariamente escolhidas pelo aplicador) para um modelo que valoriza o debate e o contraditório trará consigo algumas consequências. E a baixa força conformadora das decisões proferidas sob a égide do antigo modelo é uma delas.

Se bem compreendida a nova proposta do código, parece-nos que, em um primeiro momento, paradoxalmente, a tendência será o não seguimento de vários (solipsistas) entendimentos já sumulados, mediante uso da técnica de superação. Como as decisões que dão base as súmulas raramente esgotam a questão como deveriam, fácil (e muitas vezes necessário) será ao julgador se distanciar de tais entendimentos.

Paulatinamente as questões voltaram aos Tribunais que, desta vez, terão de decidir e fundamentar de forma séria e adequada, conforme impõe o art. 489, §1º. Como não mais será possível o mero encerramento da demanda pela simples invocação da súmula (cujo entendimento não está sendo respeitado por um justo motivo), dessa vez a questão precisará ser decidida direito.

Conforme já discutido, quanto maior a qualidade das decisões, maior a dificuldade e menor a probabilidade que os juízes futuros sigam aquele entendimento. Dessa forma, paulatinamente caminharemos rumo a um sistema em que não se pretenda a obrigatoriedade de seguir-se decisões sumuladas pela qualidade de quem emitiu o verbete, mas, sim, pela qualidade da decisão proferida.

---

[416] Sobre o tema, ver: PRESGRAVE, Ana Beatriz Ferreira Rebello. *A vinculação nas decisões de controle de constitucionalidade e nas súmulas vinculantes*: uma análise crítica da atuação do Supremo Tribunal Federal.Tese (Doutorado em Direito) – Centro de Ciências Jurídicas Faculdade de Direito do Recife. Universidade Federal de Pernambuco, Recife, 2013, p. 92.

Talvez nossas aspirações sejam utópicas, e nunca venham a acontecer, mas é essa a *resposta correta*, constitucionalmente adequada, para a questão.

5.6 Súmulas e sistema comparticipativo

Nos termos abordados no ponto 2.5, o novo código instituiu um modelo processual comparticipativo, dentro do qual as decisões judicias deverão ser produzidas de forma conjunta entre as partes e o julgador. É conferido aos litigantes a garantia de poderem influenciar no resultado da demanda, de maneira a não serem toleradas decisões escoradas em argumentos não discutidos nos autos. É dizer: as partes não podem ser surpreendidas com provimentos que tragam questões novas, que não foram submetidas ao contraditório.[417]

Essa garantia de não surpresa, sustentada principalmente pelo art. 10 do no novo diploma,[418] traz alguns importantes reflexos em matéria de fundamentação decisória com base em entendimentos sumulados.

Primeiramente, sabendo que a força conformadora da súmula deriva de seus fundamentos determinantes e não da sua semântica, se o julgador verificar que existem questões que embasaram a edição do verbete e que não foram discutidas no processo, para se valer do entendimento sumulado obrigatoriamente precisará abrir as partes a possibilidade de se manifestarem sobre esses fundamentos.[419]

---

[417] Sobre o tema, ver: THEODORO JÚNIOR, Humberto. NUNES, Dierle. BAHIA, Alexandre Melo Franco. PEDRON, Flavio Quinaud. *Novo CPC - Fundamentos e sistematização*. Rio de Janeiro: Forense, 2015. No mesmo sentido, expõe Teresa Wambier que: "O contraditório tem relação mais expressiva com a atividade do juiz. Este, no momento de decidir, como se fosse um último ato de uma peça teatral, deve demonstrar que as alegações da partes, somadas às provas produzidas, efetivamente interferiram no seu convencimento. A certeza de que terá havido esta influência decorre da análise da motivação da sentença ou acórdão" (WAMBIER, Teresa Arruda Alvim. A influência do contraditório na convicção do juiz. RePro, v. 168. São Paulo: Revista dos Tribunais, 2009, p. 55).

[418] Art. 10. O juiz não pode decidir, em grau algum de jurisdição, com base em fundamento a respeito do qual não se tenha dado às partes oportunidade de se manifestar, ainda que se trate de matéria sobre a qual deva decidir de ofício.

[419] "Sendo assim, a invocação de precedentes não poderá ser feita sem que esteja acompanhada de um juízo analítico quanto à conformação da sua *ratio decidendi* ao caso concreto. Caso o precedente invocado se tenha apoiado em fundamento jurídico nunca discutido no caso sob julgamento, cabe ao juiz, observando o art. 10 do CPC, dar oportunidade às partes para que se manifestem sobre esse fundamento novo (isto é, não discutido)." (BRAGA, Paula Sarno. DIDIER JR, Fredie. OLIVEIRA, Rafael Alexandria de. *Curso de Direito Processual Civil*: teoria da prova, direito probatório, ações probatórias, decisão, precedente, coisa julgada e antecipação dos efeitos da tutela. 10. ed. Salvador: Juspodivm, 2015, p. 340).

Seguindo a mesma lógica, se *um* dos fundamentos não foi objeto de discussão processual já impede o pronto julgamento com base no entendimento sumulado, o que falar quando *nenhum* dos fundamentos tenha sido. Queremos dizer que, se a pertinência do entendimento sumulado nunca fora aventada nos autos, o juiz jamais poderá dele se valer sem antes oportunizar as partes se manifestarem sobre o tema.

Essa postura é imprescindível para que as partes possam, eventualmente, evidenciar a necessidade de distinção ou superação, demonstrando a existência de diferenças substanciais entre os casos, a existência de argumentos não analisados quando da edição da súmula ou mesmo a falibilidade do entendimento sumulado.

Vale ressaltar que a imposição do art. 10 deriva diretamente da Constituição Federal, de forma que não pode ser afastada nem mesmo nos casos de aceleração procedimental. Mesmo nas hipóteses em que o código autoriza cortes obstativos no procedimento com base em entendimentos sumulados, a necessidade de comparticipação é imperiosa. Assim, se a pertinência de um entendimento sumulado ainda não foi objeto de discussão nos autos, para que o julgador possa encerrar peremptoriamente o feito, primeiramente precisará oportunizar as partes se manifestarem sobre a questão.

CONCLUSÃO

As 'certezas', que não existem nem mesmo nas ciências naturais, não são – nunca foram – critérios ou objetivos próprios do Direito. A justiça, para desgosto de nossos teóricos não poderá ser normatizada. Haverá de ser descoberta laboriosamente em cada caso concreto, observados, porém, determinados critérios capazes de impedir que a natural discricionariedade do ato jurisdicional se transforme em arbitrariedade.

(Ovídio Baptista)

O Judiciário brasileiro encontra-se imerso em uma profunda crise que deita origens tanto de fatores externos quanto de fatores internos.

Sob a perspectiva externa, verificamos que o Estado não consegue cumprir com as promessas da modernidade, de forma que o cidadão, desassistido pelos demais Poderes, acaba se socorrendo do Judiciário. Como resultado, o número de processos não para de crescer.

Sob a perspectiva interna, verificamos a falta de uma séria cultura decisória, o que cria um ambiente no qual cada magistrado decide como quer. O modo de julgar brasileiro, profundamente enraizado e ensinado já nas faculdades de Direito, é essencialmente opinativo. Isso significa que não existe uma verdadeira preocupação de confronto entre argumentos ou possibilidades decisórias. No mais das vezes, o decisor livremente escolhe qual rumo tomará no processo, sem que lhe seja exigido demonstrar o desacerto em eventuais entendimentos divergentes. Como resultado, uma verdadeira Babel decisória.

Nesse macro contexto, as soluções buscadas pela ciência processual vêm pautando-se primordialmente na instituição de cortes obstativos no procedimento com base em entendimentos jurisprudenciais já sedimentados, mormente os sumulados.

Essas técnicas, em última medida, facilitam ainda mais o ato decisório, já que paira o imaginário de que um entendimento jurisprudencial pode trazer uma resposta pronta que, por si só e sem maiores esforços argumentativos, já seria suficiente para fundamentar uma decisão.

Tais técnicas podem até diminuir o número de demandas, mas, quando mal executadas, cobram um alto preço.

Primeiramente, a facticidade e peculiaridades dos casos sob julgamento podem acabar soterradas por uma espécie de "presunção de similitude". Quando o julgador se depara com um caso que minimamente parece sofrer incidência de um entendimento sedimentado verifica-se pouca relutância em, rapidamente, encerrar a lide com escoro naquele entendimento. Um processo a menos.

O problema é que, sem um efetivo confronto entre casos, em manifesta ofensa a isonomia, situações diferentes acabam sendo decididas de forma igual.

Em segundo lugar, o princípio do contraditório pode acabar atropelado pelo "já dito". Uma vez sedimentado um entendimento, o ato de fundamentar costuma se resumir à mera invocação de súmulas ou ementas. Com isso, os litigantes que trazem novos argumentos (não analisados anteriormente), ou sustentam o desacerto do posicionamento firmado, não recebem uma resposta adequada para suas alegações.

É dizer: o princípio do contraditório fica a possuir caráter meramente performático.

Por fim, como não se cultua uma teoria da decisão, o modo de julgar de todos os Tribunais, inclusive os superiores, tende a ser predominantemente opinativo. Isso significa que, para se combater o voluntarismo decisório, não se aposta em outra coisa senão no próprio voluntarismo. A diferença é que, em vez de valer a discricionariedade de cada juiz, passa a valer o posicionamento discricionário sufragado pelo Tribunal.

Verifica-se, assim, pouca preocupação com o DNA democrático ou correição das decisões. Mesmo daquelas que trarão efeitos extraprocessais. Velem elas pela qualidade da autoridade que as proferiu e não pela qualidade de seus argumentos.

A maneira como as súmulas sempre foram utilizadas por nossos operadores acaba catalizando todos esse problemas: descaso para com a facticidade e peculiaridades de cada lide, ofensa a uma aplicação substancial do princípio do contraditório e prevalência de voluntarismos.

Isso ocorre, principalmente, pois as súmulas são encaradas enquanto entes autônomos, válidos por sua semântica e aptos a facilitarem a fundamentação de uma decisão. Uma vez editados, os enunciados desligam-se dos casos e argumentos que lhe deram origem, ganhando feições e aplicabilidade semelhantes a da lei.

Nada (além da facilidade decisória) justifica esse modo de encarar o fenômeno jurídico. Uma vez que se desligam dos casos donde nasceram, as súmulas passam a trazer os exatos mesmos riscos interpretativos que enfrentamos com a legislação. Ou seja: os perigos permanecem os mesmos, mas a perda democrática é gigantesca (já que se troca um texto proveniente da vontade popular por um texto de temerária origem jurisprudencial).

As modificações trazidas pelo CPC/2015 possuem grande potencial para operarem uma profunda modificação nesse cenário. O novo diploma leva a sério o dever de fundamentar, procurando solucionar a gigantesca discrepância decisória brasileira a partir de decisões com maior consistência e qualidade, pautadas em uma concepção substancial de contraditório.

No que toca à aplicação dos entendimentos sumulados, a nova lei tenta desconstruir um método de trabalho sedimentado há décadas, promovendo um verdadeiro resgate de constitucionalidade da súmula. Exige o código que a utilização de verbetes ocorra de forma dialética, tomando em consideração as peculiaridades dos casos e os fundamentos determinantes por detrás das decisões que deram origem à súmula. Ainda, institui expressamente a possibilidade de distinção e superação de entendimentos.

A modificação legislativa surtirá efeitos? Duvidamos muito.

Se o Executivo falha, o Judiciário socorre. Mas quem socorre quando o Judiciário falha? Se os julgadores fizerem letra morta do art. 489, §1º, do art. 10 e de tantos outros bons avanços pretendidos pelo novo código, o que poderemos fazer?

Eis o motivo pelo qual não podemos concordar com voluntarismos decisórios. Eis a prova viva de quão danosos eles são para a democracia.

É por esse motivo que precisamos levar o dever de fundamentar a sério. A bem verdade, o Poder Judiciário não enfrenta outra amarra que não essa. Sinceramente? Nós precisamos ter medo da bondade dos bons.

LEVANDO AS SÚMULAS A SÉRIO

O livro de Guilherme Lunelli é, sem dúvidas, uma das melhores e mais instigantes publicações em processo civil dos últimos anos. Nele, existem inúmeras qualidades, cuja enumeração não cabe no âmbito de um posfácio. De início, o livro adquire uma importância ímpar, porque, atento à realidade social e judicial brasileira, o livro contribui para uma formação de uma teoria constitucionalmente adequada para aplicação de súmulas, fugindo de modismos e equívocos acadêmicos que apostam numa importação tacanha e simplória do *stare decisis* para a realidade brasileira, tão comum em nosso cenário acadêmico.

Em seu texto, o autor conseguiu compreender e explorar diversos motes teóricos que ainda foram pouco assimilados pela doutrina nacional. Destacaremos os dois que julgamos mais significativos.

O primeiro é a constatação do direito enquanto fenômeno linguístico e complexo que demanda uma compreensão hermenêutica do processo e de seus principais institutos, a partir da diferenciação radical entre texto e norma, na linha do pós-positivismo de Friedrich Müller.

O segundo é a impossibilidade de se continuar apostando na discricionariedade judicial como paradigma decisório. Guilherme Lunelli faz percuciente leitura de Dworkin para demonstrar qual a correta e leal postura do Judiciário para trabalhar e aplicar o direito, com enfoque, nas súmulas.

A obra compreende, por completo, que, atualmente, não se pode conceber o estudo e a aplicação direito sem a compreensão do paradigma pós-positivista, sob pena de se incorrer em equívocos do mais diversos, inclusive sobre o que seria um precedente ou de como devem ser utilizados os provimentos vinculantes já existentes em nosso sistema – bem como os previstos no atual CPC, notadamente o recrudescimento da importância das súmulas que a partir da literalidade do inciso IV do art. 927 deixa de haver a distinção entre vinculante e não vinculante nas súmulas do STF/STJ.

A criação do termo 'pós-positivismo' e a sistematização desse paradigma são oriundos da obra de Friedrich Müller, que constrói uma teoria do direito que não almeja se opor ao positivismo (daí ser *pós* e não *anti* positivista), mas complementá-lo, corrigindo os equívocos. Assim, podemos afirmar que o pós-positivismo tem dois grandes objetivos: a) carrear as conquistas e as inovações filosóficas advindas do giro-linguístico para o direito e b) sistematizar a teoria da norma, atrelando-a ao fenômeno decisório, com o intuito de se superar a concepção de que decisão judicial seria mero ato de vontade ou uma operação mecânica de cariz silogístico.

De forma resumida, a obra de Friedrich Müller[420] é fundamental para expor que a superação do positivismo (que nunca deve ser um fim em si mesmo) precisa passar ao menos pelos seguintes enfrentamentos: (i) a norma não pode mais ser reduzida ao seu texto; (ii) o ordenamento jurídico positivo sem lacunas é uma verdadeira ficção puramente artificial; (iii) a solução dos casos jurídicos não pode mais pretender ser realizada pelo silogismo, porquanto a decisão de cada caso deve ser estruturada e construída a partir dos dados linguísticos (programa da norma) e extralinguísticos (âmbito da norma), a fim de se alcançar a norma decisória do caso concreto (não há norma em abstrato – sem problema a se solucionar não há norma); (iv) em suma, o pensamento pós-positivista não pode mais partir de uma cisão ficcional entre o jurídico e a realidade, ou seja, o pós-positivismo supera e transcende a clássica distinção entre questão de fato e de direito.

Estando compreendidas as bases do pós-positivismo, torna-se, no mínimo, ficção - ou até mesmo ingenuidade -, imaginar que o recrudescimento de decisões com efeito vinculante, ou mecanismos que almejam a solução, por meio do efeito cascata, seria a solução adequada para racionalizar a atividade do Judiciário.

Hodiernamente, apostar em decisões dos Tribunais com efeito vinculante consiste em realizar a mesma forma de aposta ingênua que foi feita na Revolução Francesa. Contudo, no passado, acreditava-se que a lei conteria a infinidade de solução dos casos. Atualmente, essa mística tem sido depositada nas decisões dos tribunais superiores, a aposta é

---

[420] MÜLLER, Friedrich. *Postpositivismo*, Cantabria: Ediciones TGD, 2008, n. 3, p. 188-189.

de que o STJ e o STF poderiam criar *superdecisões* que, por si só, trariam a solução pronta (norma) para deslindar uma multiplicidade de casos.

O que outrora era creditado à lei, agora a crença deposita nas decisões dos Tribunais Superiores. O antigo *juiz-boca-fria-da-lei* é substituído por um *juiz-boca-fria-da-súmula* ou ainda *juiz-boca-fria-de-qualquer-provimento-vinculante-dos-tribunais-superiores*. Qualquer um desses juízes incorre em equívocos hermenêuticos e partilha a concepção de que é possível decidir os casos previamente em abstrato.

Nesse contexto, fica evidente a importância de se compreender o conceito pós-positivista de norma, para que se possa dar à lei e às decisões dos Tribunais Superiores o real poder que elas conseguem ter e nada além. Imaginar uma lei, um precedente ou uma decisão vinculante contendo a norma pronta em si para resolver diversos casos consiste em crença intolerável pelo pós-positivismo.

A norma não existe por si só porque precisa ser produzida em cada processo individual de decisão jurídica. Não há norma em abstrato, ou seja, ela nunca é *ante casum*. Vale dizer, ela somente pode ser compreendida quando contraposta[421] em relação ao caso que ela pretende resolver, a partir da perspectiva do intérprete.

Guilherme Lunelli tem consciência de todas as premissas do pós-positivismo, a ponto de em sua obra praticamente refundar a forma de sistematização, interpretação e aplicação das súmulas.

Em nenhuma passagem do texto, a súmula é confundida com a própria norma. A súmula é examinada a partir de sua própria *textitude*, vislumbrada como elemento programático da composição e formação da norma decisória nunca se confundindo com ela.

Da mesma forma, a norma, em nenhuma oportunidade, é equiparada à solução pronta, passível de ser aplicada de modo estanque a partir de um silogismo de cariz mecanicista. Novamente, a súmula é trabalhada a partir de sua *textitude* e de sua historicidade, devendo ser compreendida à luz dos casos a partir dos quais ela se originou, sendo, nesse ponto, positivo o §2.º do art. 926 do CPC.

Ainda nessa linha, o autor demonstra, com absoluta clareza, as razões pelas quais a súmula não pode ser equiparada ao precedente do *common law*. Frise-se que a diferenciação não é feita com o intuito de demonstrar que o segundo é melhor que o primeiro ou vice-versa. Mas, sim, porque, efetivamente, são institutos jurídicos essencialmente

---

[421] Para uma análise da questão da oposicionalidade, ver: Figal, Günter. *Oposicionalidade: o elemento hermenêutico e a filosofia*, Petrópolis: Vozes, 2007.

distintos. Por conseguinte, sua equiparação pode gerar infindáveis problemas de sincretismo teórico e prático.

Demais disso, em função da compreensão hermenêutica do tema, o precedente deve ser vislumbrado em dois níveis de análise: em um primeiro momento, o precedente é uma decisão de um Tribunal com aptidão a ser reproduzida-seguida pelos tribunais inferiores, entretanto, sua condição de precedente dependerá dele ser efetivamente seguido na resolução de casos análogos-similares.

O mecanismo de decisão por precedentes é naturalmente e funcionalmente de caráter hermenêutico em razão de dois aspectos principais. O primeiro é porque a decisão por precedentes não se articula com textos pré-definidos, vale salientar: o precedente, e mais especificamente a *ratio decidendi*, não pode ser capturado e limitado por um texto, súmula etc., sob risco de deixar de ser *ratio decidendi*. O segundo aspecto é a necessária individualização do caso: a ser decidido por um precedente, não abarca previamente uma questão fática, o que torna necessária a demonstração da singularidade de cada caso, para que se evidencie a possibilidade ou não de submetê-lo à solução por precedentes.

Portanto, não há aplicação mecânica ou subsuntiva na solução dos casos mediante a utilização do precedente judicial. Do contrário, não será decisão por precedente. Em outros termos, não existe uma prévia e pronta regra jurídica apta a solucionar por efeito cascata diversos casos futuros, pelo contrário, a própria regra jurídica (precedente) é fruto de intenso debate e atividade interpretativa, e, após ser localizada, passa-se a verificar se na circunstância do caso concreto que ela virá solucionar é possível utilizá-la sem que ocorram graves distorções, porque se elas ficarem caracterizadas, ela, isto é, o precedente, deverá ser afastada.

Em termos simples, *o precedente genuíno no common law nunca nasce desde-sempre precedente*.

Se ele tiver coerência, integridade e racionalidade suficientes para torná-lo ponto de partida para a discussão de teses jurídicas propostas pelas partes, e, ao mesmo tempo, ele se tornar padrão decisório para os tribunais e demais instâncias do Judiciário, é que ele poderá com o tempo vir a se tornar precedente.

Ou seja, no *common law*, o que confere essa dimensão de precedente à decisão do Tribunal Superior é sua aceitação pelas partes e pelas instâncias inferiores do Judiciário. Daí ele ser dotado de uma aura democrática que o precedente *à brasileira* não possui, uma vez que os provimentos vinculantes do CPC já nascem dotados de efeito vinculante - independentemente da qualidade e da consistência da conclusão de suas decisões.

Por consequência, no *common law*, os Tribunais Superiores, quando decidem um *leading case*, não podem impor seu julgado determinando que ele se torne um precedente. Paradigmático, nesse sentido, é o caso *Marbury* vs *Madison*. Isso porque o *Justice Marshall*, quando o decidiu, não podia prever que aquele caso se tornaria efetivamente o caso modelo para a realização do controle difuso de constitucionalidade. Aliás, *Justice Marshall* não poderia nem ao menos prever que o caso *Marbury* vs *Madison* adquiriria a importância que teve, até mesmo porque por quase três décadas após seu julgamento o precedente oriundo do caso *Marbury* vs *Madison* manteve-se em estado dormente. No que diz respeito à jurisprudência dotada de efeito vinculante, seu âmbito de vinculação é determinado após o julgamento do caso-piloto (paradigma), e opera-se o efeito cascata, para posterior resolução de todos os casos que estavam sobrestados até o julgamento do paradigma.

Vale dizer, por força legislativa (art. 927 do CPC), no Brasil, diversas decisões judiciais já nascem vinculantes, independentemente da sua própria qualidade, inclusive as súmulas. Ou seja, ainda que não coerentes ou íntegras do ponto de vista da cadeia decisional, elas nascerão vinculantes. Essa constatação é fundamental para compreendermos a importância do *fator hermenêutico* para tratarmos da aplicação do CPC, com o escopo de impedirmos qualquer tentativa de aplicação mecânica, ou meramente subsuntiva, de qualquer provimento vinculante.

Essa rápida digressão para contrastar precedente e provimentos vinculantes do art. 927 do CPC esclarece a importância da obra de Guilherme Lunelli. O tratamento que ele dispensa às súmulas é fundamental para impedir a materialização dos riscos acima descritos. Ciente do fator hermenêutico, o autor nos aponta os diversos equívocos de uma aplicação errônea e meramente subsuntiva das súmulas.

Com efeito, as súmulas, ao serem aplicadas pelas demais instâncias nos casos subsequentes, não dispensam atividade interpretativa por parte do julgador, bem como o contraditório para assegurar a manifestação dos litigantes acerca da forma correta para sua aplicação no caso concreto.

Portanto, a leitura correta (constitucionalmente adequada) é no sentido de que, quando o CPC afirma a obrigatoriedade de juízes e tribunais observarem súmula vinculante e acórdão vinculantes, não há nesse ponto uma proibição de interpretar. O que fica explícito é a obrigatoriedade de os juízes e tribunais utilizarem os provimentos vinculantes na motivação de suas decisões para assegurar não apenas a estabilidade, mas a integridade e a coerência da jurisprudência.

Em suma, se precisássemos definir o livro posfaciado em uma única frase, diríamos que: o livro 'Direito sumular e fundamentação decisória no CPC/2015' é a plataforma de lançamento de uma doutrina pós-positivista do direito sumular brasileiro. Trata-se do ponto de partida para conseguirmos sedimentar, no Brasil, uma aplicação constitucionalmente adequada das súmulas.

Por tudo isso, a obra demonstra que súmula não é um mal em si. O mal está em nosso defasado paradigma hermenêutico-decisório de pensar e aplicar o processo. Enfim, parabéns à Editora FÓRUM e aos organizadores da *Coleção Edson Prata*, por proporcionarem ao público leitor obra essencial para compreendermos a dimensão hermenêutico-constitucional que deve perpassar o direito sumular.

Maio de 2015.

De São Paulo para Curitiba com a admiração e a amizade de
Georges Abboud
Advogado sócio no escritório "Nery Advogados". Mestre e doutor em Direitos Difusos e Coletivos pela Pontifícia Universidade Católica de São Paulo. Professor do mestrado e doutorado da FADISP. Professor de Processo Civil da Graduação da PUC-SP. Consultor jurídico.

REFERÊNCIAS

ABBOUD, Georges. *Discricionariedade administrativa e judicial*: o ato administrativo e a decisão judicial. São Paulo: Revista dos Tribunais, 2014.

_____. *Jurisdição constitucional e direitos fundamentais*. São Paulo: RT, 2011.

_____. Precedente Jurisprudencial versus Jurisprudência dotada de efeito vinculante - a ineficácia e os equívocos das reformas legislativas na busca de uma cultura de precedentes. In: WAMBIER, Teresa Arruda Alvim (coord.). *Direito jurisprudencial*. São Paulo: Revista dos Tribunais, 2012.

_____; LUNELLI Guilherme; SCHIMITZ, Leonard Ziesemer. Como trabalhar - e como não trabalhar - com súmulas no Brasil: um acerto de paradigmas. In: MENDES, Aluísio Gonçalves de Castro; MARINONI, Luiz Guilherme, WAMBIER, Teresa Arruda Alvim. *Direito Jurisprudencial*. São Paulo: Revista dos Tribunais, 2014. v.2

_____; LUNELLI, Guilherme. Ativismo judicial e a instrumentalidade do processo: diálogos entre discricionariedade e democracia. *RePro*, São Paulo, v. 242. ano 40. p. 19-45, abr.. 2015.

_____; NERY JUNIOR, Nelson. Ativismo judicial como conceito natimorto para consolidação do Estado Democrático de Direito: as razões pelas quais a justiça não pode ser medida pela vontade de ninguém. In: DIDIER JR, Freddie; NALINI, José Renato; RAMOS, Glauco Gumerato; LEVY, Wilson. (Org.). *Ativismo Judicial e Garantismo Processual*. Salvador: Juspodivm, 2013, v. 1, p. 525-546.

_____; STRECK, Lenio Luiz. *O que é isto - o precedente jurisprudencial e as súmulas vinculantes?* Porto Alegre: Livraria do Advogado, 2013.

ABRAMOVICZ, Michael; STEARNS, Maxwell. Defining dicta. *The modern law review*, 56, 2005.

ARENHART, Sérgio Cruz; MARINONI, Luiz Guilherme; MITIDIERO, Daniel. *Novo código de processo civil comentado*. São Paulo: RT, 2015.

ASSIS, Araken de. Duração razoável do processo e reformas da lei processual civil. *Revista Jurídica*, Porto Alegre, v. 372, p. 11-27, 2008.

ATAÍDE JUNIOR, Jaldemiro Rodrigues. O princípio da inércia argumentativa diante de um sistema de precedentes em formação no direito brasileiro. *Revista de Processo*, v. 229, p. 377-401, 2014.

_____. *Precedentes vinculantes e irretroatividade do direito no sistema processual brasileiro*. Curitiba: Juruá, 2012. v. 1.

BAHIA, Alexandre. As súmulas vinculantes e a Nova Escola da Exegese. *RePro*, v. 206, p. 359-379, abr. 2012.

_____. *Recursos extraordinários no STF e no STJ*: conflito entre interesse público e privado. Curitiba: Juruá, 2009.

_____; NUNES, Dierle. "Jurisprudência instável" e seus riscos. In: MENDES, Aluísio Gonçalves de Castro; MARINONI, Luiz Guilherme; WAMBIER, Teresa Arruda Alvim (coords.). *Direito Jurisprudencial*. São Paulo: Revista dos Tribunais, 2014, v. 2., p. 441.

BANCO MUNDIAL. Brasil: fazendo com que a Justiça conte – medindo e aprimorando a Justiça no Brasil. Disponível em: <www.amb.com.br/docs/bancomundial.pdf>. Acesso em 30. out. 2014.

BARCELLOS, Ana Paula de. Voltando ao básico. Precedentes, uniformidade, coerência e isonomia. Algumas reflexões sobre o dever de motivação. In: WAMBIER, Teresa Arruda Alvim; MENDES, Aluisio Gonçalves de Castro; MARINONI, Luiz Guilherme (coords). *Direito Jurisprudencial*. São Paulo: Revista dos Tribunais, 2014.

BIM, Eduardo. A inconstitucionalidade branca ou não declarada (velada) e o papel da Ação Declaratória de Constitucionalidade (ADC). In: FRANÇA, V. R.; ELALI, A.; BONIFÁCIO, A. C. (Coord.). *Novas Tendências do Direito Constitucional* - Em Homenagem ao Professor Paulo Lopo Saraiva. Curitiba: Juruá, 2011, p. 237-253.

BRAGA, Paula Sarno; DIDIER JR, Fredie; OLIVEIRA, Rafael Alexandria de. *Curso de Direito Processual Civil*: teoria da prova, direito probatório, ações probatórias, decisão, precedente, coisa julgada e antecipação dos efeitos da tutela. 10. ed. Salvador: Juspodivm, 2015.

BRAND-BALLARD, Jeffrey. *Limits of Legality*: the ethics of lawless judging. Oxford: Oxford University Press, 2010.

BRITO, Alexis Couto de. *Execução Penal*. 2. ed. São Paulo: Revista dos Tribunais, 2011.

BUENO, Cassio Scarpinella. *Curso sistematizado de direito processual civil*: teoria geral do direito processual civil.. 6. ed., rev. e atual. São Paulo: Saraiva, 2012. v. 1.

BURTON, Steven J. *Na introduction to law and legal reasoning*. Boston: Little, Brown and Company, 1985. (herein Law and Law reasoning).

CADEMARTORI, Luiz Henrique Urquhart. *Hermenêutica e argumentação neoconstitucional*. São Paulo: Atlas, 2009.

CADORE, Marcia Regina Lusa. *Súmula Vinculante e uniformização de jurisprudência*. São Paulo: Atlas, 2007.

CAMARGO, Luiz Henrique Volpe. A força dos precedentes no moderno processo civil brasileiro. In: WAMBIER, Teresa Arruda Alvim (coord). *Direito jurisprudencial*. São Paulo: Revista dos Tribunais, 2012.

CAPPALLI, Richard B. *The American common law method*. New York: Transnational Publisher, 1996.

CAPELLETI, Mauro; GARTH, Bryant. *Acesso à justiça*. Tradução de Ellen Gracie Northfleet. Porto Alegre: Fabris, 1998.

CARREIRA, Guilherme Sarri. Algumas questões a respeito da súmula vinculante e precedente judicial. *RePro*, v. 199, p. 213-245, set. 2011.

CELLA, José Renato Graziero. Positivismo jurídico no século XIX: relações entre direito e moral do ancien régime à modernidade. ENCONTRO NACIONAL DO CONPEDI, 19, Fortaleza. Anais... Fortaleza 2010. p. 5480-5501.

CORDEIRO, António Manuel da Rocha e Menezes. *Da boa-fé no direito civil*. 2. ed. Coimbra: Almedina, 2001.

CROSS, Frank; LINDQUIST, Stefanie. The scientific study of judicial activism. *Minnesota Law Review.* Minneapolis , v. 91, n. 6, 2007. CROSS, Rupert; HARRIS, J.W. *Precedent in English Law.* 4th ed. Oxford: Claredon Press, , 1991. (Claredon Law Series).

DELGADO, Ana Paula Teixeira. Perspectivas para a justiça constitucional em tempos de pós-positivismo: legitimidade, discricionariedade e papel dos princípios. *Revista Interdisciplinar de Direito,* v. 9, 2012.

DIAS, Ronaldo Brêtas de Carvalho. *Processo Constitucional e Estado Democrático de Direito.* 2. ed., rev. e ampl. Belo Horizonte: Del Rey, 2012.

DUXBURY, Neil. *The Nature and Authority of Precedent.* New York: Cambridge University Press, Kindle Edition, 2008.

DWORKIN, Ronald. *A justiça de toga.* Tradução de Jefferson Luiz Camargo. São Paulo: Martins Fontes, 2010.

_____. *Levando os direitos a sério.* Tradução de Nelson Boeira. 3. ed. São Paulo: WMF Martins Fontes, 2010.

_____. *O Direito da Liberdade*: a leitura moral da Constituição Norte-Americana. São Paulo: Martins Fontes, 2006.

_____. *O império do Direito.* Tradução de Jefferson Luiz Camargo. São Paulo: Martins Fontes, 1999.

_____. *Uma Questão de Princípio.* Tradução de Luis Carlos Borges. 2. ed. São Paulo: Martins Fontes, 2005.

FALCÃO, Joaquim; CERDEIRA, Pablo de Camargo; ARGUELHES, Diego Werneck (coords). *I Relatório Supremo em Números. O Múltiplo Supremo.* FGV. Disponível em: <http://www.fgv.br/supremoemnumeros/relatorios/i_relatorio_do_supremo_em_numeros_0.pdf>. Acesso em 11. abr. 2015.

FAZZALARI, Elio. *Instituzioni di Diritto Processuale.* 8. ed. Padova: Cedam, 1996.

FRANÇA, Rubens Limongi. Jurisprudência – seu caráter de forma de expressão do Direito. In: SANTOS, J. M de Carvalho; DIAS, José de Aguiar (coords). *Repertório Enciclopédico do Direito Brasileiro.* Rio de Janeiro: Editor Borsoi, 1947. v. 30.

FRANCO, Marcelo Veiga. Devido processo legal x indevido processo sentimental: o controle da função jurisdicional pelo contraditório e o modelo compartipativo de processo. *Revista da Faculdade de Direito do Sul de Minas,* Pouso Alegre, v. 29, n. 1, p. 39-62, jan.-jun. 2013.

GARAPON, Antoine. *O juiz e a democracia*: o guardião das promessas. 2. ed. Rio de Janeiro: Revan, 2011.

GONÇALVES, Aroldo Plínio. *Técnica processual e teoria do processo.* 2. ed. Belo Horizonte: Del Rey, 2012.

GOODHART, Arthur. *Determining the ratio decidendi of a case.* Yale Law Journal, XL, 2, 1930.

GRAU, Eros Roberto. *Por que tenho medo dos juízes.* São Paulo: Malheiros, 2013.

HARRIS, J. W. Towards Principles of Overruling – When Should a Final Court of Appeal Second Guess?. *Oxford Journal of Legal Studies,* v. 10, n. 2, p. 135-199. 1990.

HARTMANN, Érica de Oliveira. *A parcialidade do controle jurisdicional da motivação das decisões.* Florianópolis: Conceito, 2010. (Coleção Jacinto de Miranda Coutinho).

HIGASHIYAMA, Eduardo. Teoria do direito sumular. *Revista de Processo*, São Paulo, v. 36, n. 200, p. 71-124, out. 2011.

KELSEN, Hans. *Teoria pura do direito*. 6. ed. São Paulo: Martins Fontes, 1998.

LAMEGO, José. *Hermenêutica e jurisprudência*. Lisboa: Fragmentos, 1990.

LEAL, André Cordeiro. *O contraditório e a fundamentação das decisões no direito processual democrático*. Belo Horizonte: Mandamentos, 2002.

LEAL, Victor Nunes. *Passado e Futuro da Súmula do STF*. Conferência proferida em Florianópolis, em 4. 9. 1981. Disponível em: <http://www.ivnl.com.br/download/passado_e_futuro_da_sumula_do_stf.pdf>.Acesso em: 8. abr. 2014.

LEE, Thomas R. Stare decisis in economic perspective: an economic analisys of the Supreme Court's doctrine of precedent. *North Carolina Law Review*, n. 78, p. 652, 2000.

LIEBMAN, Enrico Tullio. Do arbítrio a razão: reflexões sobre a motivação da sentença. *Revista de processo*, v. 8, n. 29, p. 79-81, jan. -mar. 1983.

LOPES, João Batista. Reforma do Judiciário e efetividade do processo civil. In: WAMBIER, Teresa Arruda Alvim *et al.* (coord.). *Reforma do Judiciário*. São Paulo: RT, 2005.

LUCCA, Rodrigo Ramina de. *O dever de motivação das decisões judiciais*. Salvador: Juspodivm, 2015.

LUNELLI, Guilherme; ABBOUD, Georges. Ativismo judicial e a instrumentalidade do processo: diálogos entre discricionariedade e democracia. *RePro*, São Paulo. v. 242. ano 40. p. 19-45, abr. 2015.

LUNELLI, Guilherme. Cortes nomofiláticas e a superação de seus precedentes: contribuições da doutrina de J.W. Harris à Realidade Brasileira. *Revista Em Tempo*, v. 12, p. 372-389, 2013.

MACCORMIK, Niel. Can stare decisis be abolished? *Juridical Review*. s.l.: s.e, 1966.

MANCUSO, Rodolfo de Camargo. *Acesso à justiça*: condicionantes legítimas e ilegítimas. São Paulo: Revista dos Tribunais, 2011.

_____. *Divergência jurisprudencial e súmula vinculante*. 5. ed. rev., atual. e ampl. São Paulo: Revista dos Tribunais, 2013.

MARINONI, Luiz Guilherme. *Precedentes Obrigatórios*. São Paulo: Revista dos Tribunais, 2010.

_____. *Técnica processual e tutela dos direitos*. São Paulo: Revista dos Tribunais, 2004.

_____. *Hermenêutica e Aplicação do Direito*. 4. ed. Rio de Janeiro: Freitas Bastos, 1947.

MEDINA, José Miguel Garcia; WAMBIER, Teresa Arruda Alvim. *Parte geral e processo de conhecimento*. 3. ed. ver., atual. e ampl. São Paulo: Revista dos Tribunais, 2013.

MENDES, Aluísio Gonçalves de Castro. Precedentes e jurisprudência: papel, fatores e perspectivas no direito brasileiro contemporâneo. In: WAMBIER, Teresa Arruda Alvim; MENDES, Aluísio Gonçalves de Castro; MARINONI, Luiz Guilherme (coords). *Direito Jurisprudencial*. São Paulo: Revista dos Tribunais, 2014.

MITIDIERO, Daniel. *Cortes superiores e cortes supremas*: do controle à interpretação, da jurisprudência ao Presidente. São Paulo: Revista dos Tribunais, 2013.

MOREIRA, José Carlos Barbosa. *O futuro da justiça*: alguns mitos. In: ____.*Temas de direito processual*, 8ª série. São Paulo: Saraiva, 2004.

____.Reformas Processuais e Poderes do Juiz. *Revista da EMERJ*, Rio de Janeiro, v. 6, n. 22, p. 58-72, 2003.

____. Súmula, jurisprudência, precedente: uma escalada e seus riscos*Revista de Direito do Tribunal de Justiça do Estado do Rio de Janeiro*, Rio de Janeiro, n. 64, p. 27-38, jul.-set. 2005.

____. *Temas de direito processual*: 2ª série. São Paulo: Saraiva, 1980.

MOTTA, Francisco José Borges. *Levando o direito a sério*: uma crítica hermenêutica ao protagonismo judicial. 2. ed. rev. e ampl. Porto Alegre: Livraria do Advogado, 2012.

MÜLLER, Friedrich. *Teoria estruturante do direito*. São Paulo: Revista dos Tribunais, 2011.

____. *O novo paradigma do direito*: Introdução à teoria e metódica estruturante do direito. 3. ed. São Paulo: RT, 2013.

____. *Metodologia do direito constitucional*. 4. ed. São Paulo: Revista dos Tribunais, 2011.

NERY JUNIOR, Nelson. *Princípios do Processo na Constituição Federal*: processo civil, penal e administrativo. 9. ed. São Paulo: Revista dos Tribunais, 2009.

NERY, Rosa Maria Andrade. *Introdução ao Pensamento Jurídico e à Teoria Geral do Direito Privado*. São Paulo: Revista dos Tribunais, 2008.

NEVES, Daniel Amorim Assumpção. *Manual de direito processual civil*. 6. ed. rev.., atual. e ampl. Rio de Janeiro: Forense; São Paulo: Método, 2014.

NUNES, Dierle. Precedentes, padronização decisória preventiva e coletivização - Paradoxos do sistema jurídico brasileiro: uma abordagem Constitucional democrática. In: WAMBIER, Teresa Arruda Alvim. *Direito Jurisprudencial*. São Paulo: Revista dos Tribunais, 2012.

____; BAHIA, Alexandre Melo Franco. *"Jurisprudência instável" e seus riscos*: a aposta nos precedentes vs. uma compreensão constitucionalmente adequada do seu uso no Brasil. In: MENDES, Aluisio Gonçalves de Castro, MARINONI, Luiz Guilherme, WAMBIER, Teresa Arruda Alvim (coords.). *Direito Jurisprudencial*. São Paulo: Revista dos Tribunais, 2014. v. 2.

____. *Processo Jurisdicional Democrático*: uma análise crítica das reformas processuais. 4 reimp. Curitiba: Juruá, 2012.

____. TEIXEIRA, Ludmila. *Acesso à justiça democrático*. Brasília, DF: Gazeta Jurídica, 2013.

OLIVEIRA, Marcelo Andrade Cattoni; PEDRON, Flavio Quinaud. O que é uma decisão fundamentada? Reflexões para uma perspectiva democrática do exercício da jurisdição no contexto da reforma do processo civil. In: BARROS, Flaviane de Magalhães; MORAIS, José Luis Bolzan de. *Reforma do processo civil*: perspectivas constitucionais. Belo Horizonte: Fórum, 2010.

OLIVEIRA NETO, Olavo de. Princípio da fundamentação das decisões judiciais. In: LOPES, Maria Elizabeth de Castro; OLIVEIRA NETO, Olavo de (coords.). *Princípios processuais civis na Constituição*. Rio de Janeiro: Elsevier, 2008.

OLIVEIRA, Pedro Miranda de. A força das decisões judiciais. *Revista de Processo*, São Paulo, v. 38, n. 216, p. 13-34, fev. 2013.

OLIVEIRA, Rafael Thomaz de. *Decisão judicial e o conceito de princípio*. Porto Alegre: Livraria do Advogado, 2008.

PARENTE, Eduardo de Albuquerque. *Jurisprudência:* da divergência à uniformização. São Paulo: Atlas, 2006.

PASSOS, J. J. Calmon de. A crise do Poder Judiciário e as reformas instrumentais: avanços e retrocessos. In: _____. *Ensaios e Artigos.* Salvador: Juspodivm, 2014. v 1.

_____. Avaliação crítica das últimas reformas do processo civil. In: _____. *Ensaios e Artigos.* Salvador: Juspodivm, 2014. v. 1.

_____. Cidadania e efetividade do processo. In: _____. *Ensaios e Artigos.* Salvador: Juspodivm, 2014. v. 1.

_____. *Ensaios e Artigos.* Salvador: Juspodivm, 2014. v. 1.

_____. Instrumentalidade do processo e devido processo legal. In: _____. Ensaios e Artigos. Salvador: Juspodivm, 2014. v. 1.

_____. O magistrado, protagonista do processo jurisdicional? *Revista brasileira de direito público,* Belo Horizonte: Fórum, v. 24, p. 14, jan.-mar. 2009.

_____. Rumo à construção de um processo cooperativo. *Revista de Processo,* v. 219, p. 89, mai. 2013.

PEIXOTO, Ravi. *Superação do precedente em segurança jurídica.* Salvador: Juspodivm, 2015.

PIACESKI, Larissa L. A súmula como entendimento que deve ser compreendido à luz dos casos de que se originou (especialmente a Súmula 259 do STJ). *Revista de Processo,* São Paulo, v. 38, n. 220, p. 321-332, jun. 2013.

PICARDI, Nicola. *Jurisdição e processo.* Rio de Janeiro: Forense, 2008.

PRESGRAVE, Ana Beatriz Ferreira Rebello. *A vinculação nas decisões de controle de constitucionalidade e nas súmulas vinculantes:* uma análise crítica da atuação do Supremo Tribunal Federal. 2013. 238f. Tese (Doutorado em Direito) - Centro de Ciências Jurídicas Faculdade de Direito do Recife, Universidade Federal de Pernambuco, Recife, 2013. RAMIRES, Maurício. *Crítica à aplicação de precedentes no direito brasileiro.* Porto Alegre: Livraria do Advogado, 2010.

RE, Edward D. Stare decisis. *Revista Forense,* Rio de Janeiro, v. 327. jul.-set., 1994.

REDONDO, Bruno Garcia; OLIVEIRA, Guilherme Peres de; CRAMER, Ronaldo. *Mandado de segurança.* Rio de Janeiro: Forense, 2009. p. 146-147.

RIBEIRO, Antonio de Pádua. A reforma do Poder Judiciário. Palestra. In: ENCONTRO NACIONAL DOS PRESIDENTES DE TRIBUNAIS DE JUSTIÇA EM MANAUS (AM). Disponível em: <http://www.researchgate.net/publication/28766022_A_reforma_do_Poder_Judicirio_e_a_Sociedade>. Acesso em 30. out. 2014.

ROCHA, José de Albuquerque. *Súmula vinculante e democracia*: São Paulo: Atlas, 2009.

RODRIGUEZ, José Rodrigo. *Como decidem as cortes?*: para uma crítica do direito (brasileiro). Rio de Janeiro: Editora FGV, 2013.

ROSA, Alexandre Morais da. O hiato entre a hermenêutica filosófica e a decisão judicial. In: STEIN, Ernildo; STRECK, Lenio Luiz (Org.). *Hermenêutica epistemológica*: 50 anos de verdade e método. Porto Alegre: Livraria do Advogado, 2011, p. 130-131

SADEK, Maria Tereza. Judiciário: mudanças e reformas. *Estudos avançados,* São Paulo, v. 18, n. 51, p. 79-101. maio-ago. 2004. Disponível em: <http://dx.doi.org/10.1590/S0103-40142004000200005>. Acesso em 30. out. 2014.

SANTOS, Boaventura de Sousa. *Para uma revolução democrática da justiça*. 2. ed. São Paulo: Cortez, 2007.

SANTOS, Welder Queiroz. *Vedação à decisão surpresa no processo civil*. 2012. Dissertação (Mestrado em Direito) - Pontifícia Universidade Católica, São Paulo, 2012.

SAUSEN, Dalton. *Súmulas, repercussão geral e recursos repetitivos*: crítica à estandardização do direito. Porto Alegre: Livraria do Advogado, 2013.

SCHMITZ, Leonard Ziesemer. *Fundamentação das decisões:* a crise na construção de respostas no processo civil. São Paulo: Revista dos Tribunais, 2015. (Coleção Liebman).

SILVA, Beclaute Oliveira. *A garantia fundamental à motivação da decisão judicial*. Salvador: Juspodivm, 2007.

SILVA, Diogo Bacha e. A valorização dos precedentes e o distanciamento entre os sistemas *civil law* e *common law*. In: MENDES, Aluisio Gonçalves de Castro; MARINONI, Luiz Guilherme; WAMBIER, Teresa Arruda Alvim (coords.). *Direito Jurisprudencial*. São Paulo: Revista dos Tribunais, 2014. v. 2.

SILVA, Ovídio A. Baptista da. *Jurisdição, Direito Material e Processo*. Rio de Janeiro: Forense, 2008.

_____. Fundamentação das sentenças como garantia constitucional. *Revista do Instituto de Hermenêutica Jurídica: RIHJ*, Belo Horizonte, v. 1, n. 4, jan.-dez. 2006.

STRECK, Lenio Luiz. Aplicar a "letra da lei" é uma atitude positivista? *Novos estudos jurídicos*. v. 15, n. 1, p. 158-173, jun. 2010.

_____. *Compreender Direito*: desvelando as obviedades do mundo jurídico. 2. ed. São Paulo: Revista dos Tribunais, 2014. v. 1.

_____. Dois decálogos necessários. *Revista de Direitos e Garantias Fundamentais*, Vitória, n. 7, p. 15-45, jan.-jun. 2010).

_____. Hermenêutica, Constituição e Autonomia do Direito. *Revista de Estudos Constitucionais, Hermenêutica e Teoria do Direito (RECHTD)*, .v. 1, n.1, p. 65-77 jan.-jun. 2009.

_____. *Súmulas no Direito brasileiro*: eficácia, poder e função: a ilegitimidade constitucional do efeito vinculante. 2. ed. rev. ampl. Porto Alegre: Livraria do Advogado, 1998, p.84-85.

_____. *Verdade e Consenso: constituição, hermenêutica e teorias discursivas*. 4. ed. São Paulo: Saraiva, 2011.

_____; ABBOUD, Georges. *O que é isto – o precedente judicial e a súmula vinculante*. 2. ed. Porto Alegre: Livraria do advogado, 2014.

_____; TASSINARI, Clarissa. LIMA, Daniel Pereira. A relação direito e política: uma análise da atuação do Judiciário na história brasileira. *Pensar*, Fortaleza: v. 18, n. 3, p. 737-758, set.-dez. 2013.

TARUFFO, Michele. *Orality and Writing as factors of efficiency in civil litigation. Palestra.* In: ORALIDAD Y ESCRITURA E NUNPROCESO CIVIL EFICIENTE, 2008, Valencia, Associação Internacional de Direito Processual/Universitat de València. Disponível em: <http://www.uv.es/coloquio/coloquio/ponencias/8oratar.pdf>. Acesso em 26 jan. 2015.

_____. Il significato costituzionale dell'obbligo di motivazione. In: GRINOVER, Ada Pellegrini; DINAMARCO, Cândido Rangel; WATANABE, Kazuo (coord). *Participação e processo*. São Paulo: RT, 1988, p. 41.

_____. La motivazione della sentenza. Genesis: *Revista de Direito Processual Civil*. v. 1, n. 1. jan. -abr., 1996.

_____. Precedente e jurisprudência. *Civilistica.com*. Rio de Janeiro, ano 3, n. 2, jul.-dez., 2014. Disponível em: <http://civilistica.com/precedente-ejurisprudencia/>.

TASSINARI, Clarissa. *Jurisdição e ativismo judicial*: limites da atuação do judiciário. Porto Alegre: Livraria do Advogado, 2013.

THEODORO JÚNIOR, Humberto. A fiança e a prorrogação do contrato de locação. *Revista CEJ*, n. 24, p. 54, , jan.-mar., 2004.

_____. *Curso de Direito Processual Civil*. Rio de Janeiro: Forense, 2013. v. 3.

_____. NUNES, Dierle; BAHIA, Alexandre Melo Franco; PEDRON, Flavio Quinaud. *Novo CPC-Fundamentos e sistematização*. Rio de Janeiro: Forense, 2015.

TUCCI, José Rogério Cruz e. *A causa petendi no Processo Civil*. 2. ed. São Paulo: Revista dos Tribunais, 2001.

_____. Parâmetros de eficácia e critérios de interpretação do precedente judicial. In: WAMBIER, Teresa Arruda Alvim (coord.). *Direito jurisprudencial*. São Paulo: Revista dos Tribunais, 2012.

_____. *Precedente judicial como fonte do direito*. São Paulo: Revista dos Tribunais, 2004, p.170.

WAMBIER, Teresa Arruda Alvim. Precedentes e evolução do direito. In: WAMBIER, Teresa Arruda Alvim (coord.). *Direito Jurisprudencial*. São Paulo: Revista dos Tribunais, 2012.

_____."Brazilian precedentes". Disponível em: <http://www.migalhas.com.br/dePeso/16,MI203202,31047-Brazilian+precedentes>. Acesso em 2. fev. 2015.

_____. *Recurso especial, recurso extraordinário e ação rescisória*. São Paulo: Revista dos Tribunais, 2008.

_____. *Embargos de declaração e omissão do juiz*. 2. ed. São Paulo: Revista dos Tribunais, 2014.

WAMBIER, Teresa Arruda Alvim. A Função das súmulas do Supremo Tribunal Federal em face da teoria geral do direito. *Revista de processo*, v. 10, n. 40, p. 224-235, out.-dez. 1985.

WARAT, Luiz Alberto. *Introdução geral ao direito*. Porto Alegre: Fabris, 1994.

WOLFE, Christopher. *Judicial activism*: bulwark of freedom or precarious security? New York: Rowman & Littlefield Publishers, 1997.

ZANETTI JR, Hermes. *O valor vinculante dos precedentes*. Salvador: Editora Juspodivm, 2015.

ZIMMERMANN, Augusto. How Brazilian Judges Undermine the Rule of Law: a critical appraisal. *International Trade and Business Law Review*, v. 11, 2008. p. 179-217.

Esta obra foi composta em fonte Palatino Linotype, corpo 10
e impressa em papel Offset 75g (miolo) e Supremo 250g (capa)
pela Gráfica e Editora Laser Plus, em Belo Horizonte/MG.